高等院校应用型本科专业“十三五”规划教材

公共关系理论与实务

罗立升　主　编

张亦文　吕晓永　毕会东　陈　钊　副主编

中国铁道出版社有限公司
CHINA RAILWAY PUBLISHING HOUSE CO., LTD.

内 容 简 介

本书内容完整，系统全面，强调实务，注重技巧和灵活运用。主要内容包括公共关系概述、公共关系主体、公共关系客体、组织形象塑造、公共关系传播、公共关系调查与研究、公共关系策划、公共关系实施与评估、公共关系专题活动、公共关系危机管理、公共关系礼仪、公共关系文书写作、公共关系技术等。

本书适合作为各类应用型本科院校及高职高专院校公共关系学、新闻学、广告学、传播学、市场营销、工商管理、人力资源管理、秘书等专业的教材，也可作为各类企事业单位从事公关工作人员的培训教材和参考用书。

图书在版编目（CIP）数据

公共关系理论与实务/罗立升主编. —北京：中国铁道出版社，2019.3（2021.7 重印）
高等院校应用型本科专业“十三五”规划教材
ISBN 978-7-113-25491-9

Ⅰ. ①公… Ⅱ. ①罗… Ⅲ. ①公共关系学-高等学校-教材 Ⅳ. ①C912.31

中国版本图书馆 CIP 数据核字（2019）第 025679 号

书　　名：公共关系理论与实务
作　　者：罗立升

策　　划：周海燕　　　　**编辑部电话：**（010）51873090
责任编辑：周海燕　冯彩茹
封面设计：刘　颖
责任校对：张玉华
责任印制：樊启鹏

出版发行：中国铁道出版社有限公司（100054，北京市西城区右安门西街 8 号）
网　　址：http:// www.tapress.com/51eds/
印　　刷：三河市兴博印务有限公司
版　　次：2019 年 3 月第 1 版　2021 年 7 月第 3 次印刷
开　　本：787 mm×1092 mm　1/16　**印张：**13.25　**字数：**314 千
书　　号：ISBN 978-7-113-25491-9
定　　价：36.00 元

前言

PREFACE

公共关系是一门探索和研究社会组织如何通过有效的传播手段得到公众的理解与支持，以树立良好的组织形象、提高行业综合竞争力的管理科学。作为当今科学高度发展的产物，它综合了传播学、心理学、社会学、经济学、语言学、信息论和管理学等现代科学知识，是现代空前复杂的竞争活动的延伸，是一门应用性和综合性极强的、新兴的管理科学。

在新时代背景下，人与人之间、社会组织与社会组织之间、社会组织与个人之间的社会联系日益广泛、复杂化。尤其是新时代大学生，更要增加与社会的交流。社会组织行为方式和关系状态也发生了巨大变革，需要人们转变狭隘、落后的“关系”观念。

通过本书的学习，可以增强读者在市场经济条件下的现代社会生活中所需要的诸如变革、开放、互补、适应、协调、合作等观念，能高效地运用公共关系，拓宽、加深合作关系，提高竞争能力。

当前，公共关系在我国的应用非常广泛、深入，同时也得到了不断的创新和发展。随着改革开放的深化、“一带一路”的合作，公共关系在未来的应用会极为重要。

本书在编写中以“定义理解、策划创新、案例导入、实践技巧”为指导思想，一方面突出科学性、创新性、时代性、可操作性等特点，以满足社会各个方面、各个层次的工作人员学习公共关系理论和实务知识的需要；另一方面结合大量案例讲解公共关系理论和实践运作，通俗易懂、深入浅出地介绍公共关系的发展历史、重要作用和实务操作流程，使读者能更好地对知识体系进行理解和掌握。

本书主要特点：

（1）扩展性强。根据本科教学层次的需要，扩充了公共关系方面的知识内容，结合珠三角等地区公共关系应用案例，增强内容的知识性和趣味性。

（2）实战性。理论知识作为基础，联系实际，关注社会热点案例，提高应用能力的认识。

（3）新颖性。构思新颖，采用学生参与、师生互动的教学理念，有利于激发学生的学习兴趣，便于对知识结构的深入理解和掌握。

（4）启发性。在学生掌握基本理论和应用的基础上，拓宽学生的知识面和视野，启迪学生思考。

（5）创新性。掌握公共关系的流程、方法和技巧，培养实际应用中的创新思维、创新方法，提高效率。

本书由罗立升任主编，张亦文、吕晓永、毕会东、陈钊任副主编。参加编写的人员有彭莉娜、易璇、陈土丽、翟虎林。具体分工如下：罗立升编写第 1 章、第 5 章、第 7 章、第 9 章；张亦文编写第 2 和第 3 章；吕晓永编写第 4 章；毕会东编写第 10 章；陈钊编写第 11 章；

易璇编写第 6 章；彭莉娜编写第 8 章；陈土丽编写第 12 章；翟虎林编写第 13 章。全书由罗立升统稿。

本书在编写、出版过程中，得到了广州创显科教股份有限公司董事长张瑜、董事会秘书邵伟林和广州培生教育传媒有限公司董事长周健、《我要去创业》总出品人郑晓东、微果国际创始人罗敏等校企合作单位领导的大力支持，得到了广东科技学院院校领导的关怀和西安科技大学管理学院领导的指导。此外，本书在编写中参考、引用了同类教材和有关论著的观点与材料，在此对其著作者一并致以衷心的感谢。

由于编者水平有限、时间紧迫，书中难免存在疏漏和不足之处，敬请读者批评指正。

编　者

2018 年 10月

目录

CONTENTS

第 1 章　公共关系概述 1

1.1　公共关系的含义 1

1.1.1　公共关系含义的表达 1

1.1.2　本书关于公共关系含义的表述 2

1.2　公共关系的产生与发展 3

1.2.1　古代时期——公共关系思想的萌芽 3

1.2.2　公共关系产生的三个阶段 3

1.2.3　公共关系的发展 5

1.3　公共关系的研究对象及特点 6

1.3.1　公共关系研究的对象 6

1.3.2　公共关系的基本特点 7

1.4　公共关系的职能和原则 8

1.4.1　公共关系的职能 8

1.4.2　公共关系的原则 9

本章小结 10

习题 10

第 2 章　公共关系主体 11

2.1　社会组织 11

2.1.1　社会组织的含义 11

2.1.2　组织的特征 12

2.1.3　组织的类型 12

2.2　公共关系的组织机构 12

2.3　公共关系人员 19

2.3.1　公关人员的基本条件 19

2.3.2　公关人员的培养 22

本章小结 23

习题 23

第 3 章　公共关系客体 25

3.1　公众的含义与特征 25

3.1.1　公众的含义 25

3.1.2　公众的特征 26

3.2　公众的分类 26

3.3　组织内部公众关系协调 28

3.4 组织外部公众关系协调……37
3.4.1 消费者关系……37
3.4.2 社区关系……44
3.4.3 媒介关系……48
3.4.4 政府关系……51
3.5 公众心理与公众行为……52
3.5.1 公众心理定势的含义……52
3.5.2 公众心理定势形成的原因……53
3.5.3 公众心理定势的作用……53
3.5.4 公众心理定势的基本特征……54
3.5.5 公众心理定势的基本形态……55
本章小结……58
习题……59
第 4 章 组织形象塑造……60
4.1 塑造组织形象的 CIS 系统工程……61
4.1.1 建立组织识别系统……61
4.1.2 CIS 导入程序……63
4.2 塑造组织形象的 CS 战略……67
4.2.1 组织 CS 战略概述……67
4.2.2 顾客满意度的测定方法……70
4.2.3 满意度测定实施中应注意的问题……71
4.3 地区形象塑造……72
4.3.1 地区形象与地区形象塑造……72
4.3.2 地区形象塑造的基本原则……74
4.3.3 地区形象塑造的主要内容……75
本章小结……76
习题……76
第 5 章 公共关系传播……78
5.1 公共关系传播的基本原理……78
5.1.1 传播与公共关系传播……78
5.1.2 公共关系传播的模式……79
5.1.3 公共关系传播的类型……82
5.1.4 公共关系传播的功能……83
5.2 公共关系传播的规律和技巧……84
5.2.1 公共关系传播的规律……84
5.2.2 公共关系传播的技巧……86
5.3 公共关系传播媒介……88
5.3.1 语言媒介……88

5.3.2 印刷媒介......89
5.3.3 电子媒介......90
5.3.4 图像标识媒介......92
5.3.5 非语言传播媒介......92
本章小结......93
习题......93
第6章 公共关系调查与研究......95
6.1 公共关系调研的意义与原则......96
6.2 公共关系调研的主要内容......97
6.3 公共关系调研中常用的方法......97
6.3.1 实地观察调查法......97
6.3.2 访谈法......98
6.3.3 文献调查法......99
6.3.4 问卷调查法......99
6.3.5 抽样调查法......100
6.3.6 实验调查法......100
6.4 公共关系调研评估......100
6.4.1 公共关系评估的标准与方法......100
6.4.2 公共关系调研的内容和过程......101
本章小结......101
习题......101
第7章 公共关系策划......103
7.1 公共关系策划概述......103
7.1.1 公共关系策划的含义与特征......103
7.1.2 公关目标决策和公众界定......104
7.2 公共关系策划的运作过程......104
7.2.1 活动模式选择......104
7.2.2 主题创意与项目分解......105
7.2.3 时机选择......105
7.2.4 编制预算......106
7.2.5 策划书的撰写......107
7.3 公共关系策划的评估......107
7.4 公共关系策划中的创意案例......109
本章小结......111
习题......111
第8章 公共关系实施与评估......112
8.1 公共关系计划实施......112

8.2 公共关系效果评估 113
8.2.1 公共关系评估的概念 113
8.2.2 公共关系评估的基本步骤 114
8.2.3 公共关系评估的标准 115
8.2.4 公共关系评估的方法 115
8.2.5 公共关系评估的成果报告 117
本章小结 117
习题 117
第 9 章 公共关系专题活动 119
9.1 公共关系专题活动概述 119
9.2 庆典活动 120
9.3 赞助活动 121
9.3.1 公关赞助的重要作用 121
9.3.2 公关赞助的类型 121
9.3.3 公关赞助的策划 121
9.4 展览活动 123
9.4.1 展览活动的特征及类型 123
9.4.2 展览活动的筹划 124
9.4.3 组织参与展览活动 124
9.5 新闻发布会 126
9.5.1 举办新闻发布会 126
9.5.2 策划媒介事件 127
本章小结 127
习题 127
第 10 章 公共关系危机管理 129
10.1 公共关系危机的含义与特征 129
10.1.1 公共关系危机的含义 129
10.1.2 公共关系危机的特征 130
10.2 公共关系危机的类型与产生的原因 130
10.2.1 公共关系危机的类型 130
10.2.2 公共关系危机产生的原因 131
10.3 公共关系危机管理的方法 134
10.3.1 公共关系危机的预防 134
10.3.2 公共关系危机的处理对策 135
本章小结 136
习题 136

第 11 章　公共关系礼仪 137

11.1 公共关系礼仪概述 137

11.1.1 公共关系礼仪的特征 138

11.1.2 公共关系礼仪的原则 138

11.2 商务礼仪 139

11.2.1 商务礼仪的概念 139

11.2.2 形象塑造 140

11.2.3 衣的礼仪 141

11.2.4 食的礼仪 144

11.2.5 住的礼仪 147

11.2.6 行的礼仪 148

11.2.7 电话礼仪 149

11.2.8 交往礼仪 150

11.3 个人礼仪 154

11.3.1 仪容 154

11.3.2 仪表 155

11.3.3 仪态 159

本章小结 160

习题 160

第 12 章　公共关系文书写作 161

12.1 公共关系文书概述 161

12.1.1 公共关系文书的概念及其分类 161

12.1.2 公共关系文书的写作特点 162

12.1.3 公共关系文书的语言要求 162

12.2 几种常见的公关文书 163

12.2.1 请柬 163

12.2.2 信函 164

12.2.3 简报 165

12.2.4 新闻 167

12.2.5 演讲稿 169

12.2.6 公关工作计划 170

12.2.7 公关调查报告 172

本章小结 173

习题 173

第 13 章　公共关系技术 174

13.1 公共关系语言表达艺术 175

13.1.1 公共关系语言艺术的一般原则 175

13.1.2 公共关系语言艺术的主要方法……177
13.1.3 公共关系活动中的非自然语言……181
13.2 公共关系中的人际交往……184
13.2.1 人际交往的基本原理……184
13.2.2 人际交往技巧……191
本章小结……199
习题……199
参考文献……201

第1章 公共关系概述

【学习目标】

理解公共关系的含义及产生和发展；认识公共关系的研究对象及特点；了解公共关系的职能与原则。

【引例】

北欧航空公司丹麦分公司的公关部经理，在一次对员工进行公共关系培训时被问及什么是公共关系。因为英语 Public Relations 在对应的当地语言中很难用一个词将其描述出来，所以公关部经理不得不用一种比喻的方式来帮助员工理解公共关系。他说，公共关系就像是一位小伙子追求一位小姐，如果小伙子把自己打扮得西装革履，表现出不凡的气质，并甜言蜜语地将爱意传达给小姐，这不是公共关系，而是做广告；如果小伙子向小姐传达自己的信息，并说明自己的与众不同的能力和才气，这也不是公共关系，而是推销；只有小伙子默默无闻地将自己的工作做到非常出色，并广泛得到大家的认同和好感，而后由他人将这种信息传达给这位小姐，使得这位小伙子最终得到这位小姐的芳心，这才是真正的公共关系。

社会公众常常将公共关系与人际关系、社会关系混为一谈，进而形成了人们对公共关系的社会认识，我们将这种认识称为对公共关系的一般认识。对人际关系与社会关系的理解与对公共关系的理解是截然不同的，我们必须从科学的角度去理解公共关系：它是一种独立而科学的运作形态，是被社会公众广泛认可的一种好感，是各类组织所广泛追求的一种理想形象。

案例中公关部经理通告的故事引出了公共关系的定义：公共关系是一个组织运用有效的传播手段，使自身适应公众的需要，并使公众适应组织发展的一种思想、政策和管理职能。

1.1 公共关系的含义

1.1.1 公共关系含义的表达

公共关系学是一门综合性、新兴的、理论上涉及不同学科范畴的应用科学，在时间上被各个领域广泛应用。目前，关于公共关系的含义，国内外还没有一个统一的说法。

1. 从管理职能的角度定义公共关系

国际公共关系协会这样定义：“公共关系是一项经营管理的功能，属于一种经常性和计划性的工作，不论公私机构或组织，均通过它来保持与其相关的公众的了解、同情和支持，审度公众的意见，使本机构的政策与措施尽量与之配合，再有计划地运用大量资料，争取建设性的合作，而获得共同利益。”

美国著名的公共关系研究权威卡特利普和森特等在《有效公共关系》中对公共关系的定义是："公共关系是一种管理职能，它确定、建立和维持一个组织与其公众之间的互利关系。"

2. 从信息传播的角度定义公共关系

公共关系可以定义为："社会组织通过信息传播沟通手段处理自身的各种公众关系问题，以达到适应、优化组织社会生态环境目的的管理活动。"

国内学者毛经权在《公共关系》一书中定义："公共关系是一个组织运用各种传播手段，在组织和社会公众之间建立相互了解和依赖的关系，并通过双向的信息交流，在社会公众中树立良好形象和声誉，以取得理解、支持和合作，从而促进组织本身目标的实现。

1981 年出版的《不列颠百科全书》将公共关系定义为："公共关系旨在传递个人、公司、政府机构或其他组织的信息，并改善公众对其态度的种种政策或行动。"

3. 从其他角度定义公共关系

在公共关系定义的众多表述中，还有公共关系活动的定义，如美国普林斯顿大学蔡尔兹教授指出："公共关系是我们所从事的各种活动、所发生的各种关系的统称，这些活动与关系都是公众性的，并且都有社会意义。"

美国公共关系学会（PRSA）的"官方公共关系陈述"为："公共关系通过在团体和机构中提供相互理解，帮助我们这个复杂、多元的社会去更有效地作出决定和发挥作用。它的服务使得私营的和公共的政策臻于和谐。"

国际公共关系协会定义："公共关系是分析趋势，预测结果，为组织领导提供决策咨询，执行既有利于组织又有利于公众的行动计划的艺术和科学。"

明安香在《塑造形象的艺术——公共关系学概论》一书中写道："所谓公共关系，就是一个企业或组织，为增进内部及社会公众的信任和支持，为自身事业发展创造最佳的社会环境，在分析和处理自身面临的内部、外部各项关系时，采取的一系列政策与行动。"

此外，还有一些学者从公共关系技术、管理、运行等各个方面定义公共关系，同时也表现出了公共关系的技术性、综合性、实用性、边缘性等。

从以上具有一定代表性和影响力的公共关系定义中，我们得出以下启示：其一，公共关系定义的多样性源于公共关系含义的多维性；其二，上述定义侧重于公共关系的某一种特殊功能，有其片面性；其三，公共关系内涵的丰富性和扩展性是客观存在的；其四，公共关系的定义尚待进一步完善。

1.1.2 本书关于公共关系含义的表述

根据目前的研究成果，以下几个关键问题在定义公共关系时应表达清楚：

① 公共关系工作的基本内涵是在组织内部实施有效的管理，按照公众的意愿去有计划地开展各项公共关系活动，引导社会公众接纳和认同组织的各项工作。

② 社会组织通过对自我主体形象的塑造，对社会组织与相关公众的信息进行有效的沟通，对双方关系进行协调，形成良好的口碑，争取社会公众的支持和爱戴。

③ 公共关系是为特定目标而建立和维系的。社会组织与公众建立关系并加以维持是有目的、有计划的，不是盲目的。不同的社会组织在不同时期、不同情况下有不同的利益追求。总的来说，都是为了加强社会联系、协调各种关系、赢得社会各界的支持与合作，寻求共同发展。

综上所述，本书对公共关系定义作出如下表述：公共关系是一个社会组织与社会公众之间建立的全部关系的总和，它发挥着管理职能，开展着传播活动。社会组织通过有效地管理，以谋求组织内部的凝聚力与组织对外部公众的吸引力；通过双向信息沟通，旨在争取社会公众的谅解、支持与爱戴，谋求组织与公众双方利益的实现。

1.2 公共关系的产生与发展

公共关系作为一种职业和一门学科，最早产生于美国，但公共关系作为一种客观的社会现象、作为人类一种朴素的思想意识观念、作为人类一种不自觉的社会活动却早已问世了。

1.2.1 古代时期——公共关系思想的萌芽

严格意义上的公共关系虽然是在 20 纪初才出现，但像任何事物都有其胚胎、雏形一样，具有公关意识的思想、活动在古代社会中便出现了。不过，那时的人们并未认识到公共关系的意义，也不会采用科学、系统的方法为自己开展塑造形象的活动，所以都属于公共关系的自发状态。

在国外，考古学家在伊拉克发现了公元前 1800 年巴比伦王国的一份农场公告，告诉农民如何播种，如何灌溉，如何对付病鼠害，如何收获庄稼，很像现代的农业组织发布的宣传材料。这一发现被称为人类历史上最早的公关活动痕迹。

在中国的古代，自发的公关活动也是广泛存在的。传说在尧舜时代，政府在宫廷外树立“诽谤木”，鼓励世人向政府进谏。《后汉书·杨震传》载：“臣闻尧舜之世，谏鼓谤木，立之于朝”，这可能是古代政府征求民意的最初设施。

春秋战国时期，秦国宰相商鞅推行变法，为了取信于民，特地在城门口放了一根树干，并贴出告示说：谁能将此树干从这个门口扛到另一个门口，就可以赏其十金。开始人们都不相信，但有一个人完成了此事，真的得了赏金。第二天，许多希望这样轻松得到赏金的人又聚集到城门口，但这时没有了木头，而是贴出了政府变法的公告。变法因商鞅“行必信，言必果”，从此在民众心目中树立了威信，这可以看成是一次成功的公关策划，在历史上被称为“徙木立信”。

通观古代中外自发的公共关系，可以发现一些共同的特点：首先是盲目性；其次是经验性；最后是低层性。古代公关活动的主要形式是人际传播，其层次、范围都是很小的。古代的“公共关系”只能算是一种“准公关”“类公关”。

1.2.2 公共关系产生的三个阶段

真正意义上的公共关系，产生于商品经济高速发展的资本主义时期，最早出现在 19 世纪的美国。公共关系的产生也经历了三个阶段：美化宣传、丑化宣传和深刻反省阶段，也有人把这三个阶段称为宣传、反思、革新阶段。

（1）美化宣传阶段

19 世纪中叶以后，早期的报刊宣传活动为少数人所利用，他们编制神话、制造新闻，以扩大自身的影响。但当时的商品宣传带有太多的虚假成分。因此被历史学家戏称为“美化宣传”，或“公众受愚弄时期”。

对于工商企业而言，近代公共关系的萌芽出现在19世纪30年代，以美国的“报刊宣传运动”为标志。当时经济繁荣、技术发达，大众传播事业获得了长足的进展。1833年，《纽约太阳报》创办了廉价报纸——《便士报》。《纽约太阳报》的这一举措得到了其他报纸的呼应，从而使许多普通民众也可买得起报纸，因而使报纸的发行量大增，进入千家万户。但报纸售价的降低造成了另一结果，即报刊上广告费的大幅度上升。这时一些大公司为了节省广告费用，便雇佣了大批专门人员，在报刊上制造煽动性新闻，为自己的产品或服务进行宣传，以此来扩大影响。有些报纸为了迎合下层民众的阅读心理，也乐意刊登这类新闻，两相配合，就出现了所谓的“报刊宣传运动”。

当时许多企业雇佣的报刊宣传员编造了大量离奇的新闻，以便引起公众对他们所代表的组织的关注。而最具有代表性的宣传员就是受雇于纽约一家马戏团的菲尼斯·泰勒·巴纳姆。他一改常规的方式，不是直接去宣传马戏团的演出如何精彩，而是说马戏团有一名黑人女仆海斯已经160多岁，曾经养育过美国第一任总统华盛顿。在报纸发表了这一耸人听闻的“新闻”以后，他又借用不同的笔名向其他报刊寄去许多“读者来信”，有的说人不能活160岁，巴纳姆是个骗子；有的说巴纳姆发现了海斯是一大功劳。人为地炒热了这一“新闻”的结果，就是引起了公众的好奇心，纷纷要求到马戏团一睹海斯的风采，为马戏团引来大量的顾客。不久海斯去世了，人们对她进行了尸体解剖，确定她最多不超过80岁。一时舆论哗然，人们纷纷谴责巴纳姆是个骗子，可巴纳姆厚颜无耻说：“凡宣传皆是好事”。为了使自己和公司扬名，置公众利益于不顾，任意编造谎言和神话，利用新闻媒介“愚弄公众”，是该时期的显著特点。

（2）丑化宣传阶段

广告业和实业界无原则的美化宣传愚弄了公众，导致公众对宣传尤其对广告的不信任。当时，这种把新闻媒介视为异己，或利用新闻媒介“愚弄大众”的现象，引起了新闻媒介的不满，报纸杂志率先刊载揭露实业界那些“强盗大王”的恶劣丑闻。从19世纪末至20世纪初，以美国为首的西方资本主义国家相继进入垄断阶段。以美国为例，占人口1%的资本家却控制了国家全部财富的54%。垄断资本家的强取豪夺极大地激化了劳资关系和社会矛盾，社会危机日益加深：一方面表现为一浪高过一浪的工人运动；另一方面则是引起了大批具有社会良知的知识分子利用新闻媒介对垄断资本家进行强烈的抨击，掀起了一场旷日持久的“揭丑运动”（又称“扒粪运动”“清垃圾运动”）。揭丑文章沉重打击了当时新兴的广告业和利用广告宣传的企业，迫使他们进行反思，从而把公共关系带到一个新的时期——深刻反思阶段。

（3）深刻反思阶段

在这个阶段，企业家们认识到必须纠正过去的观念，对公众讲真话，才能使组织真正在工作中树立良好形象。这个运动开始于20世纪初，是由被称为“公共关系之父”的美国人艾维·李发起的。

艾维·李（1877—1934）是美国佐治亚州一个牧师的儿子，毕业于普林斯顿大学，曾就学于哈佛大学法学院。他曾经是《纽约时报》和《纽约世界报》记者，1903年，艾维·李辞去了《纽约世界报》记者的职务，开始投身于公共关系方面的工作。1904年，他与资深记者乔治·帕克一起，创立了美国第三家宣传事务顾问所，为一些企业家和政治家进行形象方面的宣传。艾维·李认为，解决企业的形象危机，最好的办法是把事实的真相告诉新闻界，采取信息公开的政策，这样不仅可以消除误会，还可以促进企业完善自己。艾维·李坚持自己的信念并开展公众工作，使他的公司成为公共关系公司的前身，公共关系从此进入了职业化时期。

艾维·李的公关实践，为日后公共关系的发展奠定了基础，他从事公关工作的原则是"公众必须迅速被告知"和"向公众说真话"，使公共关系走上了一条正确的道路。不过在艾维·李时代，公共关系尚处于开端时期，它仅仅是一种艺术，尚未成为一门科学。艾维·李本人以及他的同事们，大多是从新闻记者改行过来的，他们都是运用新闻记者的经验或直觉去开展工作。

使公共关系学科化阶段的旗手是爱德华·伯尼斯。伯尼斯是奥地利籍的美国人，他在第一次世界大战期间开始实践公共关系，为演员、大公司、总统和政府等提供咨询，并于 1923 年出版了《公众舆论之形成》一书。这是第一部研究公共关系理论的专著，因而被视为公关发展史上的一个里程碑。在这本书中，他对公共关系的实践进行了系统的研究，使之形成一整套理论。他提出了"投公众所好"的根本原则，主张一个企业或组织在决策之前，就应首先了解公众喜好什么、需要什么，在确定公众的价值取向以后，再有目的地从事宣传工作，以便迎和公众的需要。爱德华·伯尼斯是一位使公共关系由活动、社会现象转变成一门学科的杰出人物。

继伯尼斯之后，经过众多学者研究，公共关系成为一门实用性非常强、充满时代特征的新兴学科，并在不断的发展完善之中。

1.2.3　公共关系的发展

现代公共关系是适应市场经济条件下商业活动和人际交往等需要而产生的。从 20 世纪 30 年以后，公共关系在美国获得了高速的发展。自 1960 年，美国公共关系的从业人员达到了 10 万人，职业公关公司 1 350 家，75%的企业设立了公共关系部。而到了 1985 年，公共关系从业人员达到 15 万人，公关公司超过 2 000 家，85%的企业设立的公共关系部，或者长期外聘公关顾问。美国最大的公关公司之一伟达公司，已有 50 多年的历史，雇佣 2 000 多名员工，在全世界设有 52 个办事处和 67 家联营公司。在现代的美国，任何一个组织离开了公共关系都将寸步难行。

20 世纪 20 年代以后，公共关系传入欧洲，1948 年英国成立公共关系协会，拥有英联邦的 50 多个国家和地区的 2 500 个会员，1967 年，英国公共关系顾问协会成立，至今已有 170 多家分支机构。1955 年法国公共关系协会成立。大约在同时，德国、意大利、荷兰、挪威等西欧国家的公共关系也积极地发展起来。1940 年，公共关系传入加拿大。1947 年公共关系传入日本。1964 年成立了日本公共关系协会。

20 世纪 50 年代以后，公共关系的面貌发生了巨大的变化。其理论研究和实践研究正式进入成熟发展的重要时期。公共关系开始进入科学化、规范化、制度化发展道路。这一时期，对公共关系理论和实践作出重要贡献的代表人物是卡特利普、森特和詹弗金斯。

卡特利普和森特是美国著名的公关专家，其代表作是《公共关系咨询》和《有效的公共关系》。在被誉为"公共关系的圣经"之称的《有效的公共关系》一书中，他们提出了"双向对称"的公关模式，还提出了"四步工作法"，成为公共关系工作中最重要的工作流程。四步工作法是指公共关系活动的一般程序和过程，其内容是公关调查、公关策划、公关实施和公关评估。至此，现代公共关系学的理论框架基本构成，进入了它的成熟阶段。此后公共关系的技巧虽然不断发展，但体系基本稳定下来。

詹弗金斯是英国著名的公共关系教育家，主要成就是研究广告学和市场营销、管理学方面，在英国最早开办公共关系学校，讲授公共关系、广告、市场营销等课程，一生写作公共著作十多部，这些著作发展、丰富了公共关系理论。

进入20世纪80年代以后，随着新技术革命的不断发展，信息化程度不断提高，人与环境的依存程度进一步加深，这一切促使现代公共关系朝着理论系统化、科学化、国际化的方向发展，最具代表性的是“公共关系营销”和“网络公共关系”的兴起。1986年科特勒提出“大营销”的概念，首次把“市场营销组合”4P（产品、价格、促销和销售渠道）发展为6P（产品、价格、促销、营销渠道、政治和公共关系）。美国市场营销专家帕托拉在《市场营销》一书中提出“公共关系结合其他促销组合可以树立品牌知名度，建立有利于品牌的公众态度以及鼓励消费者的购买行为”。公共关系与营销的融合是两大学科发展的必然，从此公共关系有了产业依托。随着互联网时代的到来，网络公共关系应运而生，新的公共关系群体开始出现，他们是集传统的公共关系与网上沟通一体的“电子沟通者”。总而言之，公共关系在当代发展可谓方兴未艾，任重而道远。

1.3 公共关系的研究对象及特点

1.3.1 公共关系研究的对象

公共关系是研究与其公众之间如何建立关系、保持关系和发展关系的过程，目的在于使组织在社会公众所处的环境中形成一种良好的口碑和形象，从而顺利地实现组织的目标。组织与其公众之间的关系以公共关系活动作为纽带，反映着极其深刻而广泛的内涵。

1. 公共关系研究组织与公众之间的关系

在公共关系活动中，活动的主体是组织，活动的客体是公众。组织通过了解、满足公众的需求来把握自己的命运，寻求自身的发展。

公共关系主要是处理好两方面的关系，即企业内部关系和企业外部关系。企业内部关系主要指处理好企业中上下级、领导与群众、职工之间的关系；企业外部关系主要指处理好企业与消费者、企业与社区、企业与新闻媒介、企业与政府、企业与社团等的关系。公共关系要研究处理好这些关系的原理、原则与方法，才能拥有良好的形象、更大的市场和远大的前途。

2. 公共关系研究公共关系活动规律

公共关系是在一定的社会政治、经济条件下产生的，是受一定的客观规律制约的。公共关系活动的规律是：在市场大潮中，公众越来越拥有影响和制约组织发展的的权利，它要求组织必须履行满足公众需求的义务，自觉地接受公众的监督。

在现实的公共关系运行中，公共关系运行的规律主要表现为以下四大规律：

（1）公众导向规律

公众导向规律要求组织做任何事情都要以公众的需求作为出发点和落脚点。组织进行的各项活动都要以公众导向规律为中心，树立良好的组织形象。公众导向规律是现代公共关系的核心内容。

（2）运行系统规律

运行系统规律是指组织在实施各项公共关系活动过程中，要遵循系统的原则，使公关工作有始、有终、有序、有目的地进行，从而形成一个完备的运行系统。这就要求组织必须了解公众需求，制定科学规划，按照科学的公共关系运行程序，实施双向沟通，争取达到良好的公关效果。

（3）管理规范规律

管理规范规律是指组织在公共关系工作的运行中，遵守科学的管理规程，以组织文化为核心，协调和沟通组织内部工作，以赢得社会公众的认可、接纳和支持。

（4）舆论监督规律

舆论监督规律是指组织在各项工作中自觉地接受公众的监督，把公众舆论的好与坏作为评论组织各项工作好与坏的标准。通过实际调查获知公众的舆论，通过公众对组织的态度与意见来指导和修正自己的行为，通过信誉度的高低来衡量自己的业绩。

以上公共关系活动规律从不同的角度体现了公共关系的核心内容，旨在保证组织的各项工作满足公众的要求。

3. 公共关系研究公共关系活动手段

公共关系活动手段是管理职能发挥和信息传播活动的开展，是联结公共关系活动主体与客体的桥梁和纽带。公共关系活动过程就是管理和传播信息，其中包括协调、沟通、教育、引导等各项职能。一个组织就是通过有效地管理和双向的信息沟通来建立、维系和发展与其环境之间的关系，以形成良好的社会关系网络，赢得公众的信赖和支持。

综上所述，公共关系研究的对象可以概括为：以公众利益的满足为中心而建立起来的组织与公众之间的关系，社会组织从事公共关系活动的各种规律以及社会组织利用管理工作和传播手段谋求组织发展的各种策略。

1.3.2　公共关系的基本特点

公共关系的基本特点由它自身的性质、主体目标和客体特征及工作方式决定，概括为以下几个方面：

（1）以公众为对象

公共关系是社会组织与构成其生存环境的内外公众关系，公众构成公共关系客体的一方，是公共关系的主要研究对象。

（2）以沟通为手段

公共关系的信息只有通过传播沟通才能实现其价值。形象在沟通中塑造，美誉在沟通中提高，合作在沟通中促成，目标在沟通中实现。

（3）以美誉为目标

评价公共关系的尺度不是政治立场，不是经济指标，而是美誉度，即关系好不好、客体愿不愿意与之交往。

（4）以真诚的情感为信条

公共关系从本质上来讲是社会组织与社会公众之间关系的综合表现，但又在一定程度上表现为人与人之间的关系和交往，要想维持长久的公共关系，就一定要以真诚为信条，要把情感渗透于公共关系的全过程，只有重视情感上的沟通、联结、融合才能长期得赢得公众的合作与社会美誉。

1.4 公共关系的职能和原则

1.4.1 公共关系的职能

公共关系的职能是指公共关系对社会组织及个人、对整个社会所担负的基本职责和所发挥的功能。主要介绍公共关系五大方面的职能：宣传传播、塑造形象；采集信息、监测环境；教育引导、服务社会；协调关系、增进合作；咨询建议、决策参谋。

（1）宣传传播、塑造形象

公共关系宣传传播职能主要体现在两个方面：一是组织运用传播沟通的手段同公众进行双向交流，赢得公众的信任和支持；二是顺时造势，利用舆论导向，通过策划新闻、公关广告、专题活动等手段，制造声势，提高组织的知名度与美誉度，为组织创造良好的舆论环境。

在市场经济环境下，组织之间的竞争不仅表现在产品质量、技术、价格等方面，还表现在组织声誉和形象方面的竞争。声誉和形象是组织的无形财富，是组织竞争的重要手段。树立良好的组织形象，建立良好的组织声誉，以公共关系理论为组织经营管理的基础，将会收到越来越好的社会效益和经济效益。

（2）采集信息、监测环境

采集信息是公关工作的必要前提，在信息社会中，信息已成为公认的巨大资源，信息可以给组织带来新的思路、更多的机会和财富。公共关系是信息产业。不采集信息，公共关系就成了无米之炊。因此，无论是内部公关还是外部公关，任何策划都应从采集信息开始，这样才能做到知彼知己、百战不殆。采集信息的职能要求公关人员具备信息意识，注意随时采集有关组织的信息。

所谓监测环境，是指观察和预测影响组织目标实现的公众情况和各种社会环境的情况，使组织对环境的发展变化保持清醒的头脑和敏锐的感觉以及灵敏的反应，从而保证科学地塑造组织形象，实现组织目标。

（3）教育引导、服务社会

公共关系完成其社会职能、促进社会发展，就需要加强教育引导，提高美誉度更需要教育引导，使组织真正发挥服务社会的作用。组织公共关系的教育引导职能主要表现在对内、对外两个方面。

对内，公共关系的主要职能是传播公关意识，传播公共关系的思想和技巧，进行知识更新，不仅要对每个员工进行教育引导，也要说服组织领导接受公共关系思想。

对外，组织公共关系主要是对外部公众进行教育引导。在一个组织中，外部公众主要有顾客公众、社区公众、金融公众、媒介公众、政府公众等。公共关系的教育引导工作主要是围绕顾客公众展开的。顾客对某一组织或某一商品的喜爱和厌恶态度的形成与组织所做的传播教育有着一定的联系。因此，面向顾客的教育引导工作是一项常抓常新的工作。

（4）协调关系、增进合作

公共关系中的协调是在沟通的基础上，协调组织内部领导与员工的利益与关系、协调组织内各部门与环节之间的利益与关系以及协调组织与外部公众之间的利益与关系，以达到组织与公众互惠互利的和谐发展。协调的重要作用在于保持组织管理系统的整体平衡，使各个局部能步调一致，以利于发挥总体优势，提高组织绩效，确保计划的落实和目标的实现。

（5）咨询建议、决策参谋

这是公共关系最有价值的职能，因此公共关系也称“咨询业”“智业”。1978 年在墨西哥召开的世界公共关系大会上提出的公共关系定义，着重强调了公共关系咨询建议、参与决策的职能。

公共关系的咨询建议是指组织公关人员向决策层和各管理部门提供公共关系方面的建议和意见，在兼顾社会公众利益的同时，使决策更加科学化、系统化。

而公关人员不仅要向组织提出一般的咨询建议，而且要尽可能参与决策，为领导决策提供必要的信息建议，直接影响决策过程，这才是公关咨询建议的最高形式。公关人员要努力开展工作，在决策之前，要广泛征询内外公众意见，获取全面信息，以供决策者参考，使决策方案具有较强的社会适应性和应变弹性，并争取通过决策方案较完整地反映出公关人员的工作成绩及其思想，从而引起领导层的重视，为公关人员更多地参与决策活动提供机会。

1.4.2　公共关系的原则

公共关系是一门学科，任何组织在策划和实施公共关系活动时，必须遵循共同的原则。

（1）从我做起原则

从我做起是公共关系的首要原则，公共关系的对象是公众，良好的公共关系的基础在于组织自身。从我做起，就是从组织自身做起，从内部做起，从近处做起。

（2）双向沟通原则

双向沟通是公共关系的核心内容，也是公共关系的基本原则之一，是指把组织的信息向公众输出的同时又要广泛搜集来自公众的意见，把社会公众的信息反馈给组织。

（3）透明公开原则

公开其决策程序是获取公众信任的前提条件，是各项政策得以实施的基础。而封锁消息是公共关系的大敌。封锁消息必然引起公众猜疑，进而导致不信任，缺乏信任自然不会有良好的公共关系。

如果有缺点或弊端，不讳疾忌医，而加以公开，示人以坦诚、示人以改正的决心，自然会赢得公众的好感。

（4）整体一致原则

整体一致原则是指社会组织在开展公共关系活动时，要站在“社会”的高度，对活动可能产生的对社会经济效益、社会生态效益及社会精神文明建设等几方面的影响综合，起来统一考虑，使诸方面均符合公众的长期利益和根本利益。这种力求使诸因素效益一致的思想和做法称为整体一致原则。

（5）平等互惠原则

公共关系活动必须遵守平等互惠的原则，不能单纯追求组织单方面的利益。只有在公众也同样受惠的前提下，才可能得到公众的支持和合作。事实上，任何一种良好的社会关系要得到维护和发展，都必须对双方有利。公共关系强调主体和客体的平等权利和义务，尊重双方的共同利益和各自独立的利益，谋求本组织利益与相关公众利益的平衡，协调并促成组织运作与环境达成自动平衡。公共关系必须信守组织与公众对象共同发展、平等相处、互利互惠、共存共荣的坚定信念。

本章小结

本章从不同角度论述了国内外学者对公共关系的界定，从而给出了本书中对公共关系的定义，阐述了公共关系产生及发展的三个阶段，以及公共关系研究的对象及特点、职能与原则。

习　题

一、名词解释

公共关系

二、简答题

1. 公共关系的特点和职能分别包括哪些方面？

2. 公共关系的定义是如何表述的。

三、案例分析题

据某新闻报道，广州本田汽车有限公司将在中国销售的部分雅阁、奥德赛和飞度轿车约50万辆问题车实施召回。召回原因是燃油泵继电器内部有密封胶流入，油泵不能正常供油，严重时导致发动机熄火。上述召回是本田汽车近期全球召回和市场措施的一部分。

问题：

1. 公关是坚持以“美誉为目标”的，广州本田自揭“家丑”和公关原则是否矛盾？你是如何理解的？

2. 假如你是该厂公关部主任，针对这一事故进行一次公关活动策划。

第2章 公共关系主体

【学习目标】

理解社会组织、公众的含义及分类方法；认识公关职能部门的性质、职能和模式；了解公共关系人员的素质要求及培养方法。

【引例】

1980年成立于美国纽约的奥美公关是世界十大专业公关公司之一，它和奥美广告等姊妹公司分享同一企业品牌。1995年开始在我国设立分公司，已经成为国内最大的国际公关企业。

正因为奥美公关具有国际经验的优势，国外品牌抢滩中国时，很多都选择了奥美公关作为自己的公关代理，如BMW、IBM、诺基亚、辉瑞、亚信等世界著名企业都是奥美公关在中国的长期服务客户。1999年，《财富》杂志在中国上海举行99财富论坛，奥美协助论坛的新闻媒体宣传工作，并负责管理大会的新闻中心，协调数十名著名企业CEO的采访安排，显示出奥美作为国际性公司在国际资源方面的优势。

奥美公关推出的“金玉良言”手册，汇集了奥美全球众多高级管理者以及资深营销专家对于公关人才的良言警句。在中国，公共关系是一个年轻且具备巨大潜力的行业，公关人才的成长与培养尤为重要。但是如何成为一名专业的公关人才是许多刚刚迈入公关领域以及在门外观望的学生们的共同疑问。考虑到年轻人喜欢从前辈处汲取经验并得到建议与指导，奥美中国区总裁柯颖德先后对包括美国、中国、巴西和欧洲等地区的资深营销人员进行采访，并搜集这些专家多年来的思考与总结，浓缩为一句句“金玉良言”，且汇编成册。该书分别从“态度”“关系网”“勇气”“创造力”“机智”“好奇心”“信任”六方面，诠释优秀公关人才需要具备的素质与态度。

引例说明了随着经济和信息社会的发展，公共关系作为一项长期的、专业性的、技术性较强的工作，其职业化特点也越来越明显，因此需要专门的组织机构来从事公共关系相关工作。专门化和职业化机构的出现，也推动了对公共关系专业人才的需求。探讨公共关系人员应具备什么样的知识结构、能力素质、职业道德准则以及达到这些标准的途径和方法显得非常重要。

2.1 社会组织

2.1.1 社会组织的含义

社会组织简称组织，是指执行一定的社会职能，完成特定的社会目标，构成一个独立单位的群体。组织是公共关系的第一构成要素，是公共关系的主导。

2.1.2 组织的特征

组织的基本特征如下：

① 组织具有一定数量的、较为固定的成员。

② 组织具有特定的目标。一个组织的目标必须是具体、明确的，并为全体成员接受，这是组织存在的依据。组织内部各个部门和全体成员的一切工作都必须围绕这个目标展开。

③ 组织具有实现目标的结构和手段。组织结构是指明确规定的活动组合模式，这种模式确定了成员分工和权利分配。实现组织目标的手段是指管理、控制、协调的方法，如规章、命令、行为规范等。

④ 组织具有特定的功能。组织的功能依靠组织内部协调运转，围绕组织的目标而实现。这种运行和实现有赖于组织面临的外部环境和组织内部环境的变化。

2.1.3 组织的类型

社会组织是非常复杂的，因而对其分类也是个十分复杂的问题，在我国，一般是根据组织的目标及其活动内容来分。

① 经济组织。是最基本的社会组织，它担负着向人们提供衣、食、住、行和文化娱乐等物质生活资料的任务，它要实现其所有者和经营者的经济利益。经济组织所担负的公共关系任务就是要建立一个良好的生产经营者形象，争取各类公众的支持，以便不断增强自己的竞争力。

② 政治组织。政治组织包括政党组织、国家政权组织、国家武装力量组织和国家司法机关等。它代表着占统治地位的阶级的利益和意志，为其提出奋斗目标，制订方针政策，组织社会的经济文化建设，保卫国家政权，处理与他国的关系。政治组织所要履行的公共关系任务是，力争在人民心目中树立一个良好的领导者、管理者、保卫者和服务者的形象，以便得到广大人民的拥护、理解和支持，完成其政治职能。

③ 文化组织。文化组织以满足人们的文化需求为目标，以从事文化活动为其基本任务。文化组织的公共关系任务在于塑造优秀的精神文明建设者和文化教育卫生事业服务者的形象，争取尽可能多的人民群众的支持关心和参与。

④ 群众组织。群众组织的任务是，广泛团结社会各阶层、各领域的人民群众，代表他们的利益，了解他们的意愿，反映他们的需求，组织他们开展多种社会活动。群众组织的公共关系任务是，在群众心目中树立自己是社会利益和群众利益的忠实捍卫者的形象，求得社会各方和人民群众的支持，日益扩大群众组织活动的规模和范围，帮助中国共产党和人民政府搞好社会主义现代化建设。

2.2 公共关系的组织机构

社会组织是公共关系的主体，其公共关系工作是由公关人员和公关机构来完成的，从这个意义上说，公关组织机构与人员是公共关系的主体。

1. 组织内设的公关职能部门

组织公关部的地位与职能说明了其作用与价值，它是在不断提高与发展中完善的。

（1）公共关系部的地位

组织的公关部同组织内部的其他部门一样，是一个重要的职能部门。公关部在组织内充当的角色为：

① 情报信息部。公关部在当代信息社会中首要的职能就是采集信息、加工信息、管理信息、传播信息。建立公关部可加强社会联系，并进而建立通畅的信息网络，起到组织“耳目”的作用。

② 整体形象策划部。组织 CIS（企业形象识别）的设计，组织文化的构想，知名度、美誉度的定位，各种方案的选定等，都要精心策划，公关部可起到组织形象设计师的作用。

③ 决策参谋部。公关部要为整个组织塑造形象，但公关部不是组织的最高决策层，而是组织的“智囊团”“思想库”，是环境监测中心、趋势预报中心，负责提供成套可供选择的决策方案，协助组织进行决策。

④“宣传部”“外交部”。组织要获得公众的了解、理解和信任，赢得公众的喜爱，取得公众的支持与合作，就要不断地向公众进行宣传。公关部就是组织的“喉舌”。随着市场经济的发展，组织对外交往日益密切，对外联络和交往的任务越来越重，同时组织与环境之间的各种磨擦和纠纷也随之增多，需要进行协调，在这方面，公关部就是组织的“外交部”。

（2）公共关系部的职能

公关部除了第 3 章介绍的公关职能外，主要从事四类日常工作：

① 长期工作，主要有组织整体形象的策划、调整、传播、评估，管理好组织的无形资产。

② 日常工作，主要有：监测组织环境，搜集组织内外公众的各种意见，接待投诉；撰写组织有关情况和活动的新闻稿、演讲稿；同各种传播媒介及其记者、编辑保持密切联系；协同影视制作方面的人员拍摄、整理、保存资料片；设计、筹划、监测组织的各种宣传品和馈赠品；注册互联网上本组织的域名，设计网络上的主页，管理电子信息；了解竞争对手的公关活动情况，并加以分析；同印刷厂保持密切联系，同主管部门、政府有关部门的人员保持联系；培训公关工作人员；同有业务来往的公关公司、广告公司保持密切来往；同公共关系社团，如公共关系协会、公共关系研究所等机构保持密切联系。

③ 公共关系的定期活动，主要有组织记者招待会；组织内部的听证会；编辑、联系印刷组织的内部刊物；参加各种管理会议，了解组织内部的管理状况；参加各种销售会议，了解组织同外界的商业联系情况；同所在社区的代表接触，随着时代发展，还应关注互联网上的“虚拟社区”，同网络公众联络；协助拟写为董事会准备的组织年度经营报告；组织安排全体人员的集体娱乐活动；总结、评价公共关系活动的效果。

④ 公共关系的专题活动，主要有组织安排各种大型庆典活动；处理危机事件；筹划、安排“制造新闻”活动；组织、举办展览会；筹划、安排公关广告，协助专业人员拍摄有关组织情况的录像或影片；安排来宾参观访问，组织新产品介绍会；安排筹款、赞助活动。

以上四类工作不是截然分开的，而是日积月累、层层递进、相辅相成的。同时，各组织的具体情况不同，应以适应本组织发展为标准酌情变通处理。

2．公关部的种类及模式

由于组织的性质、规模不一样，公关部的种类、模式也大相径庭。

1）种类

（1）专职公关部

组织内部专门设立公关部平行于其他职能部门，行使公共关系的职能，是一种较理想的方式。合资组织和旅游宾馆业经常采用这种方式。

（2）一套机构两块牌子的公关部

将公关部依托于办公室或某一部门，如市场开发部、广告部等，用一套机构行使双重职能。这种模式虽然不是最优模式，但却十分现实可行。许多单位在开创公关事业初期都是在原有部门将工作搞起来，待时机成熟后公关部再独立出来。这样，不至于一开始就因编制、场地、人事关系等问题扯皮而影响工作开展。

（3）不挂牌子而兼职的公关机构

大多数公有制组织目前依然按照传统的人事管理与行政管理办法，设置新机构难度较大，于是就将伴随市场经济而产生的新工作——公关工作分解到其他部门去，或在几个部门内指派专人完成形象调研、新闻传播和内部公关工作。另一种情况是指派一个部门主要搞公关工作，但由于种种原因不称为公关部，而称为“联络接待部”“销售广告部”等，这样虽然不很理想，但毕竟有胜于无，是一种过渡方法。

2）模式

中国组织公关部的模式基本上都是脱胎于美国的模式，再结合自己条件而形成的，各组织情况不太一样，甚至同等组织的情况也相差很远。如五星级的香格里拉饭店公关部仅有 2 人，四星级的北京丽都饭店公关部则有 4 人，可见各组织有各自的理解与标准。

① 以公关部的工作特点来考虑，可按工作手段、工作对象、工作区域来设置公关部，分别如图 2-1～图 2-3 所示。

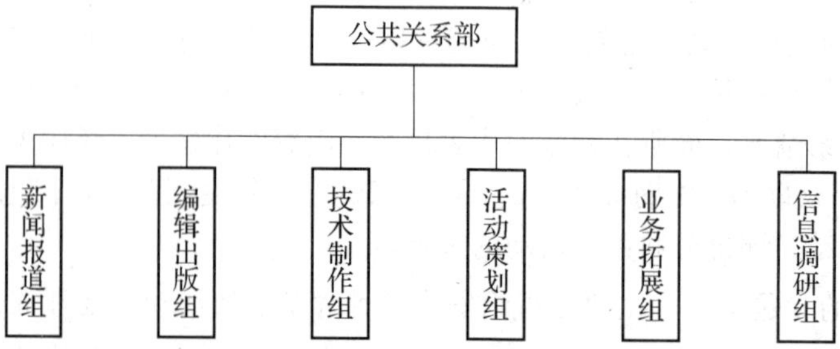

图 2-1　按工作手段设置的公共关系部

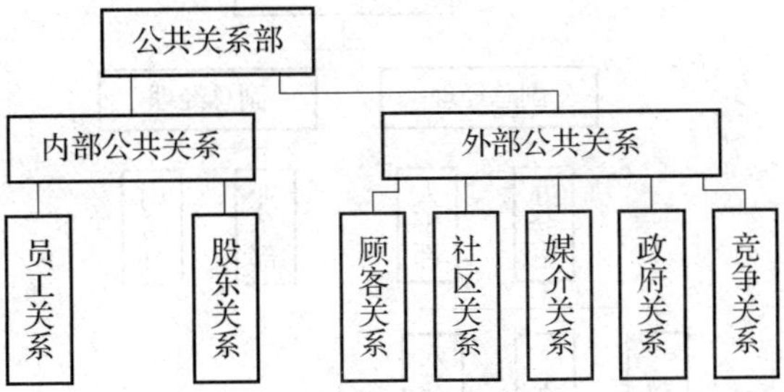

图 2-2　按工作对象设置的公共关系部

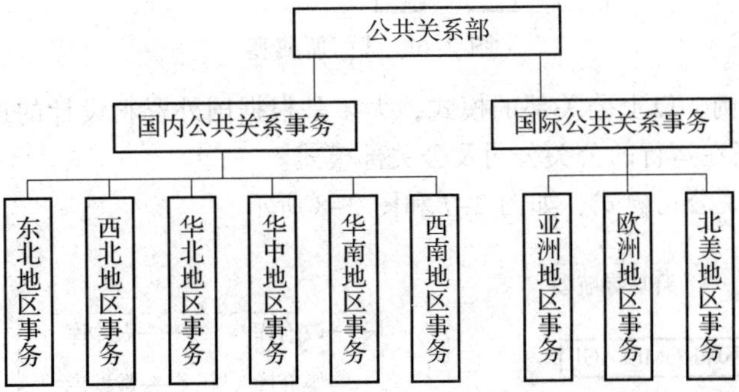

图 2-3　按工作区域设置的公共关系部

② 按公关部的隶属关系来考虑，分为总经理直接负责型、部门并列型、部门所属型三种类型，如图 2-4～图 2-6 所示。其中，总经理直接负责型是较为理想的模式。

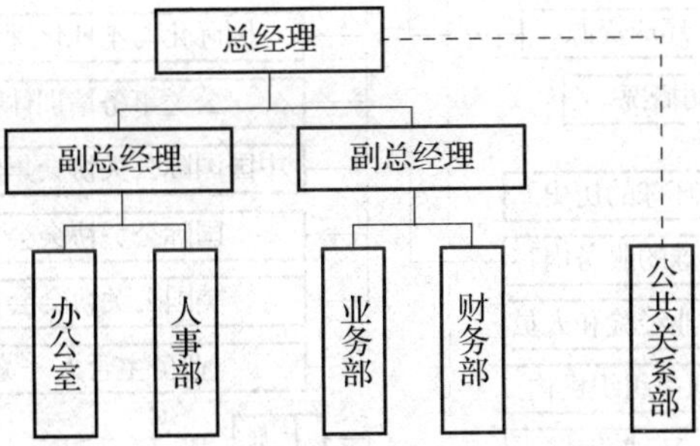

图 2-4　总经理直接负责型

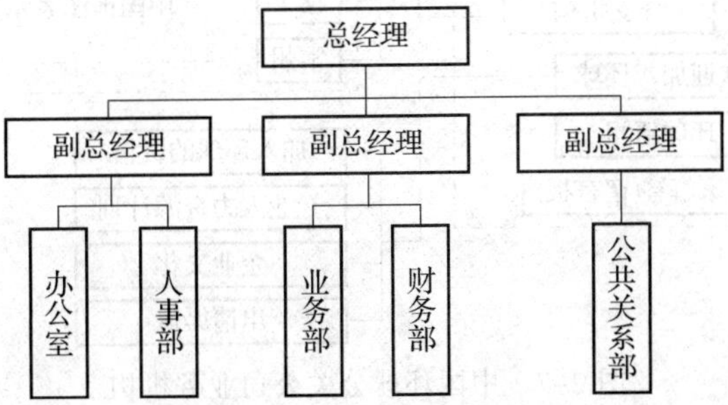

图 2-5　部门并列型

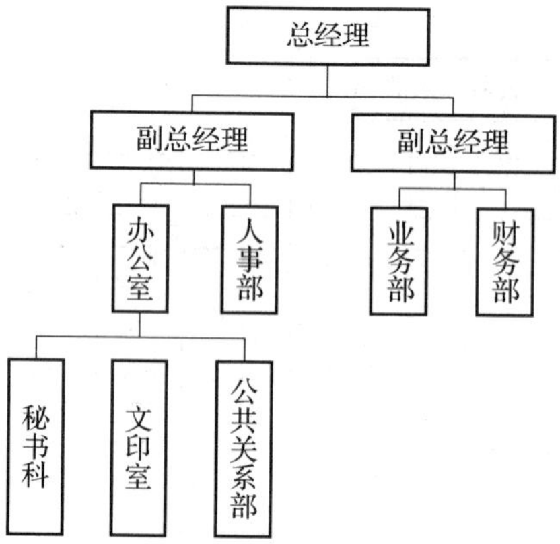

图 2-6　部门所属型

③ 模式设计举例。以上公关部的模式，大多是根据国外资料设计的理想模式。下面介绍几个在现实经营中正在运行的公关公司及公关部模式。

a．中国环球公关公司模式，如图 2-7 和图 2-8 所示。

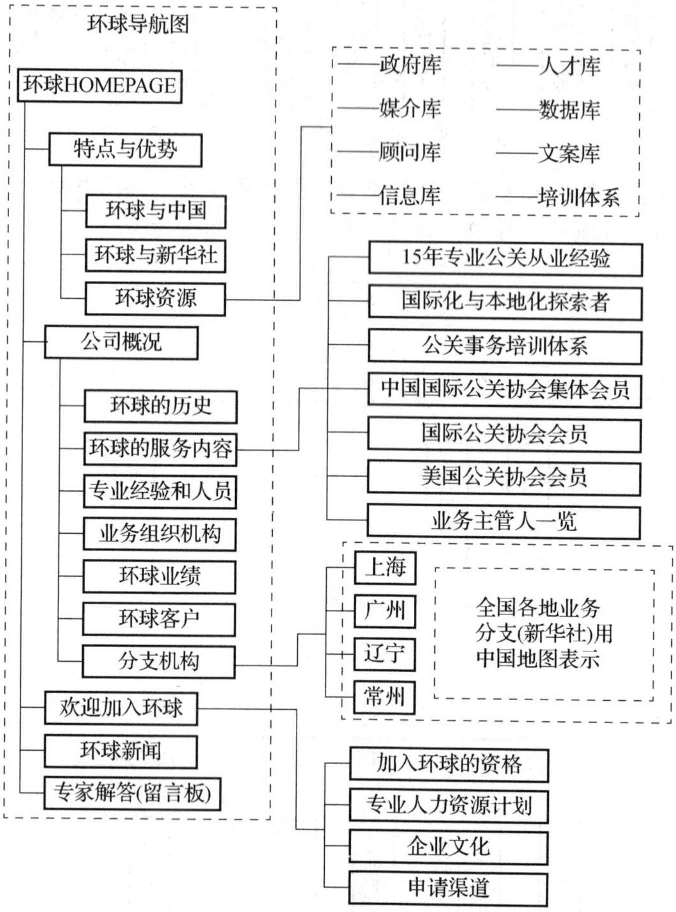

图 2-7　中国环球公关公司业务机构

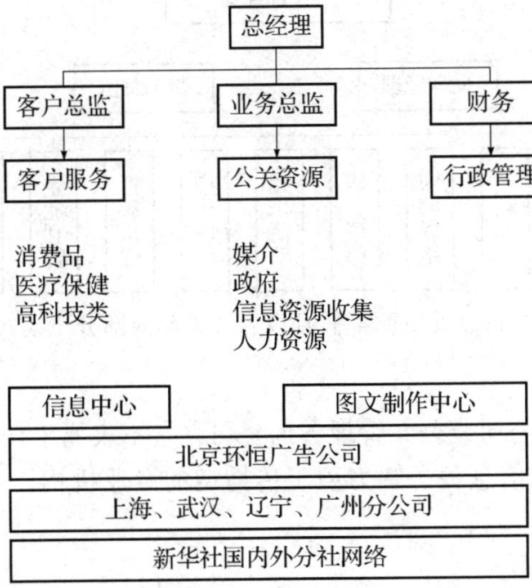

图 2-8　中国环球公关公司业务结构

b．中美合资福莱林克公关公司模式，如图 2-9 所示。

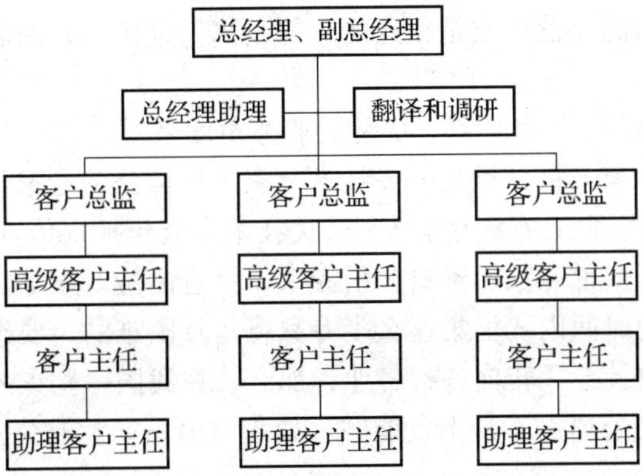

图 2-9　中美合资福莱林克公关公司组织结构

c．北京丽都假日饭店模式。丽都假日饭店的公关部的模式很出色，其模式设计如图 2-10 和图 2-11 所示。

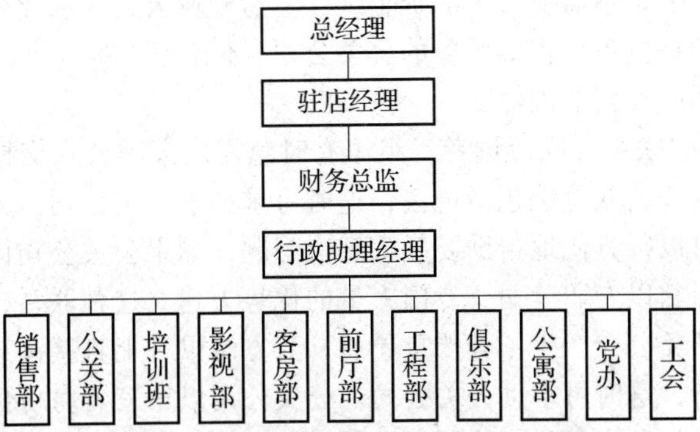

图 2-10　北京丽都假日饭店公关部的模式

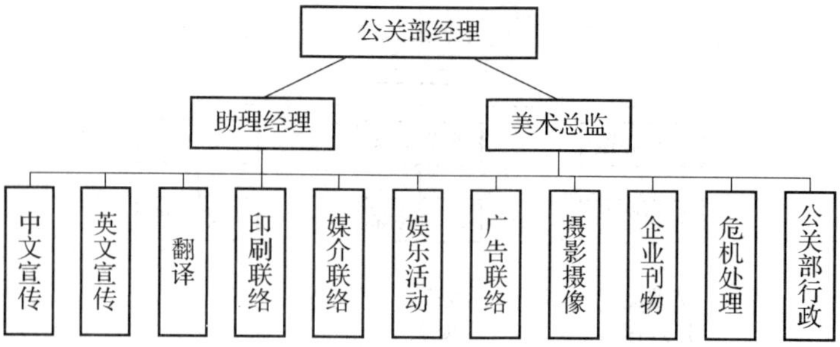

图 2-11　北京丽都假日饭店公关部内部分工模式

3. 公共关系公司

公关公司又称公关顾问公司或公共管理咨询公司，它不隶属于任何组织，它是专门为客户提供公关劳务和业务咨询的信息型、智力型、传播型的专业机构，是高度专业化的公关行为主体。

（1）公共关系公司的类型

① 与广告公司兼并合营。20 世纪 70 年代末以来，国际上出现了公关公司与广告公司合并的趋势。美国有公关公司 2 000 家，其中最大的 20 家中有 10 家都成了广告公司的分公司或下属部门，如 1978 年著名的博雅公司和富特—利恩—贝尔广告公司联合经营。从这一趋势，可以看出公关公司与广告公司的经营性质是相通的（都是搞“宣传”），两者有密切的关系，合并之后，有利于彼此的发展。

② 单独经营，提供综合咨询服务。从公关业务角度来看，综合公关公司需要两类专门人才：一类是擅长分类的专家，另一类是公关技术专家。分类公关专家包括媒介关系专家、社区关系专家、政府关系专家、职工关系专家等；公关技术专家包括宣传资料专家、新闻公报专家、年报专家、出版物专家、演说专家、资料分析专家、民意测验专家等。由于我国的公关行业起步晚，一个组织在较短的时间内要汇集这么多专家将是较困难的，要组建这样的公司难度是很大的。但如果把眼光转向社会，转向各行各业，那么，在我国一些人才资源较为丰富的大城市成立这样的综合公关咨询公司也不是不可能的。如我国第一家专业公关公司——中国环球公关公司就属这种类型。

③ 单独经营，提供专项咨询服务。这也是国际上公关公司的一个发展趋势，即是更加趋于专业化，仅为客户提供某一方面的服务。如专门从事农业、保健、体育、旅游、危机处理等公关专项服务公司。提供专项咨询服务的公关公司在规模上要比综合咨询公司小得多，因此在筹建上也要方便得多，一是不需要太多的资金，二是对专业人员要求比较单一。在我国，各地区都可以考虑成立这种提供单项咨询服务的公关公司，不仅因为难度小，而且质量也容易保证。

（2）公共关系公司的经营范围

① 充当对外关系的联系人或协调者。组织有时急需同某类公众交换意见，但由于平时建立的沟通网络不能将这些公众统统包括进去，这时可求助于公关公司。公关公司如已同这些公众有较好的关系，就可以很方便地帮助委托人解决问题；如果公关公司同所需联系的公众并没有建立较好的关系，但它以专职公司、专门人员的优势去建立这种联系，可能会比一般组织来得容易。组织有时同某类公众产生了较严重矛盾，双方难以马上直接沟通，而组织又必须取得这些公众的理解和支持，这时可求助公关公司。公关公司以第三者身份出面，同组织的公众接触，了解双方的意见分歧所在，从中协调，促使双方言归于好，解决矛盾。

② 提供公关咨询。例如，某项公关工作的程序问题、有关公众的背景调查、公关工作中的一些疑难问题、如何处理组织与公众的矛盾等，都可以向公关公司提出咨询，求得公关公司的指导和帮助。

③ 短期专项服务工作。受客户委托，在短期内为客户完成某项公关工作，如为客户编印宣传用品，为客户设计、主持新闻发布会，为客户训练内部员工或某项专项知识技能的培训等，一旦这项工作完成，即自行解聘。

④ 长期综合服务工作。时间为一年至数年。公关公司按照委托人的要求，负责合同规定的全部公关工作。大多数公关公司与委托人签订正式合同或协议。合同或协议的主要内容是既定任务的性质、主要项目的收费以及完成的时间。

合同或协议达成之后，公关公司的业务经理首先要对委托人进行系统、周密的调查研究，在了解委托人的详细情况后，公关公司成立一个工作小组，根据委托人的要求，确定目标，制订计划，编制预算。一旦委托人同意公关公司制订的计划和预算后，工作小组即组织人力、物力尽快将计划付诸实施。

⑤ 提供公关工作人员的培训服务。如开办各种短期培训班，也可派专家去组织指导工作，安排组织的一些公关人员来公司实习等。

【小资料 2-1】中国环球公共关系公司宣称可为客户提供“全方位服务”。其客户业务部的主要包括企业发展顾问服务、公共关系原理与实务沟通计企业定位、强化企业形象计划、市场沟通计划、雇员关系服务、财经传播与投资者关系、媒介关系、公共事务、政府关系、议题管理、危机传播管理等。

2.3　公共关系人员

2.3.1　公关人员的基本条件

1. 优良的品德

公关工作的性质决定了公关人员必须具备良好的道德品质。因为：一方面，公关工作是塑造良好形象的工作，这就要求塑造形象的人首先自己要有良好的形象。一个道德品质低下的人，是没有资格从事公关工作的。许多国家的公关协会，在会章中都非常强调公关工作人员必须具有优良的品德，有的章程甚至明确规定公关人员应该干什么，不应该干什么（指那些品质恶劣的行为）；另一方面，公关工作的对象是公众，在和公众交往中难免受到不良的影响和金钱的侵蚀，这就要求公关人员自身要有良好的品德。公关人员的“德”主要包括以下几个方面：

① 高度的社会责任感。即考虑问题时，不仅要重视所在组织的利益，而且还要重视公众利益，对整个社会负责。

② 公正。对于自己所服务的社会公众要一视同仁、平等相待，不能厚此薄彼。

③ 与人为善，诚恳待人，守信用，不谋私利，作风正派。

④ 埋头苦干，有奉献精神。公关人员在工作中，要不怕困难，知难而进，有为公关事业献身的精神，这样，才能克服工作中的重重困难，在公关事业上有所建树。

⑤ 知法、守法、用法。公关人员要知法、守法，还要懂得运用法律保护组织的权益。除

具有法律意识外，还应在遇到有违法乱纪的行为时，能勇敢地站出来予以揭露、控告或制止，决不能听之任之，更不能同流合污、知法犯法。

2. 豁达宽和的性格

公关人员需要与各种公众打交道，与社会各界联络沟通，参加各种类型的社交活动，因此，在其性格方面最好具有外向性格，有助于人际沟通和接触。在实际的公关活动中，性格的基本形态还不是最主要的，重要的是要具有十分的耐心、充分的容忍精神和坚强的自控能力。十分的耐心首先是指在做说服公众的工作时要有耐心，要通过细致的劝说而使公众在没有强迫感的情况下接受自己的意见；其次是指在听取公众的意见时要有耐心，应能凝神倾听他人意见而不流露出厌烦的表情或思想不集中，对公众的话应表示出应有的兴趣和关切。充分的容忍精神主要指能够容忍对立的意见，能够容忍别人暂时的误解，随时保持谦和的态度，能与不同性格、不同习惯、不同爱好、不同观点的人和平相处。坚强的自控能力主要指能在激烈的矛盾冲突场合保持清醒的头脑，在与公众打交道的任何情况下都不放弃原则，同时维持灵活的态度，既不咄咄逼人，又能找出化解冲突的方法。

一般说来，公关工作大都应由开朗、健谈、有涵养、谈吐不俗、有感染力，能使原来陌生的人很快消除隔阂并产生好感的人承担。从心理学角度讲，性格外向或多血质的人比较适合从事这一工作。事实上，公关部门所聘请的对象，常常是一些声音悦耳柔和，态度和蔼可亲，言谈举止讨人喜欢的女性人员。此外，有幽默感的人容易使气氛紧张的场合松弛下来，轻松和谐的话语易于化解矛盾，给公关对象留下深刻的印象。

3. 广博的知识

公关工作是一项涉及面广、内容丰富的工作，这就要求从事公关的人员必须具有广博的知识，他们应该是“通才”“杂家”。具体包括以下内容：

① 公关专业知识。公关人员应掌握本学科的专业知识。一是要掌握公关理论知识，如公关的基本概念、公关的历史沿革、公关的职能、公关的程序、公关三大基本构成要素等。同时要懂得中国公关的发展史和有中国特色的公关理论。公关人员具备了基本的公关理论知识，有利于克服盲目性，增强自觉性，用以指导实践活动，提高公关活动的效果。二是要掌握公关实务知识。公关是一门应用性学科，掌握公关实务知识，是公关人员的基本功。这些知识包括：公关调研、公关策划、公关项目实施、公关效果评估、公关专门活动等。了解和掌握公关实务知识，不在于死记硬背某些条文，而在于创造性地运用，学以致用才是真本事，是成功公关的核心所在。

② 与公关相关的学科知识。公关是边缘性、综合性的学科，要求公关人员具有广博的知识，包括传播学、社会学、心理学、经济学、管理学、行为学、市场学、新闻学、广告学、决策学等，掌握这些学科的基本原理和方法，在公关工作中会得心应手。此外，还应掌握一些文学艺术、写作、编辑方面的知识以及外语等。

③ 方针政策。公关人员应熟知党和政府的有关政策、法令、法规，了解社会的政治、经济、文化诸方面的现状及未来的发展趋势。

④ 专门知识。公关人员的工作，与他们所在组织的工作是密不可分的，如政府公关、营利性社会组织的公关与企业公关在内容上就有很大差异。因此，作为公关人员，必须掌握和懂得本行业的基本知识，如在电子厂工作的要懂得电子方面的基本知识和技术发展动态，懂得本企业的业务和管理的特点，这是公关人员的看家本领。

4. 丰富的经验

公共关系工作涉及的范围和领域十分广阔，具有某些其他行业工作经验的公关人员容易成为公关工作的行家里手。例如，具有新闻记者的工作经验，将对公关工作的开展起到很大的作用，因为他懂得如何运用传播手段。另外，教育部门、政府部门、广告部门、销售部门、工商企业管理部门、旅游部门、思想工作部门、金融部门等的工作经验，都有利于公关工作的开展。

5. 多种工作能力

公关工作要求公关人员必须具备以下多种实际工作能力：

① 组织能力。公关人员经常组织各种类型的公关活动，因此，必须具备较强的组织能力。公关人员的组织能力主要表现为在落实和实施公关计划、方案过程中所需要的组织与指挥能力，也就是能够有效地控制公关计划、方案的实施过程，排除不可控因素的干扰，保证最大限度地实现公关目标，当任务完成后，能够及时地提出新的奋斗目标，使公关工作能持续地开展。具体地说，公关组织能力可表现为：能够卓有成效、有条不紊地组织新闻发布会、营销展览会、成果展示会等公关活动，使组织工作圆满有序，井井有条，有章有法，不出差错等。

② 表达能力。表达能力包括文字表达能力和口头表达能力，能说会写是对公关人员的两项基本要求。说，包括演说、谈话、谈判等，这是公关人员经常运用的工作方式；写，包括撰写各种新闻稿、组织内部各种公文，设计广告词，整理宣传资料、撰写演讲稿或报告等。

公关人员一定要具备坚实的笔墨功夫。一个不会写作的公关人员等于缺了一只手或断了一条腿。国外有些组织的公关部把“擅长写作”作为对公关人员的第一职业要求，可见其重视的程度。写作能力的培养并不是一蹴而就的，它首先要求公关人员具有一定的文化修养和写作基础，然后坚持在实践基础上不懈地练习，这样方能有所长进。

由于公关人员与人打交道，因此必须具备相当的语言表达能力。一个人的语言能力强，可以产生吸引人、打动人、说服人、给人以好感的神奇作用，而这正是公关工作人员常常希望能够达到的理想效果。

在表达能力方面，除了要精通本国的语言和文字外，公关人员还应具备外语表达的能力。此外，公关人员还可以利用表情、动作、服饰、改变环境等来表示一定的含义，甚至还可以利用时间、空间的控制，来表达语言所不能表达或不便表达的内容。

③ 社交能力。社交能力是进行交往、联络公众的能力，是公关人员广结善缘，争取公众理解、支持的基本条件。一个公关人员只有具备较强的社交能力，才能在任何场合中相机行事，应付自如，广交朋友，受人欢迎，使别人在与你的交往中感到信任、愉快，从而营造出公关工作有利的人际环境。

在社会交往中，公关人员必须懂得各个国家和地区的礼仪、习惯和风俗，必须视交往对象的文化程度、民族、籍贯、性别、年龄、身份来确定自己的谈话内容、风格以及行为举止，不要在交往中出现不可取的谈吐或失礼行为。

④ 应变能力。公关工作中经常会出现一些突发事件和事先未预料到的问题。面对突变，公关人员应处变不惊，保持冷静的头脑和镇静的心态，快速查明原委，作出正确的判断并提出妥善的对策。一名成熟的公关人员，越是困难，越应具有高度的自信心，善于在困境中调动客观或主观的一切有利因素，变被动为主动，使之逐步摆脱困境，化险为夷，求得问题的圆满解决。

⑤ 创新能力。公关领域非常广泛，这为公关人员发挥想象力，施展才华，提供了理想的环境。公关工作人员要善于捕捉新信息，增进新知识，确立新观念，提出新设想，敢于创新，巧于构思一些新颖别致的活动形式，把公关工作开展得有声有色，生机勃勃，充满活力。

6. 良好的职业道德

各行各业都有自己的道德标准，公关行业也不例外，也有自己独特的道德标准。

在一些国家中，已制定出较为完善的公共关系人员的职业道德标准，如《国际公共关系联合会职业道德守则》(1965年通过)、《美国公共关系协会关于公共关系业务的职业道德》等。

【小资料 2-2】日本奈良有一个世界一流的旅馆，每年春夏两季游人如织，但每年4月以后，燕子便争相飞到旅馆檐下，筑窝栖息，繁衍后代。

招人喜爱的燕子都有随便排泄的不懂事之处，刚出壳的雏燕更是把粪便溅在明净的玻璃窗上或雅洁的走廊上，尽管服务员不停地擦洗，但燕子的我行我素使旅馆总会留下污渍。于是，客人不高兴了。纷纷找服务员投诉，影响效益的危机出现了，有关人士大伤脑筋。但不久，这种现象就渐渐消失了。原因是客人们看到了一封“燕子”写的信：

“女士们、先生们：我们是刚从南方赶来这儿过春天的小燕子，没有征得主人的同意，就在这儿安了家，还要生儿育女。我们的小宝贝年幼无知很不懂事，我们的习惯也不好，常常弄脏你们的玻璃窗和走廊，致使你们不愉快。我们很过意不去请你们多多原谅。你们的朋友：小燕子”。

寻找欢乐的游客见到小燕子的信，都给逗乐了，肚里的怨气也在大笑中悄然散去。

【分析提示】该旅馆的工作人员巧妙地利用游客喜爱动物的心理，通过模拟燕子的口气写给游客们一封信的沟通方式，有效地化解了客户的抱怨，突出地显示了其良好的公关意识。

2.3.2 公关人员的培养

1. 大专院校的正规培养

这是一条专门培养公关人才的正规途径，具有系统和严格的教学计划、教学大纲、专业师资和专业教材，有明确的培养方向和目标，一般需二至四年的专门培训，较全面系统地学习和掌握公关理论及有关理论知识，潜心研究公关技巧，掌握信息传播工具，辅之以一定的实际工作训练或模拟活动。

2. 短期培训

短期培训的方式主要有：

① 举办培训班。对大多数公关人员来说，办班培训是一种见效快的好办法。大致可分为三种，即教育单位办的培训班、用人单位办的培训班、教育单位和用人单位联合办的培训班。学员主要学习与公关相关的基本知识，培训提高公关人员的理论水平。如组织学员学习公关学、传播学、管理学、行为科学、市场营销学等，这种短期的培训班，时间短收效快。

② 见习培训。这种方式主要是从实践中学习，让见习人员在一段时间内充当本组织或外组织公关人员的助手，尽可能让他们有机会进行公关实践，在实践中观察和学习别人如何处理公关事务，增强感性认识。这种方法特别适宜于培养刚参加工作的初级公关人员。

③ 聘请专家指导。聘请具有公关业务专长的专家到组织指导、咨询，帮助解决公关中的疑难问题，辅导和促进公关人员正确推行公关业务，提高公关人员的业务能力和组织公关工

作的质量。这种方法针对性强，解决问题效率高，对公关人员启发帮助大，是一种较好的培训方法。

④ 全员培训。对组织全体人员进行公关的教育，重点是思想教育和意识教育，其次是公关一般知识的普及教育。通过对全体员工的公关培训，提高全体员工的公关水平。

本章小结

社会组织是公共关系的主体，其公共关系工作是由公关人员和公关机构来完成的，本章主要从公关组织机构与人员两个方面来阐述公共关系主体。目前专门从事公共关系工作的组织机构可以分为两大类：一类是组织内部的公共关系部；第二类是组织外部的公共关系公司。其次介绍了公共关系人员的素质要求、角色，以及公共关系人员的选拔与培养。本章内容对如何选择公共关系公司、如何提高公共关系人员个人素质很有意义。

习　　题

一、简答题

1. 公共关系部的职能有哪些？

2. 如何才能成为一名合格的公共关系人员？

3. 一个组织如何选择与之合作的公共关系公司？

二、案例分析

蓝色光标公共关系机构执行总裁毛宇辉接受《职场》杂志专访，以下是专访文章：

1. 您觉得公关这个行业需要什么样的人才？

热情：公关行业是工作强度超大的服务性行业，必须投入热情才能做好。同时热情也代表态度，有正确的态度才有潜力上升。

挑战：勇于面临挑战，发挥自身潜能。公关行业每天需要面对新的东西，客户的要求越来越高，我们必须要不断创新。

创新性思考：新的形势下，具备创新性的思考才能有好的工作结果。

善于学习：公关行业，不断面临新的媒介环境、新的课题、新的行业等挑战，善于学习才能让去我们适应这个行业。

2. 什么样的故事让您产生了这样的感悟？

自身的成长经历，以及身边优秀的客户、优秀的同事无一例外的具备上述特点。例如“学习”：公关行业劳动强度大，非常忙，但是善于学习的人还是要抽时间读书，而且涉猎广泛，包括管理类、财经类、娱乐类等各方面，以全方位地补充自己。例如“热情”是服务公司必须的，富有热情的人不仅可以让自己保持好的工作状态，不仅会感染客户，也会感染周围的同事。

3. 如何成为这个行业最需要的人才？

从我们多年的面试经验来看：并不是所有人都适合公关行业。有些人所学专业与公关行业很相近，比如中文、新闻等，但并没有成为最好的公关人才。

公关人除了具备那些基本要点，还需要具有一些潜质和天赋，但最重要的是勤奋，需要投入更多的时间。

4. 您觉得这个行业最吸引您的是什么？

（1）充满挑战性，每天面临新的东西，信息更新快。

（2）成就感：公关公司虽是幕后英雄，但是客户成功就是我们的成功，看到客户的成就我们会很高兴。

（3）公关行业本身是朝阳产业，越来越多的企业机构开始重视公共关系。

问题：

1. 结合案例谈谈公共关系行业需要什么素质的人才？

2. 你愿意从事公共关系工作吗？为什么？

第3章 公共关系客体

【学习目标】

理解公众的定义；掌握公众的基本类型；了解正确处理员工关系的方法。

【引例】

眼 见 为 实

香港一家经营强力胶水的商店，坐落在一条鲜为人知的街道上，生意很不景气。一天，这家店主在门上贴了一张布告："明天上午九点，将用本店出售的强力胶水把一枚价值 4 500 美元的金币粘在此处的墙上，若有哪位先生、小姐用手把它揭下来，这金币就奉送给他（她），本店绝不食言！"这个消息不胫而走。次日，人们将这家店铺围得水泄不通。店主拿出一瓶强力胶水，高声重复布告中的承诺，接着便在那块从金饰店定做的金币背面涂上薄薄的一层胶水，将它贴在墙上，人们一个接一个地上来试运气，结果金币纹丝不动。从此，这家商店的强力胶水销量大增。

公众是公共关系的客体，也是公关工作的主要对象。公众对某一组织的态度和行为反映着这个组织的公关工作状态，是检验公关工作的重要标准。公共关系管理理论把公众利益作为最高准则，公共关系管理中的传播沟通、关系协调、信息管理、形象管理等各种职能，无不是主要面向公众展开的。因此，分析、了解并正确认识组织所要面对的各类公众，通过有效沟通与之建立良好关系，是每一个社会组织有针对性地开展以及有效地做好公关工作的重要前提。

3.1 公众的含义与特征

3.1.1 公众的含义

公众是公共关系学中一个十分重要与特殊的概念，正确理解这个概念是开展公共关系工作的基本前提。

公共关系学领域的"公众"是个专门术语，不同于一般意义的"民众""群众""人民大众"。公共关系活动中公众是具体的、明确的，是以具体社会组织为依托，与具体组织之间存在某种利益关系或利害关系，公共关系工作可以明确地分析研究这种关系，并对这种关系施加影响。因此，公共关系学中的公众，是指与特定的公共关系主体相互联系和相互影响的个人、群体或组织的总和。

可见，公众首先是一个集合概念，是个体、群体或组织的总和。其次公众与组织相互联系、相互影响，是以具体社会组织为中心集聚而成的人的群体或组织的集合。一个企业的公众不是社会上所有的人或广大民众，而是具体的与该企业有明确利益关系的社会群体或社会组织的集合，包括产品或服务的消费者群、原料供应商、产品经销商、员工、政府管理机构等。

3.1.2 公众的特征

1．共同性

公众是由共同利益、共同问题联结起来的个人、群体或组织。公众的共同性表现为他们有共同的目的、共同的利益、共同的需求、共同的兴趣，或面临共同的问题等。这些共同点使一群人或一些群体、组织产生了相同或类似的态度和行为，构成组织所要面临的一类公众。比如，一群本来互无关系的消费者因购买了同一厂家生产的某一型号有质量问题的产品之后，他们的态度和行为便有了内在的联系，不约而同地或者有组织地针对该厂家采取某种共同的行为，从而对该厂家构成一定的公众压力和舆论压力。因此，通过同质性分析了解公众，找出其中的内在联系，抓住问题的关键，才能有的放矢地做好公关工作。

2．相关性

公众相对于一定的公共关系主体而存在。作为公关对象的公众与特定组织相互关联，相互影响、相互制约。公众的观点、意见、态度和行为对组织的发展和目标实现具有实际或潜在的影响力、制约力，以致决定组织的成败；反之，组织的目标、决策和行为对公众的利益、需求、期望等同样具有实际或潜在的影响力、制约力。这种相关性是组织与公众形成公共关系主客体的关键。

3．多样性

公众的多样性主要体现为公众的构成及其存在形式是复杂多样的。公众仅是一个统称，它涵盖了所有与特定公共关系主体利益相关并且相互影响的个人、群体、团体或组织。因此，公众的构成往往复杂多样。即便是同一类公众，其存在形式也多种多样。公众形式的多样性决定了沟通方式和传播媒介的多样性，公共关系主体在开展公关活动之前应充分分析、了解公众对象，分别制定不同的公关策略。

4．变化性

对任何一个社会组织来说，公众都不是封闭僵化、一成不变的，而始终处于不断变化发展之中。一方面客观环境以及公众自身的变化会影响某一特定组织公众的构成、态度和行为等的稳定性。另一方面，组织的变化也会导致公众对象的构成、态度、行为等发生改变，例如组织的经营目标、策略的改变，经营范围的变动，产品的变化等，都会导致该组织的公众的结构、数量、态度、行为等产生变化。这种变化反过来又可能对组织产生影响、制约作用，使组织与公众之间的关系不断变化。

3.2 公众的分类

公众的分类方法多种多样，常见的公众类型划分主要有以下几种：

1．按归属关系划分

按照公众与社会组织的归属关系不同，可划分为内部公众与外部公众。

① 内部公众。内部公众指社会组织内部的所有成员，包括组织内部的所有从业人员，在股份制企业中，还包括全体股东。这类公众与组织有着直接而密切的联系，是与组织关联性最

强的一类公众对象。内部公众的态度、情感、行为等对组织的生存与发展有着直接的影响，同时组织的状况也直接决定着他们的利益，他们与组织休戚与共、唇齿相依。因此，协调与内部公众的关系是公共关系工作中最重要的环节之一。

② 外部公众。外部公众是组织之外与组织存在某种联系的公众，是组织公共关系的外部沟通对象。例如对于一家企业来说，消费者、供应商、新闻媒介、社区、政府等均是外部公众。外部公众构成了组织的外部社会环境，对于组织的生存和发展起着至关重要的作用。正确处理与外部公众的关系，争取到尽可能多的外部公众的支持与信任，创造良好的外部环境，是组织实现发展目标的重要保证。

2. 按相关程度划分

按照公众与组织关系的相关程度不同，可划分为非公众、潜在公众、知晓公众和行动公众四类。

① 非公众。也称非组织公众。是指在一定的时空条件下，不受某一特定组织的任何影响，也对该组织不产生任何影响的公众，即与组织无关的公众。在公关工作中，了解和区分非公众可以减少工作的盲目性。但非公众并非固定不变，随着环境的发展和变化，非公众也有可能转化为公众。

② 潜在公众。潜在公众指那些已经与组织发生某种联系、面临共同问题，但自身尚未知晓或意识的公众。例如，那些已经被某个厂家的商品广告说服，但尚未真正购买该种商品的消费者即该厂家的潜在公众。公共关系部门应及早发现潜在公众，并着手进行有针对性的公关活动。

③ 知晓公众。知晓公众是潜在公众逻辑发展的结果，指不仅与组织发生了某种联系，而且本身也意识到了这种联系，但尚未采取行动的公众。知晓公众已明确意识到所面临的问题与特定的组织有关，但尚在等待事态的发展以决定自身的行动。因此他们对一切与问题有关的信息都很感兴趣。此时，组织应选择最合适的传播渠道，及时沟通，尽快向公众提供一切他们想急切了解的信息，主动控制舆论，引导知晓公众。

④ 行动公众。行动公众是知晓公众发展的结果，指已经意识到与组织的联系并准备采取行动或正在采取行动的公众。对于行动公众，无论其行为是积极的还是消极的，组织都必须相应展开有针对性的公共关系行为。

3. 按公众的重要程度划分

按公众对组织的重要程度划分，可划分为首要公众和次要公众。

① 首要公众。首要公众是指对组织的生存和发展具有重要影响力和决定性作用的公众。这类公众关系到组织的生死存亡，决定着组织的成败，因而公关工作要投入组织大量的人力、物力、财力，维持和改善同首要公众的关系。

② 次要公众。次要公众是指对组织的生存和发展具有一定的影响力，但不具有决定性作用的公众。由于这类公众对组织的生存和发展的影响程度要远小于首要公众，组织通常把公关工作的重点放在首要公众上。但首要公众和次要公众的划分是相对的，在一定的条件下，他们之间可以互相转化。因此对于次要公众也应当给予必要的重视，在保证首要公众的同时，努力处理好与次要公众的关系。

4. 按组织对公众的态度划分

按组织对公众的不同态度，可划分为受欢迎的公众、被追求的公众和不受欢迎的公众。

① 受欢迎的公众。受欢迎的公众是指与组织的目标和利益一致并乐意与组织合作的公众。

他们主动地对组织表示感兴趣，接近组织并支持组织，如慕名而来的客户、自愿的赞助者等。组织与这类公众有一致的利益关系，双方沟通的结果是互利互惠的，因此公关工作的任务是维持与加强这种合作关系。

② 被追求的公众。被追求的公众是指符合组织的利益和需要，但对组织不感兴趣或缺乏交往意愿的公众。由于这类公众能为组织带来利益，组织热切希望与这类公众建立联系，如意向尚不明朗的投资者、大客户、著名新闻媒介、社会名流等。组织希望与他们建立关系来扩大影响，但往往并不容易。因此，需要组织主动追求，想方设法建立与他们的沟通渠道，形成良好关系。

③ 不受欢迎的公众。不受欢迎的公众是指违背组织的利益和意愿，对组织构成潜在或现实威胁的公众。不受欢迎的公众对组织表示出一种不太友好的意向和交往行为，或者是对组织抱有过分要求从而构成组织的负担。组织害怕受其困扰或被其损害利益，而力图躲避这类公众。

5．按公众对组织的态度划分

按公众对组织的态度划分，可划分为顺意公众、逆意公众、中立公众。

① 顺意公众。顺意公众是指对组织的政策、行为和产品持赞成意向和支持态度的公众。这类公众对组织生存和发展具有重要的意义。因此，组织应当积极争取顺意公众的支持，保持并且强化与顺意公众的良好关系。

② 逆意公众。逆意公众是指对组织的政策、行为或产品持否定意向和反对态度的公众。组织应当认真分析研究逆意公众产生的原因，有针对性地开展公共关系工作，转化其对立心态，并最大程度地减少逆意公众对组织产生的负面影响。

③ 中立公众。中立公众是指对组织持中间态度，观点和意向不明朗的公众。独立公众既可能转化为顺意公众，也可能转变为逆意公众。因此他们是组织应当积极争取的公关对象，抑制其逆意倾向，引导其转变为顺意公众，是公关工作的重要内容。

以上介绍了五种划分公众的方法，还可根据公众的其他特点及其与组织的关系，进行其他类型的划分。在实际工作中，究竟采取哪一种划分方式，根据组织在不同时期的不同目标和具体的公关项目，从客观实际出发选择划分公众的类型，从而有针对性地开展公关工作，以提高组织公关工作的成效。

3.3　组织内部公众关系协调

组织内部公共关系一般包括内部员工关系和股东关系两类，其中内部员工关系是社会组织的首要公众关系，是整个公共关系活动的起点，也是其他公众关系的基础和前提。相比较而言，股东关系是介于内部公众与外部公众之间，而且他们不直接参与组织具体运作过程，对组织的影响力主要是在资金供应上，因此可以说组织内部公众关系协调实质上还是内部员工关系协调。

1．员工关系及其特征、功能

（1）员工关系的含义

员工关系是指社会组织与其员工之间通过双向沟通方式，在互惠互利原则下寻求并达成和谐、一致、互动的一种内部管理职能，简单地讲就是通过良好的信息沟通，使组织与员工消除内耗，齐心协力达成共同的奋斗目标。

员工关系不同于组织内部的一般人事关系。人事关系一般包括人员雇佣、人力资源开发、员工培训与轮训、工作分配、人事制度与纪律的制定、执行、检查，它更多地是从规范上约束组织内部员工与组织目标保持一致。

员工关系也不同于组织内部的一般劳动关系。劳动关系一般包括就业稳定性、工资奖金制度、员工福利及劳动合同的制定与执行，它更倾向于从法律、规章上明确组织与员工之间的权力与义务关系。

而员工关系最主要的责任是要实现一种介于组织管理者与员工之间双方的良好沟通，促使组织的决策及行为能充分体现组织与员工双方的共同利益，能同时反映双方的愿望和要求，同时说服员工将个体利益目标追求寓于组织整体利益目标之中，达成双方的相互信任与合作关系。

（2）员工关系的特性

① 密切性。

② 可控性。

③ 日常性。

整个社会组织的公共关系工作就是从良好的员工关系开始的，理由是：其一，员工是组织最重要、关系最密切的公众，他们是组织赖以生存发展的基础。组织的一切决策、计划、行动都必须通过他们才能付诸实施。只有组织的全体员工同心协力、努力奋斗，才能在“内求团结”的基础上做到“外求发展”。其二，员工与外部公众接触最频繁，也最为了解外部公众的各种心理。同样，外部公众对组织的印象也往往是通过与组织内部员工的接触形成的，员工的言行举止很可能会决定组织在外部公众心目中的形象好恶，公共关系强调“全员 PR”的理由也基于此。有公共关系学者这样认为，公共关系活动若得不到员工的信任和了解，便不能获得真正的成功。著名的 IBM 公司创始人，美国公认的组织管理天才沃特森曾说：“你可以接收我的工厂，烧掉我的房子，但只要留下这些人，我就可以重建 IBM。”

（3）员工关系的功能

① 导向功能。

② 凝聚功能。

③ 约束功能。

④ 激励功能。

【小思考】

有人说员工关系让工会去负责就行了，你说行吗？

答：不行!首先，工会的性质决定了它是群众性组织，而不是企业或单位的员工管理部；其次，企业组织的员工关系需要工会的支持，但不意味着可以代替行使；再次，为让员工对决策层有认同感，也需要管理者从办公室走出来，使双方都能真正了解对方，这才是员工关系的真谛。

2．员工沟通的原则、内容与形式

（1）员工沟通的原则

① 管理部门必须有诚意让员工了解组织各方面情况，每个管理者应视与员工的交流沟通为己任，只有与员工真心相待，员工也才会真心的关心、爱护组织。

在《哈佛管理全书》里有这么一个例子：有一天，某公司一位接待员在当天报纸上看到一份招聘广告，招聘对象的工作完全和她自己现在的任务相同，她感到有些奇怪和焦急，决定去和她的老板谈谈这件事，老板证实了她的顾虑：是的，公司正在登报招聘人来替代她。发生了什么反应吗？她拿出了在同一报纸上登载的另一份广告，上面写着“我辞职了”。有人向这位老板问起这位接待员的行动时，他蛮横地说道："她难道没有勇气直接来告诉我她要辞职吗？"

你觉得这位老板和他的员工有"交流"吗？你认为这个公司的内部关系是否建立在互尊互敬上呢？你觉得这位老板理解和关心这位接待员吗？这件事发生以后公司内其他员工能否再尽心尽力奉献呢？像这样的公司，员工们能对它热爱吗？类似的情况在你组织内会发生吗？

② 同员工进行沟通应尽量采用双向方式。各类信息产生后，应有专人进行调查，了解员工对此的反映，并以此作为信息内容合理性及传播方式科学性的检验标准；信息接收后，也应马上作出反应，不能石沉大海，员工能给组织提一条意见、写一封信、谈一点看法、说一条建议，都在说明员工心里有组织，不答复就是对他们的不尊重，迟早他们也会抛弃你。一定要在某个时限内给予答复，并对员工此举表示由衷的感谢，有则改之，无则加勉，对组织不也是一种促进吗？更何况，不及时反馈信息，还会产生谣言。谣言往往是由于不能及时得到准确消息，由此产生的种种猜想。及时反馈就能把谣言降少到最低限度。及时反馈，也可以缓和由于谣言所引起的紧张关系。

③ 坚持诚实与公平的道德和行为准则。什么是管理的真谛，可能会有许多不同的表述，简单地讲，实际上就是八个字"以身作则，公平公正"。要求组织的管理者应起到楷模作用，他直接代表着组织的形象和精神面貌，员工也会仿效管理者的行为方式，以身作则不是指在具体工作上事事冲在第一线，而是指自身的行为与处事原则。后者则是员工对管理层最起码的管理要求，作为决策者在对待员工关系上必须要做到诚实无私、秉公办事，没有这种信念与作风，就不可能取得员工的信任与爱戴，更谈不上与员工的真诚合作和良好员工关系的建立与维系。

④ 与员工切身利益相关的信息应进行及时全面的沟通。其包括组织重大发展决策、主要人事变动、新的技术和市场投入，让他们知晓，并欢迎他们参与讨论，从中吸收合理的修正意见。只有让员工参与决策，才能将员工的才智充分发挥出来。

此外，组织与员工之间重要信息的传递要以适当的形式，选择适当的渠道进行，以保证信息的详实准确，避免被任意增删而造成不必要的误会和误传。很显然，没有专人进行信息传递很可能会造成"失真"，而且在上情下达时不能进行合理的"解释"（即以公众最愿意接受的方式、最容易协调的渠道进行传递），在下情上传时又不能进行主动、全面搜集，使信息往往带有某种倾向性和局部性，错误的传递又会引出一连串错误的理解、错误的决策。

（2）员工沟通的内容

一般地讲，沟通的内容必须是员工需要了解并感兴趣的组织情况，或组织有必要让员工知道并了解的有关信息。英国公共关系专家弗兰克·杰弗金斯认为与员工沟通的内容有：组织的方针和经营管理活动，组织的资产和负债及损益情况；兼并后组织的雇员交流；新技术、新工艺；安全教育；员工近况；管理领导构成；股票及其发行知识；福利；国外销售情况及立法影响等内容。实际上一般经常需要传播沟通的内容有下列几方面：

① 组织经营管理状况。组织的长远计划、近期目标、各项决策内容、人事安排及计划完成状况、指标变动程度、总体盈亏分析等。让员工对组织的经营管理政策及行为有全面的了解，从而能理解管理层作出的有关政策，并能主动执行，实现公关工作的目标要求。

② 市场状况。市场占有率、市场的前景、组织在市场中的位置及趋势；竞争同行的情况（包括对手的实力、市场地位、与本组织相比的优劣等），和国内其他地区市场甚至国际市场的有关知识，使员工较为清楚地看到组织所面临的市场环境，从而能产生发自内心的紧迫感与自豪感。

③ 新产品、新技术、新设备状况。组织的新产品、新技术介绍、性能特点、使用须知等

有关知识及新设备的应用，包括组织在这方面的成就及期待解决的技术问题；员工的素质能跟得上时代的发展要求，这也是使组织在信息时代激烈竞争中能始终保持不败的有生力量。

④ 组织名人的工作业绩。包括创业史、发展史，带领组织勇闯难关、不断进取的领导，爱店如家、默默奉献的模范，不辞辛劳、争创效益的先进，以及组织自身曾在公众心目中有过令人感动的良好事件。这样既可增加员工对组织的信心和荣誉感，又能为年青员工树立评价的标准和良好的榜样，鼓励他们去创造更大的业绩，求得组织的发展。在树立典型形象时，应多从普通员工的平凡奉献中寻找“闪光点”，让员工体会到“典型”在身边，每人都能争取到机会。

⑤ 员工新闻。既然是与员工的沟通，重点自然在员工身上，适时地报导一些发生在员工身边的新闻，如工作经验交流、文体活动、职位和工作的变动、工作业绩、业务培训、工作趣闻等。这是加强组织同员工之间情感交流的一项重要手段，通过员工新闻的传播，可以加强组织与员工之间的联系，增强员工的归属感。而且从心理学角度分析，每个人都希望能成为正面新闻的主角，满足自己自尊的需求。因此及时搜集发布一些员工新闻，对促进组织的向心力也是非常有利的。

⑥ 员工生活和福利情况。这是与员工生活、工作关系极为密切的“大事”，如员工中的生养、婚嫁、死亡、乔迁、生日等，员工为社会为组织所做的好人好事、组织的员工福利政策及规定，这些一定要及时通过正式传播渠道传递给全体员工，使他们了解组织在这些方面的政策和态度，并在有所答复和承诺后能全力以赴于工作中。

⑦ 其他有关情况。如守法教育、保安宣传，甚至社会生活常识、礼仪知识等，诸如此类，凡员工感兴趣的都可以作为传播内容。

3. 员工沟通的形式

组织与员工沟通的方式很多，有些是以传递解释上级政策为主，有的则是将基层员工的意见和建议传递到组织高层领导那里；还有些则兼有这两重任务。当然，沟通的方式应根据组织特点、员工文化素质及有关条件许可灵活运用，这里就常用的几种沟通方式进行介绍。

① 内部刊物。包括员工刊物、通讯、小报及宣传小册子。以员工刊物为例：员工刊物是对员工传达本单位方针、动态，同时反映员工工作业绩的一种内部传播媒介，它具有沟通领导与员工、协调上下关系，保证组织政策的准确理解和顺畅执行的作用，加之刊物内容丰富，与员工关系密切，是一种相当有效的公关内部宣传媒介物。如美国杜邦公司出版的内部刊物《生活得更美好》，以组织的十多万员工为主要传播对象，同时也向外界，包括新闻界、学校、图书馆和社会意见领袖散发。这份杂志内容丰富多彩，经常穿插大量的图表、照片和卡通画，深受员工和其他读者的欢迎。据该公司统计，在接受调查的 24 种畅销杂志中，《生活得更美好》这个内部刊物最受公司员工的青睐，约有 80%的员工阅读这份杂志，而全美最受欢迎、发行量最大的公众刊物《读者文摘》，只拥有 53%的员工读者。《生活得更美好》不仅完全消除了 20 世纪初笼罩在杜邦公司头上的“杜邦=杀人”的阴影，而且确实美化了员工的生活及组织的形象。

② 会议。包括传达组织政策的会议、管理层与员工直接对话的听证会，以及由员工主持的提意见或建议会，它是一种面对面的最明朗、最率直的联系方法，美国一位公关专家说：“会议是公共关系活动的窗口。”调查和研究表明，把内情告诉员工，促进相互之间了解的最佳方法是多举行几次会议，这绝不是指会议次数及时间可以漫无边际，有计划的、虽简短但能把握重点的会议，对增进管理者与员工之间的了解是极有好处的。

要保证会议效果，会议的组织者应注意以下原则：

a. 会议的内容必须是与会者共同感兴趣的东西，或者是与他们密切相关的事情。即使会议的主题比较客观、长远和间接，也应通过与他们有密切关系的事情来阐明解释，只有做到这点才能确保与会者精力集中，保证信息的充分接收。

b. 会议时间应尽量缩短。要顾及到员工的情绪、心理和注意力、忍耐力。法国伦理学家罗雪夫克说过这样一句名言："真正的雄辩是重要的事不必全说，不重要的事则绝口不提。"对于必须召开的会议，一定要简明扼要地讲清楚事情，即对于重要的东西，讲出其主要脉络和关键的地方即可，而不必进行啰啰嗦嗦的解释。对于不重要的事情、可说可不说的情况，则应绝口不提，切忌冗长、拖拉。最起码应保证能按时散会，谁也无权浪费别人的时间。

c. 态度要自然、亲切，讲话必须浅显生动，尽量少用各类专业术语。对员工的人格尊重与否也表现在你以怎样的一种口气与员工对话。如果你与员工平等交流，以诚相待，语调自然而亲切，使会议气氛如同家人团聚一般的随和，员工也会感到自尊并会给你友善的回报，增强员工的归属感和团队精神的目的也就自然达到了。另外，话题的入手应引起主持者的重视，会议的气氛及员工的注意力能否集中，关键在于话题的引入上，一般应从浅近处开始，用活生生的事例引出主题为妥，并在讲话中多运用通俗易懂、生动活泼的词语，避免深奥难懂的专业用语，保证信息传播的接收效果。

③ 公告牌。包括黑板报和墙报、宣传窗等专用性信息发布地。公告牌是最古老也是最常用的传播工具，就传播内容而言，既可以是组织决策及服务方针的广泛宣传，也可以是组织新闻、员工业绩的正面鼓励，还可以对员工感兴趣的问题进行分析讨论，寻求统一的观点和对策。由于制作简单、费用低廉，加之方式灵活、传播时效性好，因此是每个组织公共关系人员必须重视并精通的一种传播工具。要提高公告牌的传播效果，需做到：

a. 公告内容的多样化，避免过多的说教和事务性公告，应着重刊登组织的有关内部新闻，尤其是好人好事和直接关系到组织及员工利益的重大事件。例如有些组织的板报内容枯燥，抄报纸、写口号、出通知，时间一长，员工自然懒得去注意了。

b. 注意新闻的时间性，无论是通告还是新闻都有时效性，谁也不会注意已经挂了好几个月的"旧新闻"。内容的适时变动也能给员工以新鲜感，会促使他经常注意公告牌的内容。

c. 要接近员工需要，注意"热点"新闻，内容主要围绕员工关心的组织新闻、员工动态、文体活动、表彰奖励及员工家庭新闻、知识百科等。

d. 公告牌应安置在适当的地方，如员工的饭堂、主要通道，如果是宣传橱窗，最好摆放在员工看得见的地方，这对引起员工注意，便于员工观看和增强被宣传人物的心理满足感都不无裨益。

④ 给员工的信。组织负责人写信给员工或员工家属，汇报组织情况并请教和讨论组织有关事务，也是一种较为有效的传播方式。尤其是这种信件花费有限，但能传达对员工的关心，容易为人接受并获得员工的信赖，科学地运用此法往往能起到相当好的效果，但在运用中要注意：

a. 主题明确。每次写信最好只讨论一个题目，便于员工慎重考虑并给予回复，内容过多反而会让人模糊，无所适从。在内容表述上要力求简明扼要、不能冗长。

b. 应注意情感交流，既然是给私人的信件就应具备起码的礼仪，在用词、语调、格式上都要注意分寸，既不能冠冕堂皇、官腔十足，也不要低声下气，失去权威感，亲近之中不失尊严。

c. 在运用的时间和频率上不能过多过滥，偶然一封信件往往能得到员工的极大敬意，信件多了也就显得平淡无奇了。在沟通的时间上不能临时抱佛脚，有求于人时才写信，这样容易让人认为是在利用他，而应注意平时的沟通，这需要其他方式的配合。

d. 在寄发对象上，有时可以给员工寄信，有时可以直接寄给家属，尤其是当组织面临危难而需要员工的共同努力时，给家属寄信的效果可能会更明显。

⑤ 员工手册及活页印刷品编印员工手册，给员工每人一册，通常与口袋一样大小，以便于携带，内容包括有关部门的规章、政策、义务、禁止事项、奖罚规则等，近似于一本工作守则。通过对固定性内容的传播，让员工对组织的有关政策、制度有全面、清楚的了解和认识，从而以此为行为规范，约束自我。为克服员工手册因命令条例过多而可能导致的员工反感心理，可以适当增加些组织历史及发展介绍、产品及服务内容介绍、组织与员工光荣业绩等，为补充手册内容之不足。可另编活页的印刷品来报道新的情报、人事变动或福利计划和组织的有关新近政策，使员工随时了解本组织新的业务和进展。活页印刷品的发放可以直接分发、寄发，也可以放入员工的工资袋中，一般在领取工资时必然心情愉快，此时与员工沟通是很少会被拒绝的。

⑥ 其他活动性沟通方式。如家访、请员工做客、集体性娱乐活动、业余文体活动及其他特殊沟通方式。

4. 员工关系协调实用技能

（1）了解员工心理，把握员工需求

对员工的状况、问题和想法有清楚的了解是建立良好员工关系的先决条件。大量资料表明，员工关系不佳往往不是由于利害关系，而是社会组织与员工之间没有充分的了解和沟通，一旦员工认清了自己的工作与整个组织的经营运作的关系和重要性，乃至个人对产品（或服务）品质的贡献时，他对工作的责任感和积极性就会提高，员工的归属感才会增强，组织的内聚力也才能真正形成。

员工需求总体上可分为物质需求与精神需求两方面。

① 物质需求包括工资、奖金、福利及工作环境和休假。在这方面，日本组织经营管理指导资深专家酒井正敬先生，就提出稳定人才、稳定员工的三件法宝是工资、休假、福利措施。

② 精神需求包括赞扬、尊重、情感交流、晋升及参与决策管理等。松下幸之助认为：工作占据了人们一生中一半以上的清醒时间，因此公司对员工个性的塑造、心灵的美化、精神的创造责无旁贷。他提倡松下“七精神”：产业报国、光明正大、和亲一致、力争向上、礼节谦让、顺应同化、感恩图报。

松下公司还在日常经营管理中给予员工两种训练：一是基本的业务操作和生产技术训练；二是公司特有的“松下精神教育”，每隔一个月，员工们就要在他所属的团体、部门中进行十分钟演讲，阐述公司精神价值观，领会公司整体组织意识，此举非常成功地将员工目标与企业目标融为一体。

（2）建立基本价值观念，达成员工奋斗目标与组织目标的一致性

在内部公共关系工作中，培养员工的价值观念对于塑造组织良好形象，促进组织的发展具有重要作用。首先，它赋予广大员工的日常工作以崇高的意义。人们总是希望自己在从事的工作岗位上建立个人与组织及社会的认同关系，获得归属感和荣誉感，并且希望在特定的工作环

境中，以自己的才干实绩赢得他人和社会的承认与尊敬。因此，在内部公共关系活动中充分地揭发每个员工的自身价值，把他们的日常工作与高层次的价值目标联系起来，使员工超脱低层次的狭隘眼界，获得精神动力，团结一致地为共同的目标任务而精诚合作。其次，员工的价值观念赋予组织以重大的社会责任。一个正确择定的价值观念和人生价值目标，同时要求组织从社会责任出发，来指导和校正自己的行为，不仅强调组织自身的局部利益，而且能自觉认识到肩负的社会义务，并且以此作为组织的价值规范和行为准则。再者，价值观念为广大员工提供了日常工作的指南。在激烈的竞争环境面前，组织要图生存求发展，必然要求上至领导下到普通员工，共同拥有一个积极上进的价值观念体系，促使上下左右各方围绕共同的价值准绳做“向心运动”，将组织内部全体公众在目标一致、利益一致的基础上紧密地结合为一个有机整体，自觉地调节个人利益与集体利益、眼前利益与长远利益之间的关系，保持员工们思想言行的正确方向和组织运行的健康协调。

（3）培养组织内部融洽的“家庭式气氛”

组织内部的公共关系工作应包括对员工在业务运作和日常活动各个方面给予积极的关心，使员工感到在组织集体中犹如身处自己家庭之中。每一个员工都有经济的、社会的、心理的、精神的不同方面、不同层次的内在需求，只有他们的各种需求在组织内部得到基本满足，才能促使他们努力劳动、勤奋工作。因此，照顾好每个员工的工作、生活是内部公共关系工作应尽的责任，那些获得卓越成就的组织，都十分重视员工八小时之外的生活，在组织内部培养和谐融洽的人事环境和“家庭式气氛”，他们总是把组织、公司看成是一个大家庭。

（4）合理化建议制度

管理界公认的一条原则是，全体员工参与的管理才能算是好的管理，换句话说，培养员工的参政、议政意识是决定管理水平高低及组织效益的关键，而员工参政议政的主要形式之一就是提出合理化建议，因此，健全合理化建议制度是良好员工关系的一个重要体现。世界著名的柯达公司在创业之初，主管乔治·伊士曼收到一份普通工人写的建议书（1898 年），内容非常简单，仅仅呼吁生产部门：“将玻璃窗擦干净。”伊士曼认为这是员工积极性的表现，应予以表扬、强化，他奖励了 20 美元，并由此建立起了“柯达建议制度”。对公司员工来讲，因提建议每年总共能获得 150 万美元左右的奖金。但就公司而言，从这个“玻璃窗”制度所得到的收获更大，80 多年来，柯达公司员工提出的建议总数已近 200 万项。其中被采纳的已超过 60 万项，1983 至 1984 两年，合理化建议为公司降低成本、节约投资 1 985 万美元，支付奖金 370 万美元。这仅仅是几个直接的数字，实际上这种合理化制度的建立和健全，增强了员工参政意识，大大激发了员工“爱我组织”的积极性，也形成了强有力的“内聚力”，在各方面都能以组织的整体形象约束自己，这一切带给组织的又何止是数字上的收益呢？有的经济学家认为，战后日本经济之所以能以惊人的速度发展，在很大程度上是与日本的组织管理人员注意激发员工潜能，鼓励参与组织管理分不开的。

在现代社会，合理化建议制度已成为许多社会组织密切员工关系，增强员工参与意识，降低组织内部耗费的“法宝”。

日本汽车业巨子、丰田公司总裁丰田英二，在 1951 年就开始实施“动脑筋创新”建议制度，并建立了“动脑筋创新委员会”，在各车间成立创新小组并设置意见箱，对每项建议的审核分为七个项目，每个项目得分为 5 ~ 20 分，满分 100 分，如“有形效果”“利用程度”“职务减分”，最高建议奖金为 20 万日元，最低 500 日元，第一年共征集建议 183 件，1955 年征集了 1 000 件，1970 年达到 5 万件，产生了可观的有形收益与无形效益。

美国通用汽车公司也自 1989 年创立了“开动大家脑筋”活动，100 名由各部门推选出来的代表分成若干小组，各自提出本部门的意见和要求并发表自己的看法，组织高层主管当场作出“是”或“否”的表态，效果也相当明显。其中一个分厂，在一次活动中就征集了 108 条意见，部分意见被采纳后，当年节约费用 20 万美元。有员工说，“从前我们总觉得厂里对我们的想法不管不顾，而现在我们是在为改善自己的工作环境和条件出主意。”

【小思考】

某企业组织了一次合理化建议活动，结果在收集来的几十条建议中，意见占了相当一部分，其中要求改善福利待遇的意见甚为强烈，企业经理皱着眉头说，“这叫合理化建议吗？一开口就要福利，我们员工的素质太低了。”你如何评价经理的这番话？

答：要求改善福利待遇也是合理化建议，正因为企业在员工福利待遇上做得有欠缺（也许是实际措施不够，也许是宣传、解释不够），如果以此认为员工素质低下，那显然是管理者有问题，没有员工的尽心尽力，哪来企业的美好明天呢？

（5）妥善处理与非正式群体的关系

行为科学研究表明，社会组织中存在两种组织形式：一种是以正式组织的结构、权力、任务、职能组合的关系，称为“正式组织”或“正式团体”；另一种则是以感情、观念或利益关系的统一而构成的关系，称“非正式组织”或“非正式群体”，这种非正式群体往往是出于自愿自发的人际关系，团体意识感很强。从非正式群体的构成看，可分为感情型，如校友、老乡、同门师兄弟；兴趣型，如球迷、棋友、音乐发烧友；利益型，或者是因工作上经常互相联系，为方便办事而结合，或者是为对抗其他群体而结合。非正式群体的内部具有三大沟通特点：

沟通效果好：沟通大多是不拘形式，并且只借助于亲身传播，是面对面进行的，效果自然显著。

沟通程度深：都是以浓厚的人情味，以人际关系沟通为主，往往能达到意识上、行动上的一致。

沟通内容广：不仅有工作内容，还有生活的、社会的乃至一切人际关系的内容都能进行沟通。

公共关系人员在与非正式团体沟通时应注意以下几个问题：

① 注意与意见领导者友好相处。所有的非正式组织都是以意见领导者为核心的，他并不一定比同伴更有社会地位，却因消息灵通、足智多谋或有超人的胆识与品质，或因具有非凡的经历、技术能力、年龄、个性赢得员工的信任，逐渐形成一定的影响力和权威性。对他们的交往一定要注意：一是要尊重他们，对于他们反映的任何情况都要表示重视和信任。要注意，如果你对一个意见领导者流露了不信任，就等于是在一部分甚至是相当一部分员工中树起了敌意。在平时应多与意见领导者通气，遇到有新规定、新政策需要向下传递时，也应先向意见领导者作出解释，注意吸收他们的反馈，并争取他们的理解和支持。二是在工作安排上，应尽可能让这些意见领袖担负一些比较重要的职务，这样就把正式沟通活动和非正式沟通活动有机地结合起来。三是不要使用任何行政压力，使意见领袖变成组织管理层的单方“传声筒”，这样很可能使他们的威望和作用荡然无存，甚至会有别的人取代他成为新的意见领导者，给与非正式组织的沟通造成新的困难。

② 管理层应多参与非正式群体的活动。非正式群体的活动一般带有较强的人情味，组织领导主动积极地参与，就能缩短与员工在感情上的距离，甚至会成为他们中的一员，这样，非正式群体与正式组织的隔阂就会随之缩小，也可在一定程度压缩了意见领袖的权力。如多参与文体活动就易获得员工中文体爱好者的好感，使这些员工因与领导爱好相同、志趣相投而产生满足感，进而对组织产生好感，当然，在参与时管理者也不能以上司身份自居。

③ 对非正式群体的消极作用注意引导。非正式群体活动在为组织带来某些好处的同时，往往也带有一定的障碍性：

阻碍变革：它具有一种使团体过分维持现在的生活方式和在变革面前采取僵化态度的倾向。如定额变动、机构变动，在开始时都易遭反对。

角色冲突：为了满足其团体成员需求，有可能使员工（其团体成员）偏离正式组织目标，这在小团体与正式组织两方面需求相冲突时，会显得很明显。如组织员工义务加班清洁卫生，小团体中有其他成员反对时，则有的员工很可能自己想参加，但又不敢参加。

谣传：非正式团体拥有各种沟通系统和沟通渠道，错误信息流传很快。

说服：它对于迫使人们服从非正式群体具有强大的压力，由于人们日常大部分时间是在非正式组织影响下度过，因此这种无形压力会很明显，如在一个非常随意不拘小节的团体中，你的衣着端庄就可能成为取笑的对象。

【典型案例】

员工关系，伙伴同仁

美国沃尔玛公司作为世界排名第一的零售连锁集团，1998 年销售额为 1 376 亿美元，拥有 3 925 家连锁店（其中美国本土 2 485 家），员工总数 103.5 万人，被《财富》杂志列为全球 500 强第四位。自 1996 年 8 月首次进入中国市场至今，已在我国投资 12 亿元，开了 14 家分店，员工 7000 人，年销售逾 30 亿元人民币。

沃尔玛与员工的关系是一种真正意义上的伙伴、同仁关系，这是该公司面对竞争能够表现出色的原因之一。

沃尔玛向每一位员工实施其“利润分红计划”，同时付诸实施的还有“购买股票计划”“员工折扣规定”“奖学金计划”等。除了以上这些，员工还享受一些基本待遇，包括带薪休假、节假日补助、医疗、人身及住房保险等。其中一些计划在经济上体现了伙伴关系，另一些则在教育方面体现这种关系，每一项计划都是遵循山姆先生所说的“真正的伙伴关系”而制订的，这种伙伴关系是指一种坦诚的关系，使每一个参与者都成为赢家，这使沃尔玛具有足够的吸引力。

员工们在沃尔玛的奖励下贡献着自己的力量。他们为削减成本出谋划策，设计别出心裁的货品陈列，还发明了灵活多样的促销方式。例如：一位员工发现沃尔玛花钱的送货上门服务可以由原本行驶在相同路线上的沃尔玛货车代替，这个建议每年能为沃尔玛节省开支 100 万美元以上；一位员工关于现金收支报告周转合理化的建议，每年节省开支 9000 美元以上；等等。

这些就是为什么沃尔玛有如此强大凝聚力的原因所在。

试分析沃尔玛公司内部公关的特点及不足之处。

3.4　组织外部公众关系协调

所谓外部公共关系是指社会组织主体与其内部公众以外的其他公众的关系总和，它包括服务对象公众、传媒公众、社区公众、政府公众、业务伙伴公众等各类对组织生存与发展有着某种联系的公众，也称组织的外部环境。

从辩证的角度分析，当事物的内因确定之后，外因就会成为影响事物发展变化的关键因素，任何一个社会组织，既然存在于社会环境之中，就必须重视环境条件对组织的影响作用，所谓“适者生存”，就是这个道理。

从公共关系“内求团结、外求发展”的目标来分析：“内求团结”是前提；“外求发展”才是根本；没有“外求发展”的目标；“内求团结”也变得毫无必要；社会组织只有在“内求团结”的基础上，及时、主动、有效地与外部公众建立良好的沟通与传播渠道，取得外部公众对组织的认同、理解、支持与合作，才能让组织进入“人和”的境界。

在这里要注意，外部公共关系活动的效果与广告有着本质的差异，后者是通过各种传媒向公众宣传、展示组织自身形象或产品的一种宣传手段。有时，连续性、“地毯式”的广告宣传，能将组织或某种产品迅速让公众知晓并达到提高知名度、扩大营销的目的，但那只是一种单向传播行为，如果没有公共关系活动的支持是很难长期维持的。从 20 世纪 80 年代初期的“太阳牌”锅巴到 90 年代的“太阳神”“爱多”“秦池”等，都曾因为广告宣传而显赫一时，但终究不能维持太久。因此，外部公共关系活动必须严格遵守公共关系的基本原则，在重视组织内在行为合理性的基础上，充分考虑到社会公众利益，且本着长期、全局、整体和社会利益准则，才能建树组织的良好外部环境，决非靠几次公共关系策划就能达成。

外部公共关系具有一般公众的整体性、变化性和相关性特点，也是在从事外部公共关系动中必须引起注意的。

整体性是指它们不是单一的群体，而是一个与组织运行有关的整体环境，它是以整体作用方式对组织产生影响，对其中任何一种公众的疏忽，都可能导致整个公众环境的恶化，必须用全面、系统的观念来面对整体外部公众。

变化性是指外部公众不是一成不变的，而是一个开放的群体，其范围、形式、性质等会随着主体条件与时间的变化而不断变化，而这种外部公众环境的变化，又会导致公共关系目标、手段及范围的调整。

相关性是指外部公众因与组织存在某种联系，并因相互间存在共同的利益问题而相关，这种相关表现为两方面：一方面，组织的行为对公众的某种利益产生一定的影响作用，使公众有必要关注组织的行为；另一方面，公众的态度与行为对组织也会产生一定的影响作用，需要组织随时注意公众的“动态”。

3.4.1　消费者关系

消费者关系除了纯粹的顾客关系之外，还有一种广义的理解，即社会组织的服务对象关系，也就是说任何社会组织，只要它有一定的服务对象，就必然存在消费者关系，政府的职能部门也同样存在这种服务对象关系。

早在 20 世纪 50 年代，市场营销理论就开始从以生产者为中心转向以消费者需求为中心，到了70年代，消费者关系更是上升到直接影响组织体生存的核心层次。可以说，失去了消费者，也就失去了社会组织的生存基础；反之，了解了消费者需求，掌握了消费需求的脉搏，社会组织就拥有了一个生存空间。曾有营销专家指出：在现代社会里，消费者就是至高无上的王，没有一个厂商胆敢蔑视消费者的意见，蔑视了消费者，一切产品就会卖不出去。“经营之神”松下幸之助也认为：强烈的顾客导向是组织成功的关键：“我们每天都要测量顾客的体温。”美国著名公共关系专家加瑞特（Paul Canlett）也在其著作中指出，无论大小组织都永远必须按照下列信念来计划自己的方向，这个信念就是：组织要为消费者所有，为消费者所治，为消费者所享。实际上许多著名企业集团，都将利润视为服务的“副产品”，认为只要服务到位，利润是自然而然的事情。总之，满足消费者需求包括满足的质、量、时间与空间是一切社会组织赖以生存和发展的基础，尤其在市场经济高度发达、消费者权益日益受到重视的21世纪。

1. 消费者关系的基础与目的

1）消费者的权利

要争取消费者对社会组织的信任和合作，就必须充分尊重消费者在购买商品或享受服务中本应拥有的权力，这也是消费者关系的基础。我国在几年前就已出台了《消费者权益保护法》，以及产品“三包”服务的若干规定，从法律角度对消费者的正常权益给予明确保护。其中《消费者权益保护法》第九条规定：“消费者享有自由选择商品或服务的权利”，其含义包括消费者有权主动选择提供商品或者服务的经营者；自主选择商品品种或服务方式；自主决定购买或者不购买任何一种商品，接受或者不接受任何一项服务；有权进行比较、鉴别和挑选。

在实际生活中消费者应拥有的四项最基本权利是：

① 有权了解产品质量与使用要求等方面的真实信息。

必须让消费者对产品的制造、使用、维护各方面信息有全面真实的了解，才能使每一位消费者在了解事实真相的基础上，依据自身条件作出选择与购买决定。这方面，过度的广告传播，片面吹嘘、夸大的虚假宣传，往往会误导消费者，诱使其作出错误的购买决定。如有一种保健品，仅仅对促进人体睡眠有一定效疗，却在广告中夸大功能，宣传所谓防止衰老、促进新陈代谢、增强人体免疫力等尚未经国家权威部门认定的疗效，显然就是对消费者正常权益的一种损害。对有的商品，厂家报喜不报忧，只强调其优越性而回避对使用人本身副作用的说明，也是一种不正常的广告误导行为。

② 有权充分挑选商品的式样、种类，在试用满意后再决定最终购买与否。

消费者购买商品，会通过自己的了解和他人的评价、试用（穿）来决定是否购买。如果卖主夸大其产品的优点，消费者将会感受到不能证实的期望。这种不能证实的期望会导致消费者的不满意感。当他们感到十分不满意时，肯定不会再买这种产品，甚至有可能退货、劝阻他人购买这种产品。所以，卖主应使其产品真正体现出其可觉察性能，以便使购买者感到满意。消费者对其购买的产品是否满意，将影响到以后的购买行为。如果对产品满意，则在下一次购买中可能继续采购该产品，并向其他人宣传该产品的优点。

③ 有权对商品的质量、款式、性能、价格等要素提出意见，并有权要求这些意见被相关组织听取。

首先，消费者从民众角度有权对社会组织的产品在质量、款式、宣传等方面与国家政策、法规和民俗风情相悖时，提出意见并要求有关社会组织改进。如在玩具市场出现的一种仿真恐怖性人体器官玩具和仿真危险性武器，虽然没对使用者构成直接身体伤害，但对儿童正常的心理发育不利，民众就有权要求厂商及时更改，并督促政府职能部门及时作为。

其次，消费者就消费角度对其应享有的权利有权要求有关组织切实履行。这点在非工商组织表现得尤为明显，如公安、财税、交通甚至地方政府等政府管理部门的不作为，消费者可以提出要求，甚至提起诉讼，要求享有服务对象应有的权利。

④ 当使用不良的商品或服务受到损害时，有权要求得到赔偿。

当消费者使用（或享受）其所购买的商品（或服务）而受到利益损害时，消费者就可以要求得到补偿。既然是特快列车，没理由比快速列车慢，更没有理由比普通列车慢”为由，将哈尔滨铁路局告上了法庭，告其有欺诈行为，其理由就是既然买了特快空调列车的票，就不该享受比普通快车还慢的速度。去年，美国联邦法院作出判决，要求菲利浦·莫利斯等几家烟草制造商向美国烟民赔偿 1 000 余亿美元，原因则是烟草公司向烟民销售香烟，使广大烟民在吸烟过程中受到了身体伤害，并导致了许多疾病的发生。

2）消费者关系的目的

消费者关系的目的是希望达成社会组织主体与消费者之间利益的和谐，在双方的共同发展过程中寻求“双赢”。具体在组织行为上又可归纳为下列几方面：

① 通过市场调研获取消费者对组织决策及行为的基本态度，以求通过改进，使组织更能“投消费者所好”。

② 通过了解消费需求及其构成，适时推出消费者称心如意的商品或服务，在满足消费者需求的同时，创造组织自己的经济价值与社会价值。

③ 通过合理的传播手段与方式，向消费者公众展示组织的整体面貌，让消费者能“越了解你，越喜欢你，越支持你”。

④ 与消费者公众保持良好的双向信息沟通渠道，确保消费的需求信息能在第一时间准确地反映到组织的决策层，以便及时地作出迅速合理的反应。2001 年 7 月 13 日晚 10 点 11 分，我国首都北京成功申办 2008 年奥运会，就在萨马兰奇宣布北京获胜后大约半小时，可口可乐北京公司就将一批特制的庆贺申奥成功的金色罐装可乐发往北京各大商场、超市，在商机上就已经领先一步。同时，通过传播渠道将组织的有关信息通畅地向消费者公众作出真实告诉，使消费者能对组织及其相关产品或服务有较全面的认识。

【小思考】

有人说“消费者就是上帝”，你对此怎么看？

答：现在大多数商户推崇的顾客理念是“顾客至上，以人为本”。“顾客是上帝”有它正确的一面，即上帝在人的心中一直都是神圣的、让人尊敬的、善良的、容易亲近的这么一个形象，拿上帝来比喻顾客，是从企业的角度出发，充分体现出顾客在企业生存发展过程中的重要作用。另外，站在消费者的角度，自己被企业重视，使得消费者能够对企业产生一种心理上的认同感。但是“顾客是上帝”也有它的局限性，就是忽略了人与人之间的平等性，即忽略商家和顾客是站在一个平等的位置上进行的交易行为。

2．消费者关系的内容

1）研究消费者需求

市场营销学研究表明，当买方市场已成明显态势时，消费者需求的研究就成为一切社会组织决策的先决条件。

民族资本家丁子青，他经营的北京“东来顺”羊肉馆正是靠“适众人之口，又独具风味的特色”，使其从一个小小的粥摊发展成为当时北京最大，并颇具声誉的回民高级饭店。丁子青经常品尝顾客剩下的饭菜，以了解不合口味的原因，并在作料上大动脑筋，最后他将作料分装七个小碟，由顾客自己搭配，从而解决了“一人难调众人口”的大难题，而今“东来顺”涮羊肉已成为北京一大品牌。

美国的快餐连锁组织麦当劳为何能以全球统一标准的食品在世界各地取得巨大成功，其负责全球特许经营的副总裁吉姆·克莱默，在解释麦当劳凭什么能风靡全球时说，“食品的高品质、服务的高水准和环境的清洁性，在这三个方面，世界各地的顾客都有同样的要求。”但食品品质的标准化并不排斥口味的多样化，麦当劳的汉堡包、炸薯条等主要食品的口味是全球统一的，但麦当劳也会根据各地顾客的口味推出一些仅在一定区域内提供的新品，两者兼顾，就是麦当劳的成功秘诀。

还须指出，研究消费需求不单纯是指跟在消费者的后面，单纯为满足现实需求而运作组织行为，更要研究需求的发展趋势，在消费潮流中能抢先机，善于引导消费、创造需求。正如美国著名管理学家彼得·德鲁克所说的：“组织的目的只有一个适当的定义：创造顾客。”

广东格兰仕公司在数年前就已开发生产出了可与世界名牌产品相比、而价格仅为其一半的微波炉，但他们没有急于抢占市场，而是首先投入了巨大的人力、财力并运用传媒的力量在全国范围内对微波炉的使用特性、产品优势及维护、保养知识做细致、系统的介绍，并编制了多例微波炉菜谱，仔细介绍微波炉的烹调技法，还派出“格兰仕小姐”到各地市场做现场演示，甚至还通过听众热线、咨询电话等形式与顾客进行深层次的沟通，使微波炉这一新产品很快被人们所熟悉和接受。格兰仕微波炉不仅在国内市场的占有率稳步上升，还远销 50 多个国家和地区。

2）坚持始终如一的服务

营销专家曾提出这样的观点：你要推销产品，只有两条路，第一条路是你的产品特别优异，有许多特点非其他同类产品可比；第二条路是以售后服务争取顾客的信心。显然后一条路更具可操作性。

在现代社会，服务的概念已不再是产品的附属概念，最新的市场营销理论已将服务列入产品概念中的核心要素，并且指出，当技术竞争、广告竞争已难分优劣之时，服务是当今社会组织必须引起重视的首要因素，无论是购物，还是就餐，对消费者而言，与其说他们在享受商品（或餐饮）本身的感觉，不如说在享受一种服务。

对消费者的服务包括三个阶段，即售前、售中和售后，每一个环节都直接关系最后的服务效果。

就售前服务而言，良好的广告宣传，正确的消费观念引导和消费的指导都是必不可少的，只有让消费者充分地知晓和了解，组织的产品（或服务）才有可能让消费者问津；就售中服务而言，它包括销售（或服务）环境的布置、陈列和组织本身员工与消费者的接触，以及接待的热忱、主动、耐心、周到程度；售后服务则是指消费者消费后的系列追踪服务，包括送货上门、义务维修、售后三包以及售后的感情联系等。真正的销售始于售后，这是众多销售专家的智慧结晶。

美国著名汽车经销商吉拉德就是上述观点的坚持者之一，在他的顾客还没走出店门之前，他的儿子就已经写好了“感谢惠顾”的短笺，每逢节日他总是要给顾客们寄出各种大小不一、不同格式、颜色的贺卡，平均每月可达1万多张，长期维持着与顾客的正常联系，使他经销汽车20多年，成为全美销量第一的汽车经销商。

美国凯皮特公司（北美机械制造公司）在它的广告里说：“凡是买了我们产品的顾客，不管在世界上哪个地方，若需更换零配件，我们保证在48小时内送到，如果耽误，我们就将产品白送给你们。”他们说到做到，有时候为了一个价值只有几十美元的零件，甚至不惜动用直升飞机，费用高达数千美元。正是由于卓著的经营信誉，使该公司能经营50余年而日渐兴盛。

许多研究也表明，售后服务是留住顾客、增加顾客忠诚度的最有效方略，意大利经济学家帕累托的20/80营销法则的内容就是：组织经营利润的最大来源是20%消费者的重复购买。美国的一项研究表明，让一个老顾客满意，只需花 19 美元，而要吸引一个新顾客，就要花 119 美元，减少顾客背叛率 5%，就可提高利润 25%。他们在调查中还发现，顾客从一家组织转向另一家组织，70%的原因是服务，组织的员工怠慢了一个顾客，就会影响40名潜在的顾客。在竞争焦点上，服务因素已逐步取代产品的质量和价格，世界经济已进入服务经济时代。正是基于这样的认识，美国IBM公司公开表示，自己不是电脑制造商而是服务性公司：“IBM并不卖电脑，而是卖服务。”

3）妥善处理顾客的抱怨

社会组织在提供销售与服务过程中，会因为某方面工作的不到位而引起顾客的抱怨甚至投诉，这很正常，关键是在于对顾客抱怨所采取的态度及补救措施，是诚恳检讨、虚心接受，还是置之不理，甚至冷漠相对。有时，往往会因为一起小小的抱怨引起整个组织的震荡甚至是致命的打击。2001年5月份，浙江两名消费者告日本卡西欧三款计算器计算不准（将四舍五入设计成七舍八入），卡西欧公司于2001年7月向中国消费者公开道歉，同意凡1996年以后到2001年5月之前购买的上述三款计算器，消费者可以免费调换新款，并保证不再生产这三种款式计算器。

世界最大的超市集团，美国沃尔玛公司的创始人曾说：“顾客肯上门来投诉，其实对组织而言，实在是一次难得的纠正错误的好机会，有许多顾客，尤其是男顾客，每购买了次品或遇到了不良服务时，因怕麻烦或不好意思，而不来投诉，但组织的坏名声和坏印象将永远留在他们的心里。因此对待抱怨的顾客，一定要优礼相加、耐心听取，并尽量使他们满意而归，即使碰到爱挑剔的顾客，在鸡蛋里挑骨头，也要婉转忍让，至少要在心理上给这样的顾客一种如愿以偿的感觉。如果可能，尽量在减少损失的前提下满足他们物质上的要求，如果能使这样的顾客也能满意而归，那么你将受益无穷。”

有研究表明，一个最好的顾客往往是受过最大挫折的顾客，得到满意解决的投诉者往往比从没有不满意的顾客更容易成为组织最忠诚的顾客。在重大问题投诉者中，有34%的投诉者在问题解决后会再次购买该组织的产品，而小问题投诉者的重复购买率达到52%，如果组织迅速解决投诉，则重购率将在52%（小问题投诉者）和95%（大问题投诉者）之间。因此，让顾客感到满意，不仅可以使顾客成为忠诚的消费者，也可以使其成为“传道者”，即通过他向其他顾客做宣传，而且这种宣传的影响力要大于一般广告。

如何处理顾客的抱怨？

（1）移情、倾听

耐心听取顾客对有关商品、服务或环境的抱怨，并表示理解与同情，争取在感情上与心理上和抱怨者保持一致，缩短双方间的心理距离，为后阶段说服打下伏笔。同时良好的倾听也是满足顾客心理需要的一种方式，有许多抱怨的顾客，往往会因为接待人员的耐心倾听，满足了他宣泄的要求，事后会变得非常通情达理。

（2）专人、专室

接待抱怨顾客应设专人，这个岗位除了要求有良好的人际关系处理技巧外，还必须拥有较全面的知识，同时还要富有同情心。当然，对组织高度负责的精神是首要条件。在性别和年龄上一般以中年女性为宜，另外还应拥有一定的头衔以示对顾客的重视。

在场地选择上，最好配置专门的接待室，以宁静、优雅的布置和舒适的环境让顾客尽快从冲动状态中安静下来。

（3）道歉、致谢

在倾听完顾客审诉后，接待人员应立即表明态度，凡属组织自身原因的（包括员工服务态度），应当场向顾客道歉，对不属于组织原因引起的抱怨，则应耐心、热忱地向顾客做好解释。同时，向抱怨者表示由衷的谢意，应将他们的抱怨看成是对组织的爱护与关怀。

（4）真诚、信用

如顾客的抱怨是正当合理的，应当场表明处理意见，并征得顾客的同意，如属商品问题则按规定或退或赔；如属服务问题，则应让肇事员工直接致歉，情节严重的可按员工条例予以纪律处理。

这里要注意，一是接待人员应赋予一定的决定权，对一般性问题有权直接处置，确属重大问题则报请决策层处理；二是对一些不能马上处理的问题不能踢皮球，可转告有关部门并负责将处理结果尽快告知顾客，当然要把握分寸，不能轻易许诺，以免后期工作难度增加。三是要遵守诺言，一旦答应就必须全力以赴做到，许多顾客会怀疑你的服务康复承诺，他们可能觉得你只是在应付了事，你自己必须确信可以交付顾客承诺的东西，否则就不要许诺。

（5）公平、合理

要针对问题提出一种公平、合理的处理办法，在兼顾组织与顾客双方利益的基础上，适当偏重顾客的利益，尤其是对部分抱怨顾客而言，除了宣泄、投诉，他们总是需要有一定的补偿，因此，可以适当准备一些礼品，以示对顾客关注组织行为的一种答谢。

同时可针对给顾客带来的不便或造成的伤害，给予顾客一些具有附加价值的补偿，顾客也会对那些表示出真诚歉意的、合理又富人情味的态度感到满足。

除此之外，发现顾客抱怨带有普遍意义的，并且还有许多顾客尚不明真相的情况，应视事态后果严重程度成立危机管理小组，专题负责处理该事件（详见本书第10章“公共关系危机管理”）。

如接到信函投诉，则应及时将处理意见回寄给发信人，在详细说明处理意见的同时，向发信人致谢。

3．消费者关系沟通方式

社会组织应以积极的姿态、热忱的态度和主动的行为与消费者公众保持正常性联系，这种主动性行为除日常工作业务交往外，主要有以下几种：

① 口头联系。包括面对面的答复及电话答询，也可以建立服务热线或负责人接待日，以密切与消费者公众的关系。

② 消费者和内部通讯。一家或几家社会组织联合编辑出版这类定期或不定期的刊物，及时介绍组织发展的情况，推出新的产品（服务）介绍，如何正确选购和使用消费品，乃至组织工作流程、生活小百科等，使消费者较为详尽地了解组织及其产品（或服务）。

③ 组织消费者参观。主动联系各类社会组织和公众团体，组织各类消费者到企业参观，让他们亲眼目睹企业的生产环境、员工的劳动情景、产品的生产过程，使消费者了解社会组织及其产品。如海南养生堂，针对人们怀疑“中华鳖精”是否有如此大的货源基地，适时组织部分消费者，亲临生产现场，直接感受生产基地充裕的原材料，从而对产品质量真正放心。

④ 视听通讯。通过和报刊、电台、电视台等传媒，企业公共关系人员自己撰写或拍摄组织新闻，或者让新闻记者现场采访，借助大众传播媒介向消费者宣传介绍组织的情况，提高组织的知名度与美誉度。

⑤ 信函联系。消费者经常会写信给组织，有的是了解产品或服务情况，有的是询问如何选择或使用产品，有的则是抱怨或投诉。无论是哪一种情况，公关工作者都应及时予以回复，详细解释有关问题，如果是本组织产品（或服务）有了问题则一定认真道歉。必要时也可向消费者直接寄发一些新产品的介绍手册和小广告，以及在节假日主动向新老客户寄赠贺卡或答谢信等。

⑥ 广告和公告。通过大众传播媒介广告和公告向消费者介绍新产品的性能和用途，宣传一种新的或更完美的生活方式等。

⑦ 消费者或用户的特殊活动，由企业出资赞助一些特殊的活动，如运动会、社区活动、专场音乐会等，通过对社会热点问题的关注和对社会的回报，体现组织的社会责任和道义感。

4．CS：追求顾客满意

20世纪80年代，发达国家的市场营销理论，在消费者研究方面又有了新的突破，首先，他们对“顾客就是上帝”这个传统的服务理念提出质疑，斯图·伦纳德的“黄金法则”（要求雇员遵守两条法则：法则一：顾客永远是正确的；法则二：如果顾客错了，参照法则一）也受到了冲击。他们提出，应将顾客与组织形成合作伙伴关系，两者处于平等地位，这样双方就能自由交流、相互了解。一方面，使组织能更透彻地了解消费者，从而满足顾客的要求；另一方面，有利于双方建立信用关系，并由此培养对品牌的忠诚，形成固定的消费群体。同时，他们提出当代企业组织不仅要让顾客满意，还应当超越顾客满意，这就是CS理论。

CS是英文Customer Satisfaction的缩写，意为“顾客满意”，是1986年由美国一位消费心理学家所创。作为一种现代营销策略，它要求组织通过发掘在组织生产经营范围内的产品或服务，达到顾客满意程度的要求，然后组织使其产品或服务的设计向顾客满意需求逼近，实现其产品、服务个性化，使顾客在接受该产品或服务后达到满意状态。其理论依据是在现代市场营销中，有许多产品的消费是以牺牲顾客的个性为代价的，顾客买不到能完全满足自己需要（包括个性体现）的产品，只有退而求其次，这就存在了一个潜在市场，一个组织提供的产品或服务与顾客需求满足之间的“满足程度差异”，这就是一个市场空隙，一个市场机会。

CS包括理念满意（Mind Satisfaction，MS）、行为满意（Behavior Satisfaction，BS）、视觉满意（Visual Satisfaction，VS）、产品满意（Product Satisfactrion，PS）、服务满意（Service Satisfaction，SS），其中SS是CS之核心，MS、BS、VS是一次性导入的内容，旨在宣传组织、博得顾客对组织产生良好的第一印象，其重要性在于只有第一印象是满意的，顾客接近、购买组织的产品与服务才能成为可能；PS与SS则是组织留住老顾客，争取新顾客的核心内容，且是组织运行过程中需不断完善的内容。

CS策略，实际上是一个“投消费者所好”的过程，这其中消费者需求信息的获得最为关键，顾客需要什么？在商品的多种要求上最看重哪点？为什么对同类、同质产品会有不同选择偏好？这些都需通过详细、科学的市场消费调查才能获得，尤其在顾客需求的个性化方面。事实上，从消费者开始意识到要消费某种产品到最终实现消费并遗弃的整个阶段都有个个性需求问题，无论是产品的功能、款式、质量、价位、品牌还是运输、安装、服务、维修、付款方式，均是组织需仔细加以探索的。以蜡烛这种简单商品为例，也有个性化问题，不仅是一种照明工具，更是一个饰品、一种礼品、一件精美的小摆设，一个可爱的“小矮人”。总之，CS策略的目标就是使组织比消费者自己都更了解自己，真正做到“投其所好”。

3.4.2 社区关系

1. 社区关系的含义及特征

社区（Community）原指有特定区域、居民相对比较集中的居住区。如一个乡村是一个社区，城市中的一条街道是一个社区，有时一个城市也可以是一个社区，从社会学角度讲，社区是指由共同生活于一定区域的人们因利益关系紧密而构成的一种群体。美国芝加哥大学帕克对社区的定义为：①它有一个按地域组织起来的人口；②这些人口不同程度地扎根在他们所生息的那块土地上；③社区中的每个人都生活在一种互相依赖的关系中。简单讲“社区关系”就是一个社会组织的“地方关系”“邻里关系”。它是指与某个社会组织主体有地域上互邻、且利益上相关的一种公众关系。

社区关系的特征有三：首先是地域互邻性，社区关系是社会组织公众关系中部分地域互邻、较为密切的部分公众关系组合，当然这种地域互邻性的范围决于组织主体的自身规模与知名度，如对四川长虹集团来说，整个绵阳市就是它的社区，而对一般组织而言，它的社区范围也许仅仅是一条街道，一个居民区。其次是利益相关性，既然是邻里，就必然有直接、间接的利益关联，如公用场所共享、社区环境维护、社区建设责任等；一旦社会组织发生社会性环境危机事件，社区公众往往是直接的利益受损者，当然社会组织享有的知名度与美誉度越高，则带给社区公众的直接或间接利益也就越多。再次是组织主体与公众的互相制约性。一个生机勃勃的社会组织能带给社区众多的就业机会与丰厚的利益回报，它的税收能增强社区的经济实力，它的社区投入又能发展社区经济；反之，一个社会组织如果没有社区的良好支持，其生存就会受到威胁，一旦社区居民对该组织采取敌对行动，就会形成社区危机，所谓“荣辱与共”实际上是社区关系的一个很好写照。

2. 社区关系的重要性

俗话说远亲不如近邻，社区是社会组织生存和发展的根基，组织能否“永续经营”，“睦邻”工作扮演着相当重要的角色。

（1）社区是劳动力的主要来源地

社区成员与组织体员工间互相渗透，有着千丝万缕的关系，也正因为这样一种关系，组织内部的情况往往会很快被社区成员知晓。

同时社会组织的主要管理骨干也往往是以本社区成员为主，这是因为生长在同一地域，在信息沟通上较易达成共识，如雅戈尔集团下辖的近 200 个分市场、1 500 余家专卖店，任店长以上职务的管理人员中，宁波籍的就占近 70%。

（2）组织的维系和发展有赖于社区的支持

从能源、水电、交通到邮政、网络、生活用品供应都必须寻求社区的支持。

（3）良好的社区关系能较好地促进组织主体的发展

曾有人问一位公共关系专家，社会组织为什么需要同社区公众建立良好的关系，这位专家回答，如果一家人经常同左邻右舍产生纠纷，他们的家庭生活能够幸福吗？良好的社区关系有四个标志：第一，本组织的基本情况为社区公众所熟悉；第二，本组织所生产的产品或提供的服务使社区公众喜爱该组织；第三，组织受到社区政府部门和其他社会团体的尊重；第四，本组织成员同社区公众保持良好的人际关系。具备了上述四项条件，组织主体也就具备了良好的"人和"条件，一方面员工为在该组织工作而感到骄傲，并促使其更加努力工作；另一方面，社区公众对组织形象的正面宣传，能进一步促进组织环境的和谐。

1992 年，IBM 在我国台湾的子公司荣获公关基金会评选的年度"最佳社区关系奖"，其得到的评语是：长期而具体地策划社会公益活动，受益阶层广泛，系组织落实本土化之典范。他们的社区关系工作主要有：

① 先进的社区建设理念——取之社会用之社会。公司成立专门的公共服务部，每年编制公益预算，专项从事公益活动。

② 强调社区公益活动的前瞻性与典型性。即有计划地选择并组织策划一些能引起公众共鸣，且广受社区公众关心的主题活动，并长期坚持之。

③ 社区公益活动的多维化。如通过与当地社团合作成立"软体工程研究班，帮助培养中、高级人才；与台湾大学合作引进生产自动化技术；将台湾学子送到 IBM 本部受训；举办大学院校企业个案研讨比赛等，显示为社区技术与人才培养无私奉献的拳拳之心。

④ 社区环境的积极守护者。1990 年 8 月与其他三家组织伙伴一起认养敦化路和八德路口的敦北地下道，并于 1991 年 10 月获台北市养工处的认养绩效最优单位；1990 年 10 月借助"美化台北我的家"环保活动，再次认养民生社区的民权公园，发动公司员工及眷属 300 多人参与公园清理工作，在精心"呵护"下，民权公园焕然一新，被台北市政府连续两年评为认养绩效第一名。

⑤ 对慈善事业的热心倡导与积极投入。连续三年举办救助弃婴慈善音乐会；连续五年独家赞助由台北市当局主办的"台北市音乐季"；提供台湾专科、大学及研究院资讯科学相关科系的绩优学生奖学金；赞助社区居民的慈善游园会、慈善义卖晚会、"残障青年科技之旅"等活动。

正是这些科学、有序的社区公益活动，使 IBM 公司在我国台湾公众的心目中树立起了良好的正面形象，赢得了公众的喜爱与支持。

3. 社区关系的内容

（1）维护社区环境

保护人类的生存环境，珍爱地球上每个生命，是任何社会组织必须正视的问题。1992 年，联合国在里约热内卢召开环境与发展会议，制定了《21 世纪议程》，指出：地球所面临的最严重问题之一就是不适当的消费和生产模式，导致环境恶化、贫困加剧和各国发展失衡。若想达到合理的发展，则要提高生产效率并改变消费习惯与结构，以最高限度地利用资源和最低限度地生产废弃物。

有许多社会组织在其运作过程中，存在环保与效益的矛盾，即在生产效益的同时，也在生产着污染，尤其在一些不发达地区，更是将自身效益建立在对周边环境的恶意毁损上，许多地下造纸厂、化肥厂、农药厂不停地向外排放各种有毒污染物，使居民苦不堪言，甚至个别不法之徒从国外进口废塑料、洋垃圾，从中牟取暴利，而全然不顾环境保护。这一切随着政府对环境保护的日益重视和民众环保意识的逐步觉醒，会很快得到根治，对于现代组织而言，绿色营销（环保营销）是其发展的必由之路。

所谓绿色营销是指在经营战略制定、市场细分与目标市场选择、产品生产、定价、分销、促销过程中注重个体利益与社会整体利益的协调统一，并在此前提下追求经济利益的一系列经营活动。它不仅包括保护生态环境，消除一切污染环境的经营行为和有不良副作用、危害消费者身体健康的产品，也包括保护消费者心理健康，树立良好的社会风尚。它体现了社会组织兼顾消费者利益，符合人类共同愿望，建立人类与大自然对立统一的协调机制，代表着组织未来的发展方向。

1996 年前，北京申奥惜败，七年后，北京终于获得了 2008 年奥运会主办权，“绿色奥运”不仅是我们的口号之一，也体现在具体的行动上：所有运动场馆在材料的选用上都尽可能使用无污染材料或再生性材料，场地绿化选用耐旱植物品种，用水都安装了回收再利用设备；场馆周围 80%～90%的路灯将利用太阳能光伏发电技术。连申奥工作人员手中的名片，都是用再生纸制作，体现出了良好的绿色意识，此举也赢得了国际奥委会官员的一致好评。

在保护社区环境同时，社会组织还应积极美化社区环境，尤其是自身生产与经营环境的美化。实际上，整洁的建筑、充满大自然气息的厂区和宁静、祥和、卫生的工作环境，也是一种赢得公众喜爱的举措。

（2）支持社区公益活动

社区关系不能仅停留在社会组织自身行为约束上，而应积极参与社区建设，促进社区繁荣与发展，与所在社区形成“共存共荣”的关系，尤其是在对社区公益性活动的支持上，应不遗余力。

社区的各类领导者与意见领导者一般都希望本社区的社会组织能为社区的健康发展提供多方位的支持，尤其是在资金、人力等方面能给予扶植。如兴办教育、投资科技、赞助社区文体活动、安置老弱病残、支持社区绿化等，这是正常的要求。社会组织身为社区的成员应以此为己任，树立正确的社区意识，取之于民、用之于民，才能让“新睦邻”变成现实，让社区的所有公众真正以组织的存在为荣，从而建立起良好的“地利”环境。

加多宝集团有着 17 年的公益资产积累，在教育领域有知名的助学品牌“加多宝·学子情”，在扶贫救灾领域，多次为震后灾区重建捐助巨额善款。加多宝也面向社会公众公布了他们在教育、扶贫等领域的公益战略，并基于在这些领域的公益积累和相关经验，创新性地提出了“发展型助学”和“建设型扶贫”模式。

（3）促进社区的安定与繁荣

让社区在繁荣发展过程中，同时拥有一种和睦、友善的氛围，一种高就业率、低犯罪率，人员间祥和、安定的生活环境，是每一位社区公众的理想，社会组织也应积极承担起此项职责。

美国安塞公司在员工中就倡导对公共事业的热心态度，由员工自愿组成的“抢救队”，每周7天，每天24小时，无论何时发生天灾、人祸，随时出动，无偿为社区居民提供救助，成立数十年而不息，成为社区建设的中坚分子。美国通用公司也不例外，为了培养与社区公众间的“准自家人关系”，他们将组织自身的服务设施和娱乐设施，如医院、汽车俱乐部向社区公众开放。为减少误会，公司还专门编印了一本指导手册，详细介绍了开放组织的意义及运作中的注意事项，其细致程度无可挑剔。长此以往，员工与社区公众的关系变得更为和谐。

（4）给社区带来光荣和骄傲

社区里有闻名的古迹、美丽的景观、漂亮的建筑，这些自然是社区居民引以为豪的资本，但如果让社区拥有一个令人侧目、让人尊敬的组织，又何尝不是社区居民的一件荣事呢，就像“长虹”对于绵阳市、宝钢对于上海宝山区、北仑港对于宁波市一样，社区公众也会从自豪中发自内心的真心喜爱、关心这些给他们带来光荣和骄傲的组织。

4．社区关系的手段

（1）通过社区传媒与公众沟通

利用社区大众传媒或组织通讯、年度报告书、小册子、组织刊物等，定期或不定期地向社区公众传递组织运作信息，包括组织运作状况、经营业绩、对社区的贡献等，营造良好的社区舆论环境。

（2）与社区领袖的主动接触沟通

有时，社区领袖也是政府公众关系对象，社会组织应主动向他们汇报组织运作计划与业绩，所承担的社会责任，并征求他们对组织的要求，让这些社区领袖在获得尊重中，更全面地了解组织，并通过他们进而影响社区其他公众的思想。

（3）开放组织

让公众到组织实地进行考察，亲眼目睹整个运作过程，加深对组织的了解。这种印象要比一般的宣传介绍更有效，同时也可借此纠正公众对组织的诸多误解。另外这种直接的接触也能加深组织与社区公众的感情联系，营造“人和”环境。

（4）发挥员工力量，开展全员“PR”

通过良好的内部沟通，增强员工的内聚力，进而充分调动员工积极性，发挥员工人数多、接触广的优势，利用各种场合，为组织做正面宣传，让社区公众在单个人际传播中接受组织信息，认同组织行为。

（5）展览与陈列

利用社区公共设施，抓住合适时机，一方面通过积极参与社区组织的专题宣传活动，展示组织的风采，如通过参加社区的“禁烟活动板报展示”“社区建设成就汇展”等，让社区公众知晓组织的行为与立场；另一方面，主动发起组织某项主题宣传活动，让组织从中扮演社区活动热心倡导人角色。

（6）访问社区机构

配合某些特定日子，如老人节、妇女节、儿童节、母亲节、教师节等，主动拜访社区有关机构，像学校、福利院、地方政府机构，向他们表示慰问与感谢，适当时候还可附赠些礼品，让他们感受组织的亲和力。

3.4.3 媒介关系

媒介关系简言之，是指社会组织与大众传媒公众关系的组合。这种关系又含有双重人格关系：其一，大众传媒是社会组织与其他公众信息沟通的“中介”环节；其二，大众传媒本身也是社会组织的目标公众。因此许多社会组织都视保持与媒体的良好关系为公共关系的重要内容。

在信息化社会，人们对任何组织或产品的了解，已不再停留在亲眼目睹的直接接触阶段，更多的是通过传媒宣传对组织以及产品“留下印象”。这其中，如何通过传媒将有关组织与产品信息及时、准确、真实、全面地告知公众，以及迅速消除公众对组织（或产品）的误解就显得相当重要，正因为如此，国外的学术界称舆论为“第四权力”也不无道理。

美国斯坦福大学的研究人员在调查、分析了媒体和运作状况之后，得出这样的结论：“人们的反应表明，媒介不只是工具。媒介应得到有礼貌的对待，它们可以侵犯我们身体的空间，它们可以有与我们本身相称的个性，它们可以是一个队友，它们还可以引出性别的成见。媒介可以引起感情上的反应，要求人们的注意，对我们进行威胁，影响我们的记忆，并且改变那些自然产生的观念。媒介是我们社会和自然界的充分参加者。”

曾有人形象地将公共关系人员比作“一仆三主””：一是社会组织主体；二是公众；三是媒体——组织与公众沟通的“中介人”，比较形象地点出了媒体在社会组织公共关系中的地位。

1. 大众传媒的特性

要处理好传媒关系，首先必须了解传媒的特性，“了解传媒——知道如何与每一个媒介一起工作，如何针对每一个媒介制作不同的内容，如何满足每一个媒介的截稿时间，如何坚持特定的风格要求，并且如何能吸引每一个媒介的受众——是公关从业人员工作中的一项主要内容”。

（1）传媒的受众数量巨大，分布面广，且传播时间迅速

其传播范围随着现代科技的发展可超越任何空间限制，在时间上也能使地球上的任何一个角落实现“信息同步”，其受众人数是惊人的。

微信具有零资费、跨平台、拍照发给好友、发手机图片、移动即时通信等功能。用户可以通过微信与好友进行文字或图片消息的传送，同时可以显示对方实时输入状态，以实时掌握对方的响应情况。另外还可以进行语音对话。

（2）内容繁简兼备，且能大量复制和文字化

由于各种传媒的不同传播特性，以及不同的风格特点，使受众接受信息的选择性大大加强，既可以接收一句话新闻，也可以仔细阅读长篇新闻追踪报道，能完全满足受众对事件图像、文字各方面的信息需求。同时还可利用网络对所需信息随时下载保存，使信息的吸收率大大提高。

随着新闻产业的不断繁荣与发展，受众也会接收到越来越全面的信息，发生在全球各地的各种大小事件都可能通过传媒获取，这也是信息社会的基本特征之一。

（3）信息的客观、真实性

《焦点访谈》栏目，“用事实说话”，“时事追踪报道，新闻背景分析，社会热点透视，大众话题评说”，涉及内容多为关注度高的社会热点问题或现象。

2. 传媒关系的原则

（1）“双向”平等原则

社会组织需要大众传媒的信息传播，但不是被动的附属型关系，恰恰相反，现代社会组织在发展过程中，许多信息也正是传媒所需要的，大众传媒的新闻性要求尽可能迅速“找到”新闻，这就使双方存在一个互补的“双向”关系，也是一种平等的交往关系。从大众传媒自身的要求来分析，也不难得出上述结论，除了新闻的素材是采自于社会各界，包括社会组织之外，其经济的主要来源——广告收入不也是来源于社会组织吗。而且，在现今法制社会，如果个别传媒或个别新闻工作者违反新闻报道原则，故意制造不利于社会组织的负面新闻，受伤害的组织也完全可以运用法律武器维护自身权益，这就是平等原则。

（2）“三要”原则

① 以礼相待。应以主动热忱的态度对待各新闻媒体，积极配合，为采访或报道工作提供便利，如主动撰写新闻稿，主动与记者沟通本组织的近期活动计划。即使是可能会对组织不利的采访，也应如实相告，承认自身问题，并及时改正，将此作为一个发现问题、更正错误的机会，而不能将事态扩大。

② 以诚相待。应主动与传媒建立和维护相互尊重和信任的关系，“在各自的切身利益中，有时作为敌手，有时作为同事相互合作。严格遵守公共关系基本准则：将事实真相告诉给公众”。以诚实赢得朋友，既不掩盖事实，也不夸大新闻，确有难言之隐也应向传媒作出说明，求得对方谅解。

③ 平等相待。包括三层含义：一是对不同级别、不同层次的传媒应一视同仁，不能厚此薄彼；二是对传媒人员，不管是资深记者还是见习通讯员都要平等对待；三是不管是对组织业绩的正面报道，还是不利新闻，都要以礼相待。

（3）“四不”原则

① 不要“一厢情愿”。不能向媒体提出不切实际的要求，更不能强迫记者按组织意愿撰写新闻稿。

② 不要“以利相交”。与新闻媒体保持正常的联络，不能用庸俗关系，更不能以利益贿赂，美国盐湖城冬奥会的贿赂丑闻，曾一度令国际奥委会非常被动。社会组织如果在与新闻界关系中采取了不正当手段，一旦被曝光，组织的形象就会严重受损。

③ 不要“变相交换”。有的社会组织以广告投入换取新闻媒体的正面报道，也不可取，要知道，这种利益制约关系是不可能换来新闻媒体对组织的全面了解与全力支持的。

④ 不要“临渴掘井”。与传媒的交往是靠平时保持一份君子之交而逐步积累起来的，那种招之即来，挥之即去的实用主义态度是对媒体关系的严重曲解。

3. 如何配合媒体工作

① 从公众利益而非本组织利益的角度谈问题。

② 要让新闻易于阅读和使用，包括内容取舍，叙述方式，甚至字体大小。

③ 把最重要的事实在一开头就陈述出来，要懂得新闻稿件内容安排的“倒三角”原理，即先讲中心意思，然后再进行具体介绍。

④ 不要与记者争论或者失去自制而冲动，记者拥有最后的发言权。

⑤ 不要详细作答，如记者的提问是直截了当的，则回答也应简洁，问题越是棘手，回答

就越应简短。当所要求回答的事实内容尚未得到确认时，不要轻易作答，更不能凭想当然或把将来须证实的事实告诉给媒体。

⑥ 告诉事实真相。只有告诉真相，才能免使组织遭受试图隐瞒事实的指责。

⑦ 除非确实已拥有记者所认为的新闻，否则记者招待会就不必举行。实际上，只有当你没有任何别的手段将一个重要的、社会性新闻事件以及时的方式通报给媒体时，才有必要举行此类招待会。

4. "新闻制造"

所谓"新闻制造"是指社会组织为提高自身的知名度与美誉度，通过有计划地策划与组织，将某种事件典型化、新闻化的公共关系行为。

（1）新闻制造的必要性

现代社会组织要想在激烈的市场竞争中赢得一席之地，就必须依靠新闻制造，以尽快树立起良好的知名度与美誉度。

① 只有经常性地成为传媒信息传播中的"主角"，社会组织才不致被人遗忘，而完全让传媒依据其自身新闻素材进行传播，则社会组织成为新闻主角的概率会很低，毕竟在整个社会环境中，媒体的新闻来源是非常广泛的。

② 从媒体方面看，它每天所需的大量信息资料来源于基层社会组织，如果主动向传媒提供新闻素材，或组织一些有新闻报道价值的专题活动，也是对传媒工作的支持，是一种双赢的策略。

③ 与普通广告宣传相比，新闻制造不仅具有更强的权威性和可信度（公众对广告的态度与对新闻的态度永远是不同的），且在费用投入上更是广告所无法比拟的。有关调查表明，在众多影响消费者购买行为决策的宣传形式中，新闻报道的影响力排在第二位。

④ 新闻的真实性原则决定了在社会组织制造新闻过程中，首先必须明确自身的公众利益观念和社会责任，即先让自身的政策与行为符合社会大众价值标准，然后才能"适当展示"，这就有利于社会组织更好地承担起社会责任与社会义务。而且，一般社会组织所制造的"新闻"，往往多是与社会公益事业和公众关心的"热点"问题，这也有利于促进社会的精神文明建设。

2018年8月，由广州市番禺区东环街党工委、东环街慈善会以及东环街民政办共同主办的"党群齐引领，东环慈善行"公益活动在广州市番禺区儿童公园举行。广州创显科教股份有限公司党支部积极参与，代表企业现场捐赠20套幼教故事机。

（2）"新闻制造"的原则

① 真实性。即策划、传播的事件是真实存在的，制造新闻不是制造假新闻，只不过这种新闻是人为策划组织的。

② 可行性。既不能违背政府政策、法规及民众道德习俗之要求，又能为组织主体现有人力、财力所能承受，两者要兼顾。

③ 新颖性。新闻本身要求迅速、及时、真实，具备新、奇特的特点。在新闻制造中也要求新闻的内容能引起受众的注意，跟在别人后面，人之亦云式的制造是无法达成工作目标的。

④ 贴近大众。公众往往对发生在身边且为自己所熟悉的事件感兴趣，如果某种事件与其利益产生联系，则公众的注意力往往会迅速被吸引，因此在选择"新闻"内容时，应以目标公众的要求、动态与关注热点为基础进行策划与制造，以保证新闻的效果。

【小思考】

有人说“新闻制造”是提高社会组织知名度的灵丹妙药，你认为呢？

答：“新闻制造”由于运用新闻报道形式，对社会组织主体活动进行宣传，因此其影响作用不容忽视，但提高组织主体的知名度，特别是荣誉度的关键在于组织自身行为能被公众所认同和喜爱，“王婆卖瓜”也要有好瓜才行。

3.4.4 政府关系

政府关系是指社会组织与政府机构及其职能管理部门的关系。

政府是国家权力的执行者，是对社会进行统一、有序管理的权力机构，任何社会组织都必须无条件遵守政府法律与法规，服从政府以及各职能部门的管理。但在政府与社会组织之间这种管辖与被管辖关系中，还存在互相了解、互相沟通的关系，这就是政府公众关系，简称政府关系。

1. 政府关系的原则

（1）熟悉政府权力，以及各职能部门的运作特点

政府权力包括法律、法规、政策、条例的制定与执行，宏观经济发展计划与控制、财政与税收、审计与统计、进出口贸易与外汇管制（包括汇率）、物资与能源的计划和调配、市场规范与监督、环境和生态保护、公用和公益事业、公共安全与社会秩序、产品与服务标准及商标与专利等，它涉及社会各个方面，是社会整体秩序的调节器。

熟悉政府权力范围及其内部分工，一方面吃透政策，能使社会组织最大限度地“受惠”；另一方面也有利于增强沟通的针对性，减少因公众目标不明而带来的“公文旅行”，提高办事效率。

（2）严格遵守法律、法规，确保组织的一切活动都在政府法规与政策允许范围内进行

这是政府关系的前提，同时在局部利益与全局利益出现矛盾时，应以国家利益为重，所谓“国家有难，匹夫有责”。只有社会组织在日常运作中做政府的“良民”，才能在组织需要政府支持时，所提出的一些合理建议与要求为政府所理解与支持。

在日常运作中遵纪守法、照章纳税、积极承担组织的社会责任与社会义务，在弘扬社会传统美德、伸张正义等活动中能不甘人后，这些都是创造良好政府关系的先决条件。

（3）主动沟通与传播

要建立良好的政府关系，就必须采取主动与合作的姿态，及时将组织主体的各种信息，如经营业绩、发展规划、遵纪守法状况、对社会的贡献、在承担社会义务方面的义举等，以适当的渠道向政府部门进行传播，此举既有助于政府能依据基层的实际情况，修订更为合理的政策与条例，也有利于社会组织通过随时让政府公众知晓，保持政府对组织的了解与支持。

沟通的方式除了信息资料的直接传递之外，还可利用各种适宜的方式与政府领导直接接触，如利用各种庆典、展示活动，新厂房落成、新设备投产等邀请、安排政府有关领导出席这类活动，主持仪式、剪彩、管理、考察、指导等，通过现场实地观察，增强对组织的了解与信心。

2. 政府关系的主要手段——请示和沟通

这是一种通过私人访问形式，以人际直接沟通为主的传播方式，其目的是尽力影响政府的

行政决策与方法，使之能充分考虑组织的利益，在体现国家利益时，能兼顾到组织利益，创造有利于组织生存和发展的政策、法律环境。

3. 政府关系的辅助手段

（1）良好的政府关系始于良好的人际关系

这要求社会组织应配专人负责与政府部门的沟通联系工作，以便随着时间的推延，形成较好的人际关系，同时专职沟通人员应具有一定头衔，这对于政府沟通渠道的尽快建立有利。

（2）良好的媒介关系是良好政府关系的保证

它能使传媒经常性的从正面角度宣传组织的良好形象，并成为新闻“主角”，从侧面向政府部门和领导提供组织的有关信息，达到借社会舆论影响政府公众的目的。

（3）良好的意见领袖关系也是良好政府关系的添加剂

社会知名人士、社团领袖、著名专家学者，这些都是社会注目的“新闻人物”，他们与政府之间存在很独特的关系，尽管在政府机构中，他们可能没有任何职位，但其影响力是不容忽视的。可以通过与他们保持密切联系，让他们支持、认同组织的政策与行为，然后通过他们的影响争取政府的支持。

（4）良好的社会表现是良好政府关系的前提条件

社会组织要寻求政府公众的理解与支持，就必然充分认识到公众利益之于组织利益、社会责任之于组织责任的重要性。既要有报效国家之心，又能在行为上、决策过程中充分体现出来，做一个社会公益事业的热心倡导和积极拥护者，作为对政府工作的一种支持，以行动赢得政府公众的高度认同与厚爱。

3.5 公众心理与公众行为

公众心理又称大众心理，是社会生活中普遍存在的一种群体心理现象，随时随地影响着社会的公共活动。公众心理定势是公众心理的重要内容之一，它揭示了公众在对象相同或相似的情境中所表现出来的共同的心理特点及其规律性。因此，把握公众心理定势及其基本特征是社会组织与公众建立良好心理关系的必要前提。

3.5.1 公众心理定势的含义

“心理定势”一词最早是在 1889 年由德国心理学家缪勒和舒曼提出，指心理上的“定向趋势”或“固定趋势”，是由一定的心理活动所形成的准备状态，对以后的感知、记忆、思维等心理活动和行为活动起正向或反向的推动作用。公众心理定势，是指在一定社会条件下，人与环境相互作用而出现的公众对某一对象（包括人、事、物等）的共同心理状态与一致性的行为倾向。这种心理状态和行为倾向在人的认知和情绪活动中起着决定性的作用，会影响人们的信息接收、态度变化及行为举止，使人不自觉地沿着一定方向或模式去感知事物、思考问题和解决问题。心理定势既是人心理活动的定向标，又是一种心理动力。

心理定势和心理特征、心理倾向既有联系又有区别。其联系在于：具体对象的心理倾向必然表现为具体的心理活动和具体的行为过程，而心理定势恰好藏在心理活动的过程中，影响人的行为过程。其区别在于：心理特征是通过人的行为所反映出来的心理特点，如我们常讲的有的人性格外向，有的人性格内敛，主要是指心理特征。心理倾向是和人的行为相联系的兴趣、需要、价值观、自我意识、决策倾向、行为特征等心理活动的范畴，是对人的行为心理进行的抽象概括。心理定势是影响人的心理活动和行为活动的“前心理活动”，是人心理活动的准备状态和前后连续的基础状态。

3.5.2　公众心理定势形成的原因

任何心理现象都是人的生理特点和社会环境交互作用的结果，心理定势也不例外。它并非人的先天特征，而是人们在一定的社会环境中获得的各种社会经验的积累和凝聚的产物。

① 由于一定社会团体中的人对某种对象（人或物）的观点、体验和意向等总是相互影响的，这种相互影响和相互作用，就会使人自发地在观念和行为上趋于一致。这就是心理与行为的趋同现象。社会心理学家谢里夫曾做过一个实验：让被试者在一间暗室里判断烛光移动的距离。在不改变烛光远近而只做平移或静止的一种情况下，当每个被试者单独观察时，他们各自对烛光移动距离的判断各不相同；而当他们一起讨论时，他们的判断就大体接近了。由此谢里夫发现，任何团体都有一个趋同团体均数，偏离团体均数愈远，偏离的人也就越少。实质上，这一切都是由人在团体中产生的心理、观念和行为的趋同现象导致的。

② 公众心理定势的产生和形成还受“团体参照”因素的制约和影响。所谓“团体参照”，是指人在其社会交往所形成的共同体中，往往会产生一种按照某一共同体的目标、行为、准则、伦理观念、理想和愿望等进行社会交往和要求自己的社会心理现象。

③ 虽然心理定势普遍存在于人的各种关系中，但它并不是可以脱离具体的公众类型而独立存在的抽象物。其具体特性依公众类型心理特征而定。比如，农民公众心理定势、知识分子公众心理定势、女性公众心理定势、国民心理定势（国民性）等就是以公众类型来划分的，因而它们之间就必然存在某种差异性和特殊性。

总之，公众心理定势是人们生活于其中的各种关系的综合产物，既有外界环境的影响，也有主观因素的作用，应当综合分析。

3.5.3　公众心理定势的作用

在日常生活中，心理定势主要通过三个方面对人的行为活动产生影响：第一，它通过人的知觉习惯起作用，即当人们遇到问题的时候，人们往往根据自己已有的记忆、感觉、知觉来判断目前事物，得出“这种事情肯定是……”的结论，从而对当前问题做出迅速的反应。第二，它以先入为主的观念影响人，即人们总是以一种习惯模式、一种自以为符合逻辑顺序的方式在思考。以这种原有观念和模式进行思考的时候，人们往往会不自觉地歪曲客观信息，发生认知偏差，如“智子疑邻”就是如此。第三，它通过情绪和心境来制约人的心理和行为。特定的情绪和心境不仅能使情绪主体产生特定的自我体验，而且还会通过他的心理活动和行为投射到与其发生关系的人或事上。这种情绪和心境一旦与环境相适应，还会继续产生，从而使人的活动带上一种主观情绪色彩。

心理定势是一种不可避免的心理活动状态，是人们认识问题、解决问题及行为活动的动力，它既能产生令人满意的客观效果，对人们心理活动起到积极的推动作用，促使人们快速反应，直接达到一种行为结果；但同时也会对人们的行为产生反作用，以一种先入为主的观念、知觉和情绪来判断问题，从而给人们正确认识事物造成障碍，产生不良的消极影响。例如人们对某件事物的印象一旦形成，就很难改变。所以，心理定势是一种固定化的心理状态，公共关系活动必须顺应公众心理定势的指向并因势利导，诱导并利用正当的心理定势，把握和制约不正常的心理现象的产生，从而收到良好的效果。

3.5.4 公众心理定势的基本特征

虽然公众类型及社会环境因素会使公众心理状态或心理定势表现出极大的复杂性、多样性和特殊性，但它们仍具有某种内在联系，存在某种共同的和普遍的特征，具体表现在：

1. 潜伏性

公众心理定势是一种内在的心理倾向，它主要通过人们对某种对象的价值评价、情感认同和意向选择等心理活动方式来表现和起作用。因此，它不易直接把握，具有内潜性。但是，公众心理定势的产生又有其社会客观环境因素以及外显行为的具体表现方式,因此它是可观察的，还能通过运用各种现代科学手段（记录、统计、实验、分析等），把它转化为某种外显的经验事实，从而去认知和驾驭它。这给公共关系人员的素质提出了更高的要求和标准。

2. 自发性

公众心理定势是在特定情境中公众之间相互作用的直接产物，具有自发性的特征。实际上，任何一种公众心理定势的形成及它在特定情境中对公众行为的驱动作用，都不是人们事先组织策划的，而是公众对特定情境的适应性的反映，是人们心理活动和行为活动的一种不自觉的“产物”。但是，如果人们把握了公众心理定势的这一特征及其形成变化的内在规律，就有可能引导、诱发和强化公众的某种心理状态并进而引发其行为，而达到预期的目的。如广告宣传就是利用人们的这种心理反应特质来达到树立组织及其商品信誉这一目的的一种自觉公共关系活动。

3. 规范性

公众心理定势还是人们对某一自然现象或社会现象的共同反应方式、原则与策略的规范和标准，它规范与决定着公众社会行为的性质和方式。由于它是人在整个社会环境中共同生活所获得的类似性经验的心理凝聚和升华，所以这种心理状态就会在社会认同中不断得到强化，并使人们形成某种特定的心理习惯。这种心理习惯一经产生就会在人的心理活动中占据一定的位置，发挥一定的作用，并且能够得到社会舆论和评价的“奖赏”。所以这种心理上、情感上的自我平衡和满足也就成为一种自我“报偿”，结果也就必然对人的具体行为产生某种规范作用。比如，“尊师重教”“尊老爱幼”等，是我国传统社会文化，具有普遍的约束力，规范着人们的心理和行为。

4. 综合性

公众心理定势是人们多种心理成分的综合，是人的认知、情感、意志等综合作用的结果，并不是认识领域独有的现象。“一朝被蛇咬，十年怕井绳”既反映了人们认识上的心理定势，又有强烈的情感色彩，同时还反映着人们的意志品质。人们在购买活动中，对某种产品的认同或讨厌，都包含这些因素。因此，心理定势是一种综合效应，它综合反映人的经验、知识、文化素养和意志品质。

总之，公众心理定势的潜伏性、自发性、规范性和综合性的特点，使它不同于其他心理活动。它不仅直接影响每个具体公众的心理与行为，而且也对组织心理环境的形成、变化和发展起着重要的作用。因此，认清和把握公众心理活动的内在素质和基本特征，合理地利用和引导公众的心理定势，克服自身盲目的心理定势，是现代公关活动的主要任务，也是公关心理学研究的重要内容。

3.5.5 公众心理定势的基本形态

公众心理定势的特征决定了公众心理定势不只是一种个体心理现象，也是一种群体心理现象；它不仅表现为人的社会认知，而且还表现为人的认知、情感、意志、行为的综合统一。根据心理定势的性质可以将其分为个体心理定势、公众群体心理定势、流行心理定势三大类。

1. 公众个体心理定势

公众个体心理定势，也就是普通心理学所研究的心理定势。它是个体在长期生活过程中形成的，通过具体事件表现出来的综合反映其心理特征和心理素养的一种稳固心理状态和心理活动方式。其特点是易受暗示，情感性强，理智往往被情感所抑制。它对个体今后的心理活动和行为活动会产生重要影响。常见的个体心理定势有首因效应、近因效应、晕轮效应、经验效应和情感效应。

（1）首因效应

首因效应又称第一印象，它是指当人们第一次与某物或某人接触时会留下深刻印象，这种给人留下的最先印象往往有强烈的作用，左右着人们对事物的整体判断，以及对事物以后发展的长期看法，成为一种难以改变的心理定势，影响人们今后的心理和行为。为什么第一印象会如此强烈？因为人在和从未接触过的人和事打交道时，总会给予更多的注意，并留下深刻印象；以后再接触时，他就会以第一印象为主，有意无意地用这种印象去评判和分析对象。一般地说：第一印象较好，人就会对对象产生认同感而不会产生反感情绪；第一印象不好，对方以后的良好行为也会相形失色，因为人们这种心理定势一经形成就很难立即改变。因此，无论是人、产品、环境，还是组织行为，都要尽可能给公众留下一个良好的第一印象，避免因为不良的第一印象造成知觉的片面性。

（2）近因效应

近因效应即最近或最后印象的强烈影响。事物给人留下的最后印象往往非常深刻，难以消失。对一件事物或对一个人接触的时间长久之后，接触到的最新最近的信息就会对认识和看法产生新的影响，甚至会改变原来的第一印象。在实际的公关活动中，要注意发挥近因效应的作用，用新的信息来巩固原有的良好印象，或改变原来公众心目中的不良印象。

（3）晕轮效应

晕轮效应又称光环效应，是指由认识对象具有的某一特征而泛化、推及出其他一系列或全部特征的心理定势。人们在认识事物或人的时候，往往会从对象的某些突出的特征或品质推广为对象的整体印象和看法，从而掩盖了对象的其他特征或品质，形成某种幻化的知觉。之所以称为“晕轮效应”，是因为它像刮风天气之前月亮周围出现的大圆环（月晕或晕轮），这只是月亮的光通过云层中的冰晶时折射出的光现象，是月光的一种扩大化，而事实上并不存在这样一个光环。晕轮效应会产生美化或丑化对象的作用。在生活中人们常常受到晕轮效应的影响。例如消费者购买商品时，往往会被它的包装所吸引，精致的外包装会使消费者对这种商品产生好感，产生晕轮效应，进而影响消费者的选择。对于公共关系活动来说，可以适当利用这种晕轮效应来扩大组织或产品的影响，美化组织或产品的形象，但是必须尽力避免滥用晕轮效应，反对利用晕轮效应来蒙骗公众。

（4）经验效应

经验效应也称定型效应，指公众个体在认知对象时，总是凭借自己的经验对对象进行认识、判断、归类的心理定势。人们往往会自觉或不自觉地根据自己以往形成的固有经验和固有看法去判断评价人或事物的特征，并加以类推，比如认为商人是唯利是图的，学者就是文质彬彬的，等等。这种对人或事物的刻板印象一旦成型，就容易造成“先入为主”的成见，在新的认知中产生偏差，以至于妨碍了人与人之间的正常交往或对事物的正常判断。因此，公共关系工作一方面要研究、利用公众的经验效应，使自己的形象与公众的经验相符合，巩固自己在公众中的良好形象；另一方面要努力传播新观点、新知识、新经验，改变公众某些狭隘的成见和偏见，以及由此形成的误解。

（5）情感效应

情感效应也称移情效应，是指人们在形成第一印象时的情绪状态会影响今后对对象的评价的一种心理倾向。在现实生活中，主体的喜怒哀乐往往会影响对人或事物的评价，同时还会通过情绪感染引起他人的同类心理效应。情感效应首先表现在人情效应方面，即以人为情感对象，并将自己的情感迁移到他人身上的效应。比如在一个良好的环境中购物时，获得了愉快的心境，同时就将这种感受迁移到他人身上，认为人们都心境舒畅、亲切友好。情感效应还表现为由人情而达物情，即所谓爱屋及乌。例如对某个名人的崇拜，会使得对与该名人有关的所有人和事都抱有好感。同时，情感效应还突出地表现在人们之间的情绪感染方面，即他人的喜怒哀乐等情绪往往会影响其周围的人，从而产生情绪迁移。因此，在开展公关活动时，要注意利用“情感效应”这一心理规律，充分调动公众的良好的情感体验，尽力避免不良的情感体验，建立一种和谐的心理气氛和融洽的情感沟通关系，保证社会组织的良性发展。

2．公众群体心理定势

公众群体心理定势是指一定范围的人群由于共同的生活经历和生活条件而形成的一种共有的、积淀深厚、作用广阔的心理定势，具有广泛的社会性和社会意义。其基本特点在于人数众多、根深蒂固、作用广泛。群体心理定势主要包括社会刻板印象、社会习俗和礼仪以及文化传统心理等。

1）社会刻板印象

社会刻板印象是指人们在长期共同生活中对某类人或事产生的一种比较固定的、一致的、概括而笼统的看法和印象。它决定着人的认识和行为评价。社会刻板印象不是一种个体心理定势，而是一种群体心理现象，反映的是一定群体的“共识”。社会刻板印象表现为对某类人和事物的固定看法，并且因群体的不同而表现出较大的差异性。例如中国人普遍认为家庭应有尊卑长幼，西方人则更强调家庭成员之间平等、自由和独立，等等。这主要是由社会主体的人的差异性所导致的。

社会刻板印象有助于人们把握人或事物的共性，概括而全面地了解对象的特点。但是也容易使人的认识产生偏差，造成“先入为主”的成见，阻碍人与他人及他物之间的正常认识和正常交往活动。因此，在公共关系活动中，一方面要把社会刻板印象作为我们正确知人、识事、辨物的手段和工具，顺应人们的刻板印象，并在可能的情况下培养人们良好的印象。另一方面要看到社会刻板印象的消极作用，尽量采取积极有效的方式去改变人们的不良印象，并设法消除不良印象给人们造成的误解，从而保证组织与公众之间的正常交往和沟通。

2）社会习俗和礼仪

社会习俗和礼仪是人们在长期社会生活中逐渐形成的各种日常生活的行为方式和规范。它直接影响公众的心理状态和行为方式，是公众心理定势的又一具体表现形式。社会习俗和礼仪作为一种心理定势，具有以下几个特征：

（1）日常性

社会习俗和礼仪是公众日常生活的普遍行为方式，具有日常性的特征。它对公众行为产生的作用是持久、稳定和社会化的，作为特定条件下公众与社会和自然环境相互作用的产物被普遍接受和认同。同时，它又是人们适应社会环境最基本的定向工具，作为人们生活经验的凝聚物，对公众的行为方式起基本、最直接的规范作用。我们不仅要从历史的和现实的角度来把握支配公众心理与行为的社会习俗和礼仪，而且还应当从未来发展的角度去预测和引导潜在的支配公众的社会习俗和礼仪。

（2）地域性

社会习俗和礼仪具有地域性的特征。由于公众生活的社会环境是各不相同的，因而人们的各种行为方式和习惯也就具有某些地域性的特征。随着现代化的交通、通信和传播媒介的不断发展，人们相互交往、沟通和了解的时间、空间都在急剧缩小，大众文化和世界文化使文化的地域性逐渐消失，但这并不意味着人们会完全抛弃自己特有的社会习俗。因此，我们必须从社会习俗和礼仪产生、形成及作用的地域性出发，才能真正了解特定环境中生活的公众心理定势的基本特征。

（3）象征性

社会习俗和礼仪还具有一定的象征意义和特性。所谓象征意义，这里主要指的是在某一地域范围内人们运用某一符号进行交流时共同遵守的某些规则，它是约定俗成的。在社会生活中，公众受习俗影响的各种行为方式，都含有特定的象征意义。比如我国民间放鞭炮的习俗，象征着“吉利”。因此，在不同地域的人们之间进行人际交往中，要“入乡随俗”，以免产生误解。

由于社会习俗和礼仪的存在，公共关系工作中就必须要尊重公众的习俗和礼仪，采取相应的服务措施去满足公众的这种心理定势和心理需求。另外，还可以根据社会习俗和礼仪的可变性对人们的社会风俗和习惯加以引导。

3）传统文化心理

传统文化心理是指在一定地域上生活着的人所形成的稳固文化传统在心理上的反映，包括地域文化心理和民族文化心理。

地域文化心理是指在不同地域，由于其自然条件及政治、经济、历史等条件不同而形成的地域文化在人们心理上的反映。地域文化心理有两种表现方式：一种是以乡土观念为基础的亲缘心理，另一种是对地域文化的依从心理。民族文化心理是指一定的民族在长期生活中所形成的稳固的心理定势。民族文化心理主要包括民族意识、民族感情和民族习惯等。

地域文化心理和民族文化心理作为传统文化的表现，对人们的心理活动和行为方式都产生了重要的影响。在开展公共关系活动时，首先要了解人们的传统文化心理，并在把握其性质的基础上给予充分的理解和提供相应的服务，才能实现与公众的有效沟通。

3．流行心理定势

流行心理定势是指在短时期内社会上形成的一种人们之间相互影响、相互感染的心理定势。这种心理定势存在时间较短，具有较大的可变性。但它能在一定时期内迅速轰动，对人们的心理活动和行为活动产生较大的冲击力。最典型的流行心理定势是时尚、流言和公众舆论。

（1）时尚

时尚是指在一定时期内，某一社会文化区域中普遍流动的行为模式，也称流行。它是一种群众性的心理现象，表现为社会公众对某种生活方式的崇尚和追求，使这种生活方式在较短时间内到处可见，导致人们彼此之间发生连锁性感染的社会现象。时尚既体现在人们的物质生活（如衣、食、住、行）方面，也体现在人们的精神生活（如文化娱乐活动）方面。时尚具有鲜明的时代特征，表现出新奇性、瞬时性、周期性、极端性等特征。在公共关系活动中，应当关注时尚的特点，敏锐地分析时尚的流行趋势，有目的地引导时尚潮流，满足公众对时尚的心理需要。

（2）流言

流言是缺乏确切依据又在人们中间相互传播的一种特定消息，是一种无根据的假消息。流言之所以能在社会中传播，是因为流言所传的消息大多是人们共同关心的问题，它的煽动性和神秘性又会使一些人们本来不关心的问题成为被关注的热点。流言传播的持续性比时尚更短，它一旦被证明是假的，便会自然消失。

制止流言的唯一手段是澄清事实，澄清事实的责任往往要靠信誉可靠的大众传播媒介来担任或通过大众传播媒介来进行。公共关系活动中的危机公关，就是要在流言产生时尽可能地通过大众传播媒介来辟谣并证明真相，以此来提高组织的信誉度和树立起好的形象。

（3）公众舆论

公众舆论是指公众对某种共同关注的社会事态所持有的一致意见或评论。在有人违背公众普遍遵守的心理参考原则时，公众会根据社会习俗、时尚等规范原则对这些超常行为或事件做出一致性的评论和判断。舆论一旦形成，就具有支配人们心理和行为以及道德的某种权威性和无形约束力。它和流言不同：流言仅以传播信息为主，舆论不仅传播信息，还要表达众人对某些人或事的态度，因而它是公众心理活动的外部表现，也是公众心理定势的具体表现形态之一。

对于公共关系工作来说，不但要防止不利于自己组织形象的公众舆论的产生和形成，还要积极制造有利于自身发展的公众舆论，并广泛利用各种舆论工具来为自己服务。制造正确的公众舆论是公共关系活动所应采取的有效手段之一。

针对个体心理定势、群体心理定势和流行心理定势的不同特点，在公关活动中应分别采用不同的公关策略和技巧。对个体心理定势，公共关系对策应着重于激发公众的兴趣、热情，并尽可能地影响和改变其心理习惯；对群体心理定势则要在理解其表现特征的基础上给予相应的服务和照顾，并注意社会舆论导向、文化氛围建设、意见领导者导引，影响或造成宏观的心理效应；对流行心理定势，主要是针对其流行内容的可变性和时效性给予充分的推测和估计，以便能及时捕捉时代的影子，并引导和影响人们的时代流行性。因此，分析和掌握公众的心理定势，积极有效地采取相应策略，是公众心理研究的主要内容，也是有效地开展公共关系活动的基础。

本 章 小 结

目标公众是构成一个组织公共关系对象的基本成分，本章列举并分析了一般社会组织较为常见的、带有一定共性的目标公众。通过公众在沟通过程中的行为，加深了公众的了解。

习　题

一、简答题

1. 什么是公众？公众具有哪些特征？
2. 简述公众的分类。
3. 什么是公众心理定势？公众心理定势的基本特征是什么？
4. 公众心理定势的基本形态有哪些？
5. 结合实际谈谈媒介公众对于组织的重要性。

二、案例分析题

案例一：

百事可乐公司的创建比可口可乐公司晚 12 年。虽然百事可乐价格低廉，却因可口可乐早已深入人心，无法撼动其地位。在第二次世界大战以前，百事可乐的销售量一直远远落后于可口可乐。从 1929 年开始，可口可乐忙于开拓国外市场，百事可乐抓住时机，发动了一场战略进攻。由于当时美国经济萧条，消费者对价格很敏感，所以在这次进攻中，百事可乐主要向公众灌输了这样一个概念：同样 5 分钱，原来可买到 6.5 盎司一瓶的可口可乐，现在却可买到 12 盎司一瓶的百事可乐。同时，百事可乐又利用电台大做广告宣传“同样价格，双倍享受”的利益观。这个策略成功地击中了目标，尤其是年轻人的市场。可口可乐顿时陷入进退维谷的境地，在改变包装或是降价的策略选择中摇摆不定，在犹豫中失去了反击的最佳时机。

问题：从本案例中你得到什么启示？

案例二：

索尼公司总经理盛田昭夫曾经说过：“日本优秀的公司根本不存在什么奥秘和秘诀。一个企业的成功，靠的是人而不是某种理论、计划或政府政策。”例如，日本西武集团每年都要举行独特的擦皮鞋仪式。西武集团在举行新员工入社仪式时，集合了旗下的 65 间分社的高级职员，会聚在东京涩谷的青山学院。新员工入社仪式中有一项名为“擦皮鞋入社式”的仪式：新入社的员工站在老资格的高级职员面前，首先由高级职员蹲下身子认真为新职员擦皮鞋，然后再由新职员为前辈擦皮鞋。总社和各分社社长都亲临这一隆重仪式，并由电视台通过卫星向全国转播。互相擦皮鞋不仅仅是要告诉新职员时刻注意自己的仪容，更重要的是要创造一种温暖人心的气氛，让新老职员亲如一家，并培养职员热爱公司的精神。

问题：从本案例中你得到什么启示？

第4章 组织形象塑造

【学习目标】

掌握组织形象识别系统的内容及设计；掌握顾客满意度的测定方法；了解CIS导入程序；了解满意度测定实施中应注意的问题；了解地区形象塑造。

【引例】

可口可乐被誉为“世界第一饮料”，它不仅垄断美国汽水饮料市场的1/3，而且漂洋过海，在世界150多个国家和地区畅销不衰，以每天销售5.34亿罐（瓶）的记录饮誉全球。早在20多年前，有人做过这样一个有趣的统计，把全球销售出的可口可乐瓶子直立并排，等于从地球到月球来回115次，或建成宽7.5 m，绕地球赤道15圈的高速公路。不可否认，可口可乐在世界上的知名度是很高的。1990年美国旧金山一家企业形象咨询公司，在美国、日本、西欧对一万名消费者进行调查，选出世界范围内最有影响的十大名牌，可口可乐荣登榜首。美国《洛杉矶时报》在报道调查情况时曾这样说：“可口可乐是如此有力量，以至于在美国，它根本不用列在调查表上。” 可口可乐打入中国市场不过短短十几个年头，但知名度已相当可观，来自上海的一项调查表明：100%的被调查者知道可口可乐，95.9%的被调查者在三、五年前就见过或喝过这种饮料。有资料显示，在不同肤色人群聚集的场所，可口可乐已成为“世界通用语言”。可口可乐公司的名气缘何而来？为什么能成为国际饮料业最大的“日不落王国”？这可以归结为它的历史悠久、质优款新，也可以归结为它的口味独特、富于刺激。然而最重要的，则是取决于那块价值224亿美元的牌子，即通过导入CI塑造的一流的企业形象。可口可乐独特的红白两色的标志及它的经营宗旨，历经百年，基本上没有改变过，通过庞大的广告宣传和公关活动，已深深地印入消费者的心中。在国际运动会场地，在马路旁的招牌上，在琳琅满目的货架上，人们只要看见这样一个标志：大面积的红色底子，中间配有Coca——Cola书写体的白色波纹线，就会很快地辨识出这是可口可乐，紧接着马上就产生一种购买饮用的强烈愿望。在美国，可口可乐独特的辣味的感觉和体验，实际上已成为人们生活方式的一部分。在世界各国，人们也许没有如此强烈的感受和体验，但也是作为一种生活地位的表征，一种对名牌产品和名牌企业信赖感的体现，即使喝不惯这种“洋水”的味道，也会聊以自慰地说：要的就是这种怪味！事实上，在世界驰名商标、驰名企业中，无一不采用CI策略。通过导入CI，设计与众不同的企业形象，将CI策略运用到企业的革新与重建，并将CI的开发、策划与企业日常的经营管理有机地结合起来，通过各种渠道传播出去，走进千家万户，从而赢得人心，赢得市场，赢得信任，长盛不衰。当你在思考购买酱油时，耳畔就会想起脍炙人口的广告语：“加加酱油，调万家美味。”当你感觉饥饿想进餐馆时，即会感觉到那扇金黄色M型拱门旁的麦当劳大叔向你微笑和招手。

4.1 塑造组织形象的 CIS 系统工程

4.1.1 建立组织识别系统

组织在了解了自己的实际形象后，在新的形象目标指导下，运用科学和艺术的方法，建立起组织识别系统，这是塑造组织形象的重要步骤。

1. 组织识别系统的内容

组织识别系统（Corporate Identity System，CIS）是组织对自身的理念文化、行为方式及视觉识别进行系统的革新、统一的传播，以塑造出富有个性的组织形象，获得内外公众认同的战略。

（1）理念识别

理念识别（Mind Identity，MI）是组织识别系统的根本，是驱动人们行为的基本力量，是一个组织经营思想的定位，它反映了组织为长远经营与繁荣而确立的战略目标，包括组织经营原则、组织精神、组织价值观、组织目标、组织发展方针等。

企业理念是企业长期发展中形成的基本精神和独有个性的价值体系，是企业精神形象的象征，是企业发展的原动力。

海尔集团通过“真诚到永远”的理念，强化人本化经营管理与产品设计，让消费者产生巨大的精神引力和企业品格的感召力。

中国国际航空公司全面实行 MI 系统战略，已收到明显效果：

国航精神：创新导航未来；

国航价值观：服务至高境界；

国航经营理念：爱心服务世界。

国航建立以“爱心服务”为轴心，以顾客满意为目标的品牌形象，以提升竞争优势目的，充分体现国航的行业地位，企业品味。

（2）行为识别

行为识别（Behavior Identity，BI）是一个组织的动态识别形式，其动力源是理念识别。BI 以显示完美组织理念识别为核心，展现组织内部管理制度、组织机构、生产经营、员工教育等行为与活动，并延展到组织外部的各种社会活动，形成自己独特的组织个性形象，以获得社会公众的认同。在组织内部，BI 的主要内容有：组织制度的构建、管理活动风格的形成、员工行为规范的培训、工作环境的设计、员工福利及研究发展项目的开发等。要增强组织内部活动的效果，内部行为管理是非常重要的。在组织外部，BI 的主要活动包括市场调查、产品推广、促销活动、公众沟通活动、公益文化活动等。要增强对外部 BI 的识别效果，重要的是要注意组织形象的一贯性和活动内容的独特性。

中国国际航空公司在实行 CIS 战略时，提出服务准则是实施 BIS 的具体表现。

国航的“五心服务”是指“真心服务”“诚心服务”“热心服务”“细心服务”“耐心服务”；“四心结果”是指“放心”“顺心”“舒心”“动心”。“真心服务”要求员工提高服务意识，主动向顾客提供真心的服务；“诚心服务”要求员工端正服务态度，以诚心换取顾客的满意；“热心服务”要让员工从意识上表现出行为，行为的结果是热心服务；细节决定成败，国航的细心服务成为一种风格，国航的“耐心服务”是国航人的一种服务精神。由于国航的“五心服务”最终将让国航的顾客感觉到“放心”“顺心”“舒心”“动心”。这就要求国航应该安全飞行、航班正点、个性服务和关爱顾客。这些服务行为准则能体现国航“服务至高境界”的价值观和“爱心服务世界”的经营理念（见图 4-1）。

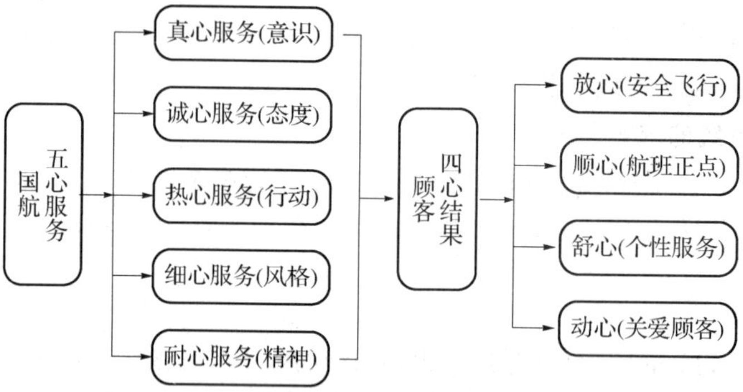

图 4-1　中国国际航空公司 BIS 战略中的服务准则

（3）视觉识别

视觉识别（Visual Identity，VI）是指组织的识别标志、品牌商标、广告宣传和企业的主色调等。VI 主要分为基本设计系统和应用设计系统，基本设计系统是指有关组织可视系统基本要素的设计开发。应用设计系统是基本设计系统在组织实际动作中的延展、开发和推广。开发 VI 的根本目的在于强化公众对该组织视觉识别要素的认知、理解程度，形成对该组织可视形象的深刻印象，使其能从众多信息中分辨出组织及其产品。名牌领带“金利来”商标就具有很强的视觉识别功能，如图 4-2 所示。

图 4-2　金利来商标

2．CIS 设计的基本功能

组织 CIS 是在企业经营环境中设计和塑造企业形象的有力手段，其具体功能包括：

① 管理功能。企业开发和导入 CIS 系统，就是对企业历史、经营状况、技术水平、人员素质的一次全面总结，是对企业价值观念、经营政策、发展战略、管理制度、企业文化和企业道德的一次全面提升。因此企业 CIS 的导入、CIS 手册的确定，就必须将其作为一部企业的内部法则，要求全体人员贯彻执行。因而，CIS 系统首先是具有管理职能。

② 识别功能。企业导入了 CIS 系统，就能使企业的产品和其他企业的产品相互区别，从而

提高产品的非品质竞争力，在激烈竞争的市场上脱颖而出，独树一帜，取得独一无二的市场定位。在顾客心目中建立起良好的形象，争取广泛的顾客群。

③ 传播功能。通过企业 CIS 识别系统的导入与开发，可以使企业对外部传播的信息保持一致性和同一性，便于各界公众识别。

④ 教育功能。CIS 的导入，在企业内部具有强大的教育功能。企业精神的确立，行为规范的制定，对全体员工来说，就是一次思想教育课。

⑤ 经济功能。企业导入 CIS 的最根本目的，还是增加企业的经济实力，在日趋激烈的市场竞争中立于不败之地。企业凝聚力的提高，就使得企业可以吸引一流的人才，充分发挥他们的聪明才智。企业宗旨的教育，能够鼓励全体职工的劳动积极性，提高工作效率，创造更多的财富。传播功能的增强，企业社会知名度和美誉度的提高，就会为企业争得大批潜在顾客，占领市场更大的份额。统一的企业形象，使企业内部各个部门之间更加协调，行动更为整齐，从而强化内部管理。总之，CIS 设计的最终成果，必然表现为各项经济指标的提高。

4.1.2　CIS 导入程序

1. CIS 导入时机

导入 CIS 是配合企业经营战略，通过形象传播的功能和区别化战略达到争取公众目的的手段，绝非企业一时的偶发行动。任何企业导入 CIS 时均有其动机，并选择最佳时机。导入 CIS 的最佳时机如下：

① 新公司设立、公司合并、公司性质发生变化（如国有企业转变为中外合资企业或股份制经营），这时是推行 CIS 的最佳时机。

② 企业新建、扩建、改建工程结束；重大技术改造项目的投产；主体产品转产；重大服务项目推出。

③ 企业重大组织机构变化，体制改变，企业集团组建；企业规模的扩展；员工数量大量增加；销售网点的扩展。

④ 企业创业周年纪念。

⑤ 企业形象危机处理后期，CIS 成为防止危机再发生的重要手段。这时也是导入 CIS 的重要时机。

⑥ 新产品上市，若干产品获奖，此时导入 CIS 有扩大宣传产品形象、提高企业知名度、增强职工信心和成就感的功用。

⑦ 企业向多角化经营，一业为主兼营其他，进军海外市场实现跨国营销。

⑧ 商标更名、多种品牌统一牌名，也宜导入 CIS。总之，根据需要和可能，企业应该选择恰当时机导入 CIS，形成独特的 CIS，以富有吸引力的视觉识别符号，传播企业形象，展示企业身份，密切企业与公众感情，从而提高企业的竞争力。

2. CIS 导入方法

CIS 计划拟定之后便进入实际的实施阶段，即 CIS 的具体推行阶段。在这个阶段，要完成有效导入 CIS 的任务，必须重点抓好以下几项工作：

① 设立企业“CIS 执行委员会”。该委员会由企业领导亲自主持，企业公关部门为其办事机构。这个委员会并非临时组织，而是对企业 CIS 全面统筹、统一管理并组织 CIS 方案的实施

和监督，负责实施过程中的关系协调及日常考核。对外搜集反馈信息，监测企业形象，评价效果，提出改进方案，完善 CIS 手册。

② 全面开展目标管理。根据 CIS 手册规定的内容，按部门项目分解指标，落实措施，全面实行目标管理。在实施目标管理过程中应努力控制好以下三个阶段：目标任务确立阶段；目标分解阶段；目标管理阶段。

③ 审核企业传播计划，制定传播战略。企业传播应分两条路线进行。内部传播应以全员公关形式推行，其核心是树立共同价值观念。具体方式有 CIS 战略教育、全员公关活动、企业内部刊物、统一服装及标识物、提示物。制定行为规范及规章制度，树立具有企业自己特色的企业文化，促使员工与企业共振，把塑造与传播企业良好形象、维护企业整体利益变为企业全员的自觉行动。

企业外部传播主要是传播企业形象及企业产品形象，积极开展与社会公众的双向沟通。通过对企业理念、企业政策宣传并运用视觉标识系统，重复传播企业标志、商标、环境、产品质量、服务特色，使社会公众了解企业特性，提高对企业的信任感。

④ 全面开展 CIS 战略教育。CIS 战略教育的目的是强化企业全员的公关意识、企业整体意识及竞争意识，使全体员工了解 CIS 的内容和导入 CIS 的意义。把教育贯穿于 CIS 战略的始终是导入 CIS 的关键。

3. CIS 程序的导入

CIS 导入程序包括四个阶段：

1）提案准备阶段

在此阶段应做好 CIS 动机的确立、建立导入计划的领导机构、CIS 导入的日程安排、编制预算、编写提案报告书的准备工作。

2）调研宣传阶段

包括企业内部的宣传调查和企业形象的外部调查两部分。

3）设计开发阶段

设计开发包括 MI、BI 和 VI 三个部分。

（1）MI 设计

MI 系统是 CIS 的核心，MI 系统主要包括经营（服务）理念的确立、组织目标战略的制定、组织精神标语的形成、组织精神口号的形成、组织文化的确定。

MI 系统规划时应该围绕以下几个方面进行：

① MI 规划要体现组织发展目标。

② 组织精神标语和口号紧密联系相关行业。

中国移动将口号由原来的“移动通信专家”改为“移动信息专家”。该口号看起来只有一字之差，但是它的含义相差甚远。“移动信息专家”已经把原来中国移动的品牌诉求全部推翻。因为“通信”和“通话” 接近，属于 2G 语音时代，而“信息”更接近“数据”，代表着 4G 数据时代。

③ 组织目标战略体现组织经营服务理念、社会价值观。

香港爱伊儿集团公司：“一家给新世纪儿童带来乐趣的企业”。

丰田汽车公司："将环保性能与出色的驾驶乐趣完美结合"。

④ 组织经营服务理念应简洁而富有个性地将企业的价值传达给目标公众。

海尔："真诚到永远"。

飞利浦："让我们做得更好"。

金利来："男人的世界"。

诺基亚："科技以人为本"。

总之，MI设计应以务实、集思广益的原则，组织理念体现民族化、个性化和概括化，具备导向力、凝聚力、辐射力、稳定力等基本功能。

（2）BI设计

BI设计主要包括：服务流程设计、服务戒律明确、服务用语规范、服务作业标准化设计、顾客投诉处理方法制订、顾客满意度指标确定。

（3）VI设计

VI系统包括基础系统和应用系统。

VI设计的基础系统主要包括

① 组织名称。突出个性、美感、容易记忆、良好的语感和美好的寓意。

太阳神：突出生命力。

奔驰：形象展示超越常规的速度。

金利来：体现喜庆吉祥、王者风范。

② 组织标志。组织标志包括文字标志、图案标志和复合标志。组织标志以简洁明快、新颖独特、巧妙精致、优美典雅为原则。

太阳神：太阳神标志以圆形、三角形的几何形状为设计基本定位。圆形是太阳的象征，代表抛洒光明、温暖、生机、希望的企业经营宗旨；三角形的放置呈向上趋势，既是古希腊神话中太阳神Apollo的首写字母，又象征"人"字的结构，显现出企业向上升腾的意境和以人为中心的服务及经营理念。

③ 组织的标准字（见图4-3）。标准字又称组合字体，是指将组织的名称进行整体组合之后所形成的字体。组织的标准字的设计以强化公众视觉感知，展现组织文化理念为原则，并根据组织性质、产品的特性和公众心理进行的。标准字不同于普通字体，除了造型上的美观和突出的视觉效果外，还在于标准字之间的连贯性，这种连贯性对企业形象特质做了极好的诠释，整体上体现了组织的个性特征。

在组织标准字设计中，古典字体多体现在工艺、艺术商品中，现代科技产品多用现代体字形，而化妆品上的字体多体现秀丽、纤细，五金工具使用方头、粗壮字体，玩具则使用"童体"字形。

④ 组织的标准色。标准色是VI中最主要的部分之一，组织的标准色是组织运用色彩来创造美感效果，以渲染组织形象的优美和谐。根据心理学家的研究，能让人瞬间了解的信息，第一是色彩，第二是图形，第三是文字。色彩最具识别效应。如IBM被称作"蓝色巨人"，提起柯达、富士，人们就会想到黄色和绿色，这就是色彩的识别功能。

组织标准色的设计以强化审美意识，增强艺术感染力、突出组织风格，体现组织理念、展现组织个性为原则。

深圳海王集团：公司的标准色为蓝色，象征公司向海洋进军的战略目标，给人冷静、理智、安全、和谐的蓝色，体现产品的特性和公司为人类健康幸福美好而孜孜以求的组织形象。

图 4-3　组织的标准字

太阳神标志中采用红色的圆形象征太阳，迎接光明与生机，黑色的 A 字（APOLLO 打头字母），也是中文的人字，象征健康向上，生气勃勃，形象整体在传递着创业的简单，但充满着力度的线与面组合，当这些识别元素转化在产品包装上时，又是品牌形象的识别元素。因此它也是一个集团、品牌、产品三位一体的视觉识别系统。

应用系统实际包括：

① 信用品形象系列。

② 办公事务用品形象系列。

③ 商业文书表格形象系列。

④ 内外环境（如花圃）形象。

⑤ 员工服装形象系列。

⑥ 组织用车车体形象。

⑦ 广告宣传形象系列。

⑧ 公关促销用品形象系列。

VI 的应用系统是对基础系统内涵的诠释，旨在创造出一个个性化、系统化的组织形象，给公众以美好、强烈的视觉体验。

4）实施管理阶段

① 建立相应的领导机构。CIS 设计开发阶段结束以后，原有的 CIS 委员会就应当进行改组，变成 CIS 管理委员会。

② CIS 系统的发布。企业 CIS 系统的导入是企业的一个重大事件，必须慎重地选择时机，举行隆重的发布仪式，以便在企业内部产生重大的震动，在社会上产生强烈的反响。因此，CIS 的发布最好是在企业的重要庆典、社会的重大节日、企业经营的转折关头等时机进行。

③ 企业理念的学习与认同。CIS 系统的核心是理念，一次 CIS 导入的过程，也就是全体员工对组织宗旨再一次学习、理解、认识的过程。只要使企业理念真正落实到全体员工的意识里，才能很好地发挥它的功效。

④ 行为识别的执行和拓展。组织全体员工认真学习企业的行为规范手册，这是落实企业理念的具体行动。只有全体员工将企业的价值变成自己的一言一行，企业才能以一种崭新的面貌出现在社会的面前。

⑤ CIS 效果的评估。在企业 CIS 导入一段时间以后，应当对 CIS 的效果进行认真的评估，以便总结经验，发现问题，寻找进一步解决的方法。CIS 效果的评估可分为内部测试和外部测试，具体方法包括民意测验、当面访问、公众座谈、统计分析等。导入的效果可以通过公众对企业认知、信赖、好感及一流评价的变化表现出来。当然，CIS 的最终结果还是表现在企业经济效益的增长上。

4.2 塑造组织形象的 CS 战略

社会环境的变迁，经济和科技的发展，使得企业提供满足顾客需求的商品或服务有了很强的能力；同时，由于消费者知识水平的提高，价值观念的改变，生活质量的变化，使得企业现有的商品和服务内涵越来越难以令顾客满意。顾客是谁、顾客在哪里、顾客需要什么、竞争者在做什么、顾客的满意程度如何、如何使顾客更满意，这些问题都需通过顾客满意战略来力求解决。

4.2.1 组织 CS 战略概述

作为现代企业一种经营战略目标和手段，CS（Customer Satisfaction，顾客满意）是顾客接受有形产品和无形产品之后，感到需求满足的状态。这种状态用 CSI（Customer Satisfaction Index，顾客满意指标）和 CSM（Customer Satisfaction Measurement，顾客满意级度）两个标准来予以度量。

CSI 是衡量顾客满意程度的量化指标，CSM 是为了表达顾客满意状态的程度所提出的评估衡量方法；通过两项指标可以直接了解组织及其产品或服务在顾客心目中的满意级度。

1. 顾客满意的特征

（1）结果性特征

顾客满意是顾客在消费了企业提供的产品和接受了企业服务之后所体验到的满足状态，事件在前，感受在后，产品和服务接受行为在前，体验在后。也就是说，这种满意不是凭空产生的，而是以消费事实为依据的，带有结果性。

顾客满意是一种对某企业及其产品或服务的满足程度，这种满足实质上是一种心理感受或体验。这种心理体验或感受又是个体与总体的对立统一。顾客满意是以个体心理感受为出发点的，但又必须以顾客总体满意为归结，当个体满意与总体满意发生冲突时，个体满意服从总体满意，顾客满意的落脚点则是总体顾客满意。

（2）规范性特征

顾客满意是建立在道德、法律和社会责任基础之上的，有悖于道德、法律和社会责任的满意行为不是顾客满意的本来含义。

（3）相对性特征

顾客满意总是相对的，在一种产品和另一种产品的比较中，在一次服务和另一次服务的对比中获得某种感受和评价，没有绝对的满意，因此，顾客满意目标无止境，是一个不懈追求的上升过程。

（4）差异性特征

顾客满意具有鲜明的个性差异，这是由于顾客或消费者性格和气质的个体差异性所决定的。甲十分满意的产品和服务，乙可能比较满意，丙则可能是十分不满意。因此，不能追求统一的满意模式，而应因人而异，因不同群体而异，在顾客总体满意的大前提下提供有差异的满意服务和个性化的产品。

2. 顾客满意的内容

（1）理念满意

理念满意是指企业经营理念带给内外顾客的满足状态。它具体包括经营宗旨满意、经营哲学满意，经营价值观满意等内容，它是顾客满意的思想和观念保障。

（2）行为满意

行为满意是指企业全部的运行状态带给内外顾客的满意程度。它包括行为机制满意、行为规则满意、行为模式满意三大基本内容。

（3）视听满意

视听满意是指企业可视性和可听性外在形象带给内外顾客的满足状态，它包括企业名称满意、标志满意、标准色满意、标准字满意、企业音乐或广告音乐满意等。

（4）产品满意

产品满意是指企业产品带给内外顾客的满足状态。它包括产品质量满意、产品功能满意、产品设计满意、产品包装满意、产品品位满意和产品价格满意等。

（5）服务满意

服务满意是指企业服务带给内外顾客的满足状态。它包括服务及时性满意、服务配套性满意、服务技能性满意、服务完整性满意和服务情绪性满意等。

3. 顾客满意的层次

（1）物质满意层

物质满意层是指顾客在对企业提供的产品核心层的消费过程中所产生的满意。物质满意层的支撑者是产品的使用价值，如产品的功能、质量、设计、包装等，是顾客满意中最基础的层次。

（2）精神满意层

精神满意层是指顾客在对企业提供的产品形式层、服务形式层和外延层的消费过程中产生的满意。精神满意层的支撑者是产品的外观、色彩、装潢品位和服务态度、服务及时性等。

（3）社会满意层

社会满意层是指顾客在对企业提供的产品和服务消费的过程中所体验到的社会利益的保证和维护程度。社会满意层的支撑者是产品和服务及其提供者所体现的道德价值、政治价值和社会生态价值。

4. CS 战略的导入

CS 战略导入的主要目标和任务，是建立一整套组织顾客满意体系或系统，以形成科学、健全的顾客满意机制。

（1）组织理念满意系统

① 组织希望自己成为什么样的组织。

② 组织最基本的价值观念或行为宗旨。

③ 组织希望社会对其努力如何期望和评价。

④ 组织在顾客心目中要建立一种什么印象。

⑤ 组织经营如何反映顾客的价值观。

⑥ 每位管理者或员工在组织理念中的定位是什么。

以上六个方面是组织理念所要涵盖的基本精神，当这些精神一一确定并进入组织理念系统时，组织理念也就完备了。

（2）组织行为满意系统

行为满意系统强调的是行为的运行和效果带给内外顾客的满意状况。

① 组织建立一套系统完善的行为运行系统。

② 这套行为系统能够被全体员工所认同和掌握。

③ 这套行为系统在运行过程中对每一个员工是公平和公正的。

④ 这套行为系统运行的结果可以带给顾客最高级度的满意。

⑤ 这套行为运行系统能保障产生最佳经济效益和社会效益。

组织行为满意系统具体包括感觉系统、传播系统、决策系统、目标系统、反馈系统的建立。

（3）组织视听满意系统

组织视听满意系统具体包括组织名称满意、标志满意、标准字满意、标准色满意、视觉整合体系满意、组织音乐满意等。

（4）组织产品满意系统

产品满意是 CS 的核心内容，该系统的建立，主要有以下几个要求：

① 以顾客需求为导向开发产品。

② 以对顾客负责的精神抓好产品质量。

③ 以方便顾客为出发点完善产品功能。

④ 以高新技术为依据改进产品设计。

⑤ 以形象意识为指导优化产品包装。

⑥ 以消费心理为基础提高产品品位。

⑦ 以顾客购买力为参照制定产品价格。

（5）组织服务满意系统

服务满意是顾客满意系统的重要环节，也是当代顾客关注的首要问题。服务满意的具体要求是：

① 树立顾客至上的观念。

② 建立完整的服务指标体系。

③ 建立完备的服务质量考核体系。

④ 建立完善的顾客意见反馈系统。

⑤ 建立高效的服务质量快速反应与补救系统。

4.2.2 顾客满意度的测定方法

1. 确定顾客范围

（1）既有顾客与潜在顾客

要考虑选择已经使用自己组织产品或服务的既有顾客，还是选择尚未利用的“潜在顾客”。由于“顾客满意经营”是以既有顾客为对象，因此，首选的顾客应为既有顾客。

（2）实际使用者与决定购买者

是将顾客设定为“实际使用者”，还是设定为“决定购买者”，常随产品或服务的性质而异。对零售企业而言，消费者大多为满足自己的需求而购买，因此可以说购买者与使用者几乎一致。因此，选择以实际使用者或决定购买者为调查对象，并不存在什么问题。

（3）顾客与流通过程

服务业直接将商品（服务）提供给消费者，但制造业产品的销售及售后的服务是通过批发、零售等流通手段向消费者提供的，这种情况下顾客的满意度除了受产品本身因素的影响外，还受到流通过程中所提供的服务内容所左右。因此，要提高顾客的满意度，又必须考虑到直接与消费者接触的零售店营业员的素质教育、店铺的改善等因素。

（4）顾客内部化

很多组织以“顾客至上”“顾客第一”作为经营的准则，在工作过程中领导们也不断强调它的重要性。组织的员工们就会自然而然养成随时思考顾客需求的习惯。但是这样的组织，各部门之间的隔阂却也比较明显。员工们在工作过程中，常常只考虑自己部门的方便，而不考虑组织其他部门的目标或状况。由此可见，顾客满意经营的对象，并不局限于使用自己组织的产品或服务的顾客，组织内部也会有“顾客”存在。由于这两种顾客性质完全不同，因此满意度的测定方法也会有很大的差异。

（5）顾客社会化

顾客社会化是指顾客获取市场上消费技巧、知识和态度的过程，使得他们能够作为社会的一员参与其中的过程。

顾客社会化是顾客获得各种与市场活动相关的技巧、知识和行为的过程，它可以从消费技巧、消费偏好及消费态度三方面来衡量，具体指的是年轻顾客消费群体。

（6）顾客的定义

在进行顾客满意经营活动中，对顾客的定义有各种不同的理解，因此先决定谁是顾客满意经营中的顾客是非常重要的。而这种决定的工作与决定组织未来顾客满意经营的概念也是息息相通的。

即使是同行业之间，对顾客的考虑重点也可能因各组织经营方针的不同而出现很大的差异，随之而实施的提高顾客满意度的战略和方法也必然各不相同。这种战略和方法上的差异，最后将在各组织的业绩上得以体现，甚至可以说顾客的定义常会左右组织的业绩，而且是组织推动顾客满意经营革新的一种战略，它可以导致顾客范围的进一步扩大，如图 4-4 所示。

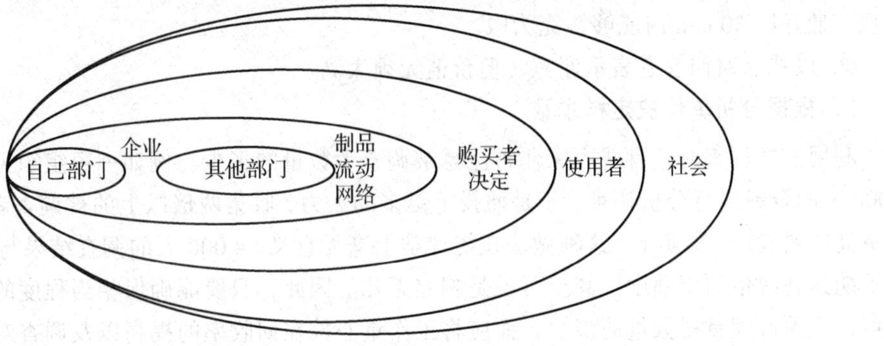

图 4-4 顾客范围的扩大

2．顾客满意度的问卷调查法

问卷调查法是主要的也是最常用的一种调查方法，这种顾客满意度调查方法的关键是搞清楚组织所面对的具体顾客，知道了具体的顾客，即可运用事先准备好的问卷进行调查。

3．顾客满意度的样品测定法

这种调查法是针对没有顾客资料时而采取的调查方法。它是利用大量样品来测定顾客满意度的常用方法之一。

4．潜在使用者调查

这种调查法是为避免调查者与实际使用者之间的感觉隔阂而产生的，是一种完全站在顾客的立场上利用“潜在性使用者”来测定满意度的折中方案。

例如测定某组织的服务满意度时，根据该组织顾客的年龄层结构，从非调查员中选出 21 岁至 30 岁 3 人、31 岁至 40 岁 6 人，41 岁以上 5 人，然后让他们实际接受该组织的服务，再根据实际体验的感觉，站在顾客的立场上来评价服务的好坏。如果要使调查结果接近实际的顾客满意度，调查的人数必须尽可能增加，但这种调查法在实施上有其限度，因此，可配合组织顾客的结构（如年龄、性别、职业等），选择属性最接近的调查人员来实施。

5．询问员工和顾客

如果想知道与顾客之间有哪些具体的接触点，就有必要详细询问组织内那些实际与顾客接触的员工，以此了解顾客的实际情况；其次也可以通过询问曾实际与组织员工接触过的顾客来了解接触时的具体情况。

4.2.3 满意度测定实施中应注意的问题

1．统计数据的正确性

要进行问卷调查来测定实际的顾客满意度时，在选择调查对象上应广泛包括各种属性的顾客。最好先准备所有顾客的资料，然后从中随意抽取出调查对象。但如果要追求更高的准确性，就应采取更精确的方法。可将顾客按不同的标准进行分类，然后再按属性的结构任意选出一定比例的顾客进行调查。

2. 提高问卷回收率

① 明确说明调查的目的，同时要特别强调寄回问卷将有助于改善服务质量，对接受调查者本身有利。

② 问卷的内容不可过多，以免回答者感到厌烦。内容应尽可能详尽，但也必须为回答者设想，最好以 30 min 内能够答完为限。

③ 以礼品对回答者表示谢意，但价值无须太高。

3. 根据分析单位决定样本数

利用抽样调查时，有些商家非常注意被调查者数量的多少。例如一家组织见其他组织收集 2 000 人的资料进行分析调查，于是便投下更多的人力，收集两倍以上的被调查者资料，以求达到更高的精确度。事实上，这种做法在统计学上毫无意义。4 000 人的调查结果与 2 000 人相比，并不能达到两倍的精确度，甚至可说是相差无几。因此，只要能确保相当程度的被调查者数量即可，无须过度重视数量的多少，而应将工作重心放在回收率的提高以及调查对象的选择与调查对象是否具有代表性上。因此，决定调查的规模（被调查者数字）之前，必须先明确需要什么样的调查结果，即被调查者数字并非越多越好，应按必要的分析单位数来设定各单位必要的调查对象的数字，最后再汇总出全体的调查对象的数量。

4. 邮寄或当面访问

运用问卷调查时可采用将问卷表直接邮寄给调查对象，待其填好后再寄回的“邮寄法”；或由调查人员亲持问卷访问调查对象，以当面问答方式进行的“当面访问法”。

5. 利用外界机构以确保客观性

在采取记名式的调查时，很多人接到问卷时常会担心问卷寄回去之后业务人员也将接踵而至。为了消除受调查者的这种顾虑，可委托外界与自己组织无关系的机构进行记名调查，并在问卷上注明。利用外界机构还能增加对组织内员工的说服力，因为外界的机构将毫无隐瞒地报告所有结果，组织内的员工便可产生安心感和信赖感。同时这种调查结果也是组织决定未来目标的基础，以及提高满意度的行动依据。

4.3 地区形象塑造

4.3.1 地区形象与地区形象塑造

1. 地区形象及特点

地区形象是公众对该地区的综合评价和总体印象。它应当包括两个方面的含义：

① 内部公众对本区域的性质、地位、特色的认可。

② 外部公众对本区域综合评价的认同。

一个地区的形象，必须经过外部公众的认同，才能真正树立起来。地区形象塑造的最终目的，是改善投资环境，吸引域外的人、财、物到本区域来，从而促进当地的经济发展。要达到这个目的，就必须取得外部公众对本区域形象的广泛的认同，只有被区外公众广泛认同的地区形象，才能真正起到应起的作用。

地区形象的特点包括：

（1）地域性

地域性就是要有地区的特点，属于这个区域独有的、区别于其他区域的东西。例如，北京提出“首都意识”这一概念，是北京市进行地区形象策划当中独特的东西。“首都意识”是传统的首都形象与现代国际化大都市建设相结合的一种产物，代表了北京和北京人的精神风貌和城市特点：北京举办奥运又提出“绿色奥运、数字奥运、人文奥运”的概念，毫无疑问，这一概念具有极为鲜明的地域性。

（2）继承性

地区形象包含的面很广，涉及经济生活和社会生活的方方面面。而这些方面都具有一定的历史继承性。应当从两方面来看这种继承性：第一，不能脱离当地经济发展历史而凭空设计一种形象，只能在改造主、客观世界的过程中，形成新的地区形象。第二，充分利用历史发展过程中闪光的东西为今天服务。不论是文化遗产，还是民间传统，都可以成为今天经济发展的手段。

（3）动态性

地区形象是一个动态的东西，是不断发展的。不可能经过一次形象塑造之后，就一劳永逸。地区形象的动态性特点，或者称为发展的特点，对地区形象塑造影响很大。也就是说，要根据当地现实的社会经济发展情况，进行精准的地区形象塑造，又要对地区形象的未来变化有一定的把握，使我们的塑造具有一定的前瞻性，或者是预见性，真正起到促进地区经济发展的作用。根据罗斯托关于区域经济发展的几个阶段：传统社会阶段、为起飞创造前提的阶段、起飞阶段、向成熟推进阶段、高额群众消费阶段、追求生活质量阶段，每个阶段都有不同的经济发展特点，为当时当地的经济发展服务，应当策划出不同的地区形象。

2．地区形象塑造的重要性与必要性

地区形象塑造是对地区形象的科学的总结和设计，是将已经存在的地区特征归纳、总结出来，并设计出一个鲜明的表达方式，便于区内、区外公众对该区域的认识和了解。

（1）地区形象塑造的重要性

① 地区形象塑造有利于区域经济发展。地区形象塑造作为一项新的社会实践和重大的现实性课题应运而生，并逐渐引起了人们广泛的兴趣，由于地区形象塑造与地区经济文化的发展存在同一性，地区形象塑造一旦成功确立，就转化为一种形态、一种力量，作用于区域经济的发展。

② 地区形象塑造是地区投资环境的重要组成部分。地区投资环境分为硬环境和软环境两部分。地区形象是软环境的重要组成部分，是地区实力、发展水平和特点在人们头脑中的反映，是人们对地区客观现实的评价。形象评价体系可以根据一系列统计数字来评定，但诸如干部素质、作风、声望、城市卫生、交通、治安、环境质量、市民素质、文明程度、社会风气、商业信誉等是难以根据统计数字评价的。因此，形象塑造必须以精神文明建设为主线。以人为本，贯彻始终，要从较高的层次上去把握特征和个性，培育和塑造地方精神风貌。

③ 地区形象塑造有利于促进地区的可持续发展。提高各地区公众的环境意识，使地区可持续发展，成为基本的发展政策，所以，让地区形象塑造做到家喻户晓，形成公众意识是完全必要的。地区形象塑造有利于推动地区的可持续发展；另一方面，积极参与推动本地区的可持续发展，将十分有利于塑造本地区的良好形象。

（2）地区形象塑造的必要性

① 地区形象塑造是建立地区意识的需要。地区意识是一个地区长期形成的、存在于公众心理当中的一种地区特征，充分表现于对本地区的热爱和对本地区经济发展的渴望。地区意识是意识形态的东西，它更着重于塑造人物的精神状态和民族精神。

② 地区形象塑造是改善投资环境的需要。一个地区通过形象塑造，提高知名度，可以产生巨大的吸引力，吸引外部资金来此地投资。

③ 地区形象塑造是扩大地区知名度的需要。地区形象必须得到外部公众的认同。地区形象实际上是地区本身的广告，地区形象宣传的语言就是广告词。地区形象设计得好，知名度就扩大得快，外界对本地的了解程度就高，对本地经济发展的促进也就大。所以，地区形象的策划，对地区本身在全国地位的提高，名气的增加都有很大影响。

4.3.2 地区形象塑造的基本原则

1. 以地区发展战略为基础

地区发展战略是地区形象塑造的基础。发展战略所确定的指导思想、发展目标和发展的任务，同样也是地区形象塑造的指导思想、发展目标和任务。在地区发展战略研究过程当中，对各地区的基本情况、产业结构和区域结构都有比较深入的研究，为地区形象塑造提供了最基础的背景材料，以此为基础去塑造地区形象，以达到准确、鲜明有感召力为目的，可以收到事半功倍的效果。

2. 地域性特点与现代化风格相结合

区域形象塑造十分强调地域性特点。一个地区的区域形象，不可能与其他地区雷同，更不能照搬照抄其他地区。由于各地区的经济社会发展水平和特点千差万别，区域形象也必然要反映出这些差别，突出本地区所特有的东西，才真正能够为区外的广大公众所接受。但是，突出地域性，并不意味着因循守旧，而是要体现地区现代化建设的新特点和新风格。地域性与现代化相结合，才是最好的地区形象。比如建筑风格，如果各个城市都是一片片的火柴盒式的建筑，而把民族风格完全抛弃，就失去了特色，地区形象代表了地区人民的精神风貌和地区经济社会发展的最一般的特点，只有地域和现代化相结合，才能真正做到这一点。

3. 区内外公众最大认同

地区形象要取得公众的最大认同，才算真正塑造成功。公众认同分为区内公众和区外公众认同。要取得最大的公众认同，地区形象必须鲜明、有代表性、有感召力，能够体现一个地区的实际情况，但又是理论升华了的地区形象。地区形象要来源于对地区情况的总结，又高于普遍的地区生活，只有这样，公众的认同感才强烈，对区外公众的吸引力才增大。

4. 促进经济社会发展和生态平衡

进行地区形象塑造的最终目的是促进经济社会的发展，人民生活水平的提高，所以地区形象塑造的最基本原则也应是有利于经济社会的发展。具体说来，无论是什么样的地区或城市形象以及它们的信息标志，都要有利于地区投资环境的改善，有利于招商引资，有利于企业形象的树立，有利于地区的各项经济建设和产业发展，有利于自然和社会经济资源的开发，特别是旅游资源的开发和旅游业的发展。

但是，地区形象塑造既要有利于经济社会发展，又要有利于自然生态平衡。地区发展应注重保护本地区的生态环境，特别要珍惜那些不可再生的资源。一个地区的生态是全国生态乃至全球生态的有机部分，是关系子孙后代的大事，切不可为了局部的眼前利益而损害全局的长远利益。保护生态环境与经济社会发展并不矛盾。只有在维护生态平衡的前提下，经济社会才能持续发展。地区形象的信息标志应当对生态平衡和保护环境有所反映。

4.3.3　地区形象塑造的主要内容

1．区域定位

（1）区域功能定位

从区域功能定位来看，一般先要确定一个区域要以什么功能来发展自己。有不同的区域功能可供选择：工业区域、农业区域或矿业区域以及旅游区等。故一个地区的政府要进行地区形象塑造，一开始就必须有所选择，有所定位。

（2）区域形象定位

从区域的定位来看，一般也存在两种定位选择：第一是综合性区域，大多存在于大的行政区域；第二是专业化区域，包括以生产为主的区域和以文化、旅游等第三产业为主的区域。一个地区在进行形象塑造时，必须考虑它的区位优势、教育人才优势、生态环境优势、自然资源优势、社会文化优势等方面，进行谨慎的选择。区域定位不但要从区域本身的性质和特点进行，更重要的是要将其放到一个较大的地域空间来确定其位置。通过考察区域所起的作用，以及与周围地区的对比关系，确定其真实的地位，进行现实的定位。首先注意区域内有没有经济中心，而经济发展迫切需要在这个地区形成一个经济中心；其次是区域本身是否已经具备成为经济中心的基本条件；再次是与地区其他城市对比来看，经济实力、基础设施、交通枢纽的作用明显。

2．区域基础设施建设与环境设计

区域基础设施建设与环境设计，属硬环境的建设范围。一个地区基础设施的好坏，环境是否优美，是一个地区的门面，也是地区形象的物质载体，也就是说，通过这些具体内容体现出一个地区的客观形象。其中地区的中心城市的道路情况、建筑风格、水面、绿地等环境因素，是形成地区形象的具体的表征。

因此，构筑区域自然和经济景观体系，布置区域人文活动空间，造就区域商业中心氛围，都是地区形象塑造的一些具体内容，应给予充分的重视。

区域的各项工程设施也是地区各项经济、社会活动所产生的人流、物质流、信息流的载体，即在物质生产的同时也为人民活动提供了基础条件。在发展过程中应处在重要的地位。另一方面，一个地区的市政工程设施也会对地区基本形象产生“锁定”作用。具体来说包括道路交通设施建设、能源、水源、排水设施建设和城市基础设施系统建设等。

3．地区形象意识的确立

地区形象意识属精神方面的地区形象塑造，与物质方面的地区形象塑造是相辅相成的。但两者在内容上的侧重点、方法的特点方面不同，主要体现在：精神文明建设处于主导地位，物质文明建设处于基础地位。因而，精神文明建设侧重于发展生产力，把物质文明建设好；地区形象塑造则不同，相对于地区的发展与建设，它起着一种推进或促进的作用。地区的精神文明建设更多注重从实现现代化、国家的政治稳定和社会的长治久安的总目标出发，从长远大局来看，十分关注涉及国家发展中根本性的大问题；而地区形象塑造则更多地从提高地区知名度，以利于地区的经济建设和社会发展的角度出发，从市场经济的建立和完善，以及营造有利于发

展的地区环境去考虑。就方法的特点而言，精神文明建设的各种举措，归根结底，就是提高人的觉悟与文明素质，相应地，它常用的方法就是以不同形式进行思想教育。相比之下，地区形象塑造的方法特点，归结到一点就是通过形象塑造，唤起人们的主人翁精神，激发起人们进行经济建设的热情。由于地区形象塑造具有两个文明良好结合的载体功能，故地区形象塑造可以说是精神文明建设的一种新思路、新方法。

地区意识作为地区形象的一部分，它的确立重点在于宣传。不但要对区内宣传，更要对区外宣传。这种宣传的效果，是让一个没有去过某个地区或城市的人，就已经对这个地区有所了解，或者说在他心里树立起了一个形象。

4. 区域信息标志的确立

每个地区都应有它的信息标志、个性特征。为了使一个区域有一种个性的美，而且使这种美经久不衰，就必须使区域具有既符合国家规范又有自己风格的种种信息标志和识别系统。比如，城市的树木、花草、路灯、路牌、路标等都要有特殊的式样要求。

这种区域信息标志的设计，其特点主要是：要立足于新的思路、新的形象，充分体现该城市人民的精神面貌，以人为本的思想作为贯穿形象设计的根本指导思想，把人们社会性潜能的可持续有效发挥，作为地区发展的动力源泉；通过地区形象塑造与建设，唤起人们的热情和干劲，并着重于激发人们对文明行为的主动追求，进而达到推动地区发展以及塑造良好新形象的目的；强调在经济建设与社会发展、城市建设、社会管理与服务等方面，要以人为中心，一切都要为了人，不仅要提高人们的生活水平，更要力求提高人们的生活质量。

本章小结

公共关系的目的是树立企业良好形象和美好的信誉。在现代激烈竞争中，实施CIS战略，可以提升企业形象，改变企业面貌，积累无形资产，从而创造整合传播的效果。

CIS战略包括MI、BI、VI三要素，他们相互联系、相互制约、相互作用，缺一不可。

CIS的内涵在不断地变化、发展，其内容也更加丰富、完善，但其本质是始终不变的。CIS的实质就是通过塑造企业形象，解决企业所面临的问题，创造新的形象。

习　题

一、简答题

1. 简述CIS概念及包括的内容。
2. 简述CS衡量标准。
3. 尝试为自己所在的组织进行CIS设计。

二、案例分析题

香港爱伊尔集团（中国）伞业公司位于广东新兴县，原名新兴县华基伞制品厂。该公司在经营困境中，委托亚太CI战略研究所对一个童伞新产品进行包装上市。

亚太运用CIS为产品注入文化力的手法，将这个新产品进行与众不同的定位，命名为“魔法流星伞”，将企业更名为“爱伊尔儿童用品有限公司”，将公司定位为“传播爱心的公司”，经营理念确定为“关爱你我他，关爱下一代”。在全新的CIS品牌策略指导下，进行全新的童伞产品形象设计，同世界风行的哈利·波特关联，创造性地将“魔法流星伞”中国化，以神奇的、科幻的伞面设计和促销用品设计，将这个产品包装成能用、能玩、能唱、红灯闪亮，又保安全的玩具伞和功能伞合一的全新产品，很快成为韩国、日本等经销商的抢手货。爱伊尔公司的产品利润由原来的每把雨伞1毛钱，上升到20元左右。这是CIS为产品注入文化力，创造200倍利润的典型案例。从产品策划、设计、工艺改进到营销策划，产品推广走向市场仅用了3个多月的时间。

问题：爱伊尔公司的“魔法流星伞”案例向我们展示了什么？

第5章 公共关系传播

【学习目的】

公共关系活动的过程，就是社会组织同公众之间进行信息传播和沟通的过程。因此，公共关系工作从本质上来说就是一种信息传播活动。由此可见，传播作为公共关系的一个基本因素，对公共关系工作的开展具有十分重要的意义。

【引例】

利用总统当推销员

美国一出版商有一批滞销书久久不能脱手，他忽然想出了一个主意：给总统送去一本书，并三番五次地去征求意见。忙于政务的总统不愿与之纠缠，便回了一句："这本书不错。"出版商便大做广告，"现有总统喜爱的书出售"，于是，这些书被一抢而空。

不久，这个出版商又有书卖不出去，又送一本给总统，总统上过一回当，想奚落他，就说：这书糟透了。出版商闻之，脑子一转，又做广告"现有总统讨厌的书出售"，不少人出于好奇争相抢购，书又售尽。

第三次，出版商将书送给总统，总统接受了前面两次的教训，便不做任何答复，出版商却大做广告："现有令总统难下结论的书，欲速从购。"居然又被一抢而空，总统哭笑不得，商人大发其财。

出版商是非常聪明的，每次公关宣传手段都很高超。首先利用名人效应，拉出总统为其服务。当第一次售书成功后，他运用联想，成功地进行第二次、第三次公关的策划。

5.1 公共关系传播的基本原理

5.1.1 传播与公共关系传播

传播是人类社会赖以生存和发展的基础，自从人类诞生以来，就产生了传播行为。现代意义上的传播学产生于20世纪30年代的美国，40年代从美国传至欧洲，以后传到日本，70年代末传入我国。

一般来讲，传播是指个人、组织、社会之间信息的双向传递、接受、共享和沟通的过程。从公共关系角度上讲，公共关系传播是指社会组织借助一定的载体和途径，将信息有计划地与公众进行交流和沟通的活动。

公共关系传播是传播的重要组成部分，同一般传播相比，具有自己的特点。具体表现如下：

1. 公共关系传播大多侧重于信息沟通的非宣传性传播

宣传性传播固然对统一人们的思想，改变人们的态度和行为具有较大的作用，但它相对来说是建立在受众被动接受的基础之上，有“灌输”的意味。公共关系传播的目的在于提高社会组织的透明度、知名度和美誉度，而这些又是建立在公众的评估之上的，因此，就需要充分尊重公众的知晓权。

2. 公共关系传播更注重双向沟通原则

公共关系传播的目的不仅要改变公众的态度，还要根据公众反馈回来的信息调整自己的行为、完善组织的形象。这就要求组织与公众之间的信息传播应当是双向的，既有传递，又有反馈，互相理解，互相影响，互相适应，互利互惠，从而建立组织同公众之间的和谐关系。

例如，美国一公司每年拿出 100 万美元为全体职工免费提供午餐。然而，实行一段时间后，职工积极性并无明显提高反而出现了一些怨言。公共关系人员深入调查后，发现问题出在餐厅工作人员身上。免费午餐虽然受到了职工的欢迎，但餐厅却不给吃不饱的职工添加饭菜，而且冷嘲热讽地说：“不花钱谁也别想多吃！”，这样的气氛便破坏了供应免费午餐所产生的期望效果。公共关系人员及时把情况反映给公司决策部门。公司立即撤换了餐厅负责人，整顿了餐厅，改善了服务态度，职工积极性因此得到了明显提高。公共关系人员在这里不仅把公司的善意通过午餐传播给职工，更主要的是把职工的意见和想法向公司进行了反馈，从而使公司及时对有损于公司的行为进行了调整，这就体现了双向沟通的原则。在公共关系传播中，双向沟通的前提是组织与公众互惠互利，目的是双方相互适应、保持和谐的关系，原则是双方开诚布公。

3. 公共关系传播更加注重情感传播

在公共关系传播过程中。传播活动是在四个层次上进行的，依次是信息层次、情感层次、态度层次和行为层次。其中，信息层次是最基本的层次，一般社会组织就是依靠向公众传播信息逐步建立信誉的。

一个优秀的公共关系人员，往往从情感入手，通过真情实感去打动公众，进而改变公众的态度，引导公众的行为，达到公众对组织支持和合作的目的。

例如，广州白云山制药厂从上海医药研究所调动科研人员梅放，然而调动手续刚办好，梅放突然胃癌复发，生命垂危。面对此情此景，上海医药研究所主动表示要照顾梅放，而白云山厂则强调调动手续已办妥，坚持要承担医治梅放的责任。双方争执不下，最后根据梅放的意见来到白云山厂。就这样，在梅放离开人世的前一天，终于完成了甲苯咪唑有效结晶的重复试验。两个厂子各自寻找理由争取一个垂危病人的医疗照顾权，充分表现了组织对员工的深情厚意。两个厂子通过这次成功的“情感传播”，不仅促进了内部员工的归属感，增加了凝聚力，激发了职工的工作热情，而且也在社会上树立了组织的美好形象。显然，情感传播的作用比单纯信息传播的作用要大得多。

总之，公共关系传播除了具备一般传播的一切特征之外，还具有自己的特点，这就要求公共关系人员除了熟悉一般传播知识以外，还要掌握公共关系传播的特性。

5.1.2 公共关系传播的模式

1. 公共关系传播的过程

传播的过程就是信息的传送、交流或取得共识的过程。美国传播学家 H · 拉斯韦尔把这个过程概括为 5W 说。即：

谁（Who）；

说了什么（Says What）；

通过什么通道（In Which Channel）;

对谁说（Whom）;

产生了什么效果（With What Effects）。

其传播过程如图 5-1 所示。

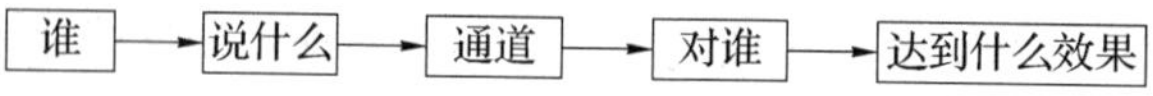

图 5-1　线性传播过程图

2. 公共关系传播的要素

公共关系传播的各种要素共同构成了公共关系的整个过程，也就构成了公共关系传播的基本模式。其中每一个要素，都会对传播效果产生一定的影响。如果缺少一个要素，就无法构成传播。因此，要进行有效的公共关系传播，就不能不对这些要素的特点、作用进行深入的分析。

（1）信源

信源也称传播者、传者，是指传播中信息的提供者。在公共关系传播中社会组织经常扮演着信源的角色。作为信息的传播者，信源可以从三个方面影响传播效果：

① 可靠性。信源的可靠程度，是以信源长期的传播活动在公众心目中所形成的信誉决定的。组织作为在公共关系传播中的信源，一定要十分珍惜自身的传播信誉，慎重负责地为公众提供各种信息，以自己良好的传播行为，建立起可信赖的形象，以保证传播的效果。譬如有些企业在广告中为了推销自己的产品，大加美誉之辞，如质量上乘、价格低廉、实行三包等，长此以往，就必然会在公众中丧失信誉。“狼来了”的故事，就提醒我们要注意传播的可靠性。

② 权威性。信源在受众心目中是否具有权威性，会在很大程度上影响传播的效果。例如有关产品的质量问题，生产厂家作为信源发布信息，其传播效果就没有科研机构或国家产品质量检测机关作为信源发布信息对公众产生的影响力大。

③ 接近性。信源与受众的接近性更多地表现在文化上的、政治观念上的、地缘因素上的接近或疏远。信源在这些因素上与受众越接近，就越能引起受众的关心和兴趣。例如，在火车上相遇的甲乙两人，甲向乙发布了一条信息，如果两人没有任何接近性，下车以后各奔东西，信息也就很可能不会反馈回来；但如果甲与乙是同一个省一个县又是同一个村，尽管下车以后仍各奔东西，但信息反馈回来的可能就会相当大。

（2）编码

编码就是传播者根据传播对象的特点，按照一定的规则将信息内容编制成符号系统传播出去，以便于传播对象理解和接受。例如，没有受过专业训练的公共关系人员很容易把一个很有新闻价值的事件写成广告新闻稿，寄出去以后报社难以刊登。相反，一个训练有素的公共关系人员却可以写成一篇很有新闻价值、很符合规格的新闻稿，各新闻单位见到后几乎不改一字就予以刊登，其根本原因是“编码”能否遵守一定的规则。

（3）符号

信源被编码以后就会制成一定的符号作为信息的表现形式进行传播，这种符号可以是语言文字，也可以是手势、眼神、图解和音乐。符号是一种“代表”，用来表示某种事物、某种观念、某种态度。符号的含义是约定俗成的，使用的人要遵守共同的规则。符号也有伸缩性，不同的人，由于不同的生活经验或不同的需要，对共同的符号仍有不同的理解。例如。电影《尼罗河上的惨案》中有这样一个镜头：大侦探波洛在洗脸时发现水池下有一条毒蛇向他扑来。他没有惊慌乱动，而是用手指在墙上轻轻弹了几下，住在隔壁的助手就立即赶来援救并杀死毒蛇。

（4）载体

载体又称媒介或渠道，是指建立传播关系的双方用以传播信息的物质。例如，文字写成书信、文章才能供他人阅读；话语必须通过空气震动才能让人听到；语言只有转化成电子信号，通过电波传送，才能在片刻间跨越万水千山。如何合理地利用载体，将在5.3节详细讨论。

（5）信宿

信宿也称受众、目的地，是指信息传播的归宿、接受者，在公共关系传播中就是公众。对受众的研究，人们经历了不同的认识阶段。早期的“注射论”者把受众看作是完全被动的，认为传播者可以将思想、观念像打针一样注射进受众的头脑，从而直接控制他们的行为。后来人们研究发现，传授对受众产生的效果是“有限的”或“适度的”，受众是根据自己的需要、知识、能力、态度以及带着一生的经验来参与传播活动，来对传播者提供给他的大量信息进行选择。受众的这种选择主要表现为：

① 选择性注意。一个人生活在大千世界，每天都处在各种信息的包围之中，其中大部分信息对他是“视而不见，听而不闻”的，他的感官只对感兴趣的、需要的、有用的信息开放。也就是说，人对信息的接受和反应具有特定的指向性和集中性。例如，随便向一个刚下车的人询问，刚才坐在他身旁的陌生人穿的是什么颜色的裤子，十有八九答不上来。但如果被询问的人是一位服装设计师或那位陌生人穿着一条只有一条裤腿的裤子，情况就大不一样了。

② 选择性理解。受众对同一种信息会根据自己的知识、经验和需要去加以重构、理解，这也是导致对同一现象仁者见仁、智者见智的原因。

③ 选择性记忆。人们总愿意设法记住自己感兴趣的、需要的、合意的东西，而很快忘却自己不感兴趣的、不需要的、不合意的东西。在日常生活中，人们常常对自己辉煌的历史津津乐道，对自己不光彩的事情却闭口不谈，这就是选择性记忆的表现。

④ 选择性接受。受众根据自己的需要和判断标准来选择自己所需要的、认为正确的、有价值的信息，排斥不需要的、没有价值的信息。年轻人喜欢流行音乐，老年人偏爱传统戏剧，这些都是选择性接受因素的典型表现。

因此，在公共关系传播中，我们要注意研究公众的选择性的特点，根据公众的选择不断调整自身的传播内容和方式。同时必须指出，在公共关系传播中，信源和信宿的地位不是一成不变的而是相互的，在传递信息时，传播者是信源，反馈信息时，传播者就变成了信宿。

（6）译码

译码指信宿将接收到的信息符号破译成自己能理解的内容。译码是与编码相对而言的。在公共关系传播中，传播双方必须对符号含义的理解一致，才能让受众在译码时将符号准确地还原成信息，从而达到双向沟通的目的。因此，公共关系人员在从事公共关系传播时，在编码的同时就要考虑到公众能否准确无误地译码。

（7）干扰

干扰是指传播过程放大或缩小信息量使信息失真的因素。干扰可以出现在传播过程中的任何一个环节，如编码干扰、信息干扰、媒介干扰、信宿干扰等，它是影响传播质量、降低传播效果的重要因素。公共关系工作者在公共关系传播过程中就要想方设法清除传播过程中的各种干扰因素。

（8）反馈

反馈是指信宿对信息所做的反应。在公共关系传播中，反馈可以使社会组织检验自己的传播效果，随时根据反馈来调节、补充自己已发出的信息，以便更好地达到传播的目的。反馈使整个公共关系传播过程构成了一个封闭回路，循环往复，促使社会组织同公众之间在信息的交流中实现真正的沟通。

（9）环境

传播总是在一定的社会和自然环境中进行的，这些环境对传播效果有明显的影响，甚至可以导致传播的成功或失败。例如，从时间环境上看，如果传播的任何一方，或“无故失约”，或“拖延时间”，或“姗姗来迟”，都会使对方对这次传播活动的态度和感受发生变化，从而影响传播效果。从自然环境上看，如果一个人在一个肮脏、嘈杂、昏暗的商店里买东西，他就会设法尽快地“逃离”现场，对店主向他传播的商品信息心不在焉；相反，如果他走进商店，环境舒适，宽敞明亮，服务周到，就会使他格外留意店主向他传播的各种商品信息。如果进行国际传播，就更应该注意不同国家的社会环境。如 1980 年初，联合国秘书长飞抵伊朗协助解决人质问题。伊朗的传播媒介一播放他抵达德黑兰时发表的谈话“我来这里是以中间人的身份寻求某种妥协”时，他的努力立即遭到严重的抵制，甚至连他的座车也受到石头的袭击。导致这次传播失败的原因是因为“中间人”一词在伊朗是指“爱管闲事的人”。总之，在公共关系传播过程中，公共关系人员要具备严格的时间观念、注意良好的自然环境，也要格外留意不同的社会文化环境。

综上所述，公共关系传播的过程再加上公共关系传播的各种要素，就构成了公共关系传播的基本模式。对公共关系传播模式的研究，将有助于公共关系人员正确把握公共关系传播的整个过程，注意影响公共关系传播效果的各种要素，从而使社会组织同公众达到真正完全的沟通。

5.1.3 公共关系传播的类型

公共关系传播是一种综合性的传播行为，它基本上属于组织传播层次，但又具备各种传播类型的特点。从这个角度上讲，研究一般传播的不同类型，将有助于公共关系传播活动的开展。

1. 人内传播

人内传播又称自传，指传播双方为一体的信息交流沟通方式，如个人自我反省、回忆思考、自言自语、自我发泄、自我安慰、自我陶醉、思想斗争、内心冲突等。凡是心智健全的人，都存在自传现象。人通过自传，可使人在受到外界的各种冲击时，达到自我的心理调节，导致成功和谐的对外传播沟通。人内传播是人类一切传播行为的基础。

2. 人际传播

人际传播是指人与人之间直接的信息交流沟通方式。这种传播，双方参与度高，传播符号多样、手段丰富，信息反馈灵便，感情色彩强烈，但是，这种传播范围小、速度慢。例如，男女之间感情的交流就属于人际传播。

3. 组织传播

组织传播是指组织机构同组织机构之间、同公众之间、同社会环境之间的信息交流，这种传播的主体是社会组织。当组织利用其封闭沟通时，是组织的内部传播，具有层次性、有序性等特点；当组织利用其开放沟通时，是组织的外部传播，具有公众性、大众性等特点，但必须借助传播媒介进行。无论是内部传播还是外部传播，组织传播都具有明确的目的性，即为实现社会组织的目标；具有严格的可控性，即服从组织总目标而有良好的控制性能；具有综合性的特点，即由于传播对象既有个体、群体，又有更广阔的公众。故其传播手段集人际传播、小组传播、公共传播和大众传播之大成，是典型的公共关系传播。

4．大众传播

大众传播指职业的传播者通过大众传播媒介将信息大量的复制传递给分散的大众的传播方式。优点是：能够在最短的时间内获得最大的传播面；由于职业新闻工作者作为“把关人”，大众传播媒介具有“过滤性”，所以传播的信息权威性大，说服力强；个人情感因素介入较少，有高度的公开性。缺点是：信息反馈缓慢、零散，评价传播效果的工作量较大。鉴于大众传播量大、面广，影响力强，对迅速建立组织形象，扩大组织的知名度有重要的作用，因此是公共关系传播的主要手段。

5．国际传播

国际传播是指国家与国家之间的信息和观念的交往和传递。国际传播具有多方面的作用：

① 为了交换各方所需要的情报，如科学技术的引进和输出、学术观点的交流和探讨。

② 为了宣传自己的主张，如发表声明、递交照会、制造国际舆论等。

③ 为了建立和加强国与国之间的关系，如进行国事访问、参加国际活动、开展文化和艺术交流等。

在国际传播中，一定要充分考虑语言、文字、风俗习惯、伦理观念、宗法道德、政治经济等跨文化因素的影响。搞好国际传播对一个国家塑造良好的国际形象，建立良好的国际环境十分重要，是开展国际公共关系的重要手段。

综上所述，以上几种传播类型，可以说是由低级向高级、由简单向复杂方向发展的。这种发展出现了四种变化：第一，受众面越来越大；第二，传受双方在距离和感情上越来越远；第三，信息的个性化越来越淡；第四，组织系统和传播技术越来越复杂。但这并不是说，几种传播类型有优劣之分。正如我们分析的，几种传播类型各有特色、互有长短。它们不是相互取代的关系，而是在信息传播的数量、质量、速度、范围、效果上相互补充、相互渗透。在公共关系工作中，我们应该根据实际情况，选择不同的传播类型，也可以吸取各种传播类型的优点综合使用。有时只需人际传播，如交谈即可；有时只需大众传播，如在电视上发条消息；有时则需要综合运用各种传播类型，才能取得最佳的公共关系传播效果。

5.1.4 公共关系传播的功能

公共关系工作的基本功能就是在广大公众心目中树立组织的良好形象。围绕这一基本功能，公共关系传播还具有以下三个方面的功能：

1．向公众提供组织的有关信息

一般来说，对一个事物是否熟悉和了解，是能否喜欢这个事物的前提。例如，在日常生活中，人们在购买东西时也明显表现出愿意选择自己熟悉的厂家或牌子的东西。社会组织要使公众对自己的工作、行为、目标有所理解和支持，要使组织在公众中建立起良好的形象，其根本前提就是要让公众对组织的行为、目标有所了解。这就要求公共关系人员必须借助于最有效的传播和沟通手段，经常向公众提供及时、准确和有说服力的关于组织的最新信息和情况。同时，要想向人们提供有关组织的准确信息，还必须借助沟通渠道了解公众对组织的有关信息，以便使公共关系传播向公众提供的信息更有针对性和说服力。

2．影响和改变公众对组织的态度

所谓态度，是指人们对事物或人所持的带有稳定性的反应倾向。社会组织自身形象的好坏直接体现在公众对组织持有的态度之中。公众态度可以分为正态度和负态度。前者是对组织的肯定性评价，后者则是对组织的否定性评价。虽然人们的态度一旦形成就会具有相对稳定的特征，但是随着信息的不断交流和外界条件的变化，人们的态度也是可转变的。公共关系传播活动就是运用各种传播手段和媒介来促使公众对组织产生好感，由负态度转变为正态度。例如，2010 年，我国香港《壹周刊》以“霸王致癌”为标题，报道一位消费者向媒体投诉霸王洗发水含有二恶烷。报道刊出后，整个日化行业为之震动,当时风头正劲的霸王洗发水可能面临灭顶之灾。

鉴于影响巨大，为查明真相，国内相关主管部门迅速介入。三天后，国家食品药品监督管理局、广东省食品药品监督管理局在其官网上通报称，通过抽检样品发现，霸王洗发水样品中二恶烷的含量水平不会对消费者的健康产生任何危害，霸王洗发水健康安全。

同时，通过对比美国食品药品监控局（FDA）、澳洲国家职业卫生和安全委员会下属专业机构等权威机构关于二恶烷含量的限定，霸王洗发水的二恶烷含量远低于限定标准，亦能证明霸王洗发水的健康安全性。

虽然有权威机构的澄清和证明，但消除误解和恐慌绝非一时之功，为维护自身权益、挽回损失并证明清白，霸王集团不得不状告《壹周刊》诽谤，并索偿逾 5.6 亿港元。

此次风波逐渐平息，消费者对霸王洗发水的态度也逐渐转好。

3. 引起社会组织所期待的公众行为

公共关系传播除了向公众提供信息，改变公众的态度以外，更主要的是促使公众对组织采取理解和支持的行为，这是因为人们有了一定的态度并非就有一定的行为。比如：人们尽管对某一企业组织很有好感，但并不一定就会购买该企业的产品。人们的态度和行为之间还有一系列的中间环节，如人们的需要、动机、外部环境的压力等，这就需要组织进行公共关系传播予以启发和引导。总之，公共关系传播的功能就在于要社会组织适应公众环境，要公众环境适应社会组织，从而使社会组织同公众之间达到完美和谐的统一。

5.2 公共关系传播的规律和技巧

5.2.1 公共关系传播的规律

有效地提高公共关系传播的效果，取决于多种条件，但在宏观上深入研究把握公共关系传播的一般规律，在微观上熟练掌握公共关系传播的技巧，是提高传播效果的重要因素。

公共关系传播的一般规律主要有：

1. 双向沟通律

在公共关系传播中，组织与公众之间的信息传播既有传递，又有反馈，互相理解，互相影响，互相适应，从而建立和谐的关系。这就是双向沟通律。这一规律包含以下三个方面的内容：

① 沟通双方互为角色。一方是发出者时，另一方是接收者；另一方为发出者时，这一方又成了接收者，在整个传播过程中，不断地更换双方的角色位置。这就要求注重消除在传播沟通中的各种障碍因素的影响，沟通双方不但在行为上，而且也能在心理上形成真正的平等沟通的状态。

② 传播沟通的双方呈现一种螺旋上升的认识过程。沟通的双方均是具有主观能动性的人，

在信息传播经过一个循环后，双方的认识一般不会停留在原来的起点，而是向更高的层次发展。这就体现了公共关系传播组织与公众共同发展的宗旨。

③ 传播过程由传递阶段和反馈阶段两个基本阶段组成。传递阶段，是指组织将信息编码以后传递给公众；反馈阶段，是指公众译码之后进行领会、理解，然后通过传播渠道将意见、态度反映给组织，如果反馈成功。就意味着一次沟通活动的实现和下一次沟通过程的开始。因此公共关系传播是一个没有终点的双向沟通活动。

双向沟通律是公共关系传播中最基本的规律。在实际运用时，要注意以下几点：

首先，传播双方应该尽量扩大共同的经验范围。传播双方必须有共同的经验范围，这是双方进行沟通的基础。共同经验范围越多，沟通时的共同语言也就越多，传播效果也就越好，信息的分享程度也就越高。如果双方毫无共同经验的范围，则传播沟通根本无法进行。

其次，传播双方必须具备良好的反馈意识。所谓反馈意识，是指传播双方在理解了所收到的信息后做出反应的意念。它要求组织和公众在反馈信息时要主动、及时、适路和适量。主动是指传播双方不仅要对所接收到的信息简单地表示赞成与否，还应该主动地提出自己的意见，以补充修正原始信息。及时是指传播双方要反馈迅速，不要延误时机。适路是指反馈的内容不要偏离信息主题。适量是指反馈的信息要适当，不要冲淡主要信息的传递。

再次，传播双方应该根据反馈来做自我调节。在公共关系传播中，社会组织同公众永远是一对对立统一的矛盾体。社会组织要根据公众反馈来的信息调整自己的行动以适应公众的需求；公众则根据社会组织的策略情况，满意的就以此为根据调整自己的行为；不满意的就提出意见反馈回社会组织。如此往复，传播双方根据反馈不断自我调节，逐步达到一个完美和谐的统一体，从而实现公共关系工作的目的。

2. 情感唤醒律

人的情感是丰富多彩的，但其表现形式基本上分为两类（即情感的两极性），如肯定情感和否定情感。在公共关系传播中，公众获得信息以后，不是产生肯定情感就是产生否定情感。那么，公共关系人员运用传播艺术进行情感移入，促使公众由否定情感向肯定情感转变，并且增大肯定情感强度的规律，就是情感唤醒律。运用情感唤醒律，要注意两个方面：

首先，公共关系人员进行信息传播，必须让信息内容“适销对路”，满足人的需求，并根据人的需求变化不断调适，才能使公众不断产生肯定情感。很明显，人的情感同需求紧密相关，当传播的信息符合人的需要时就产生满意、欢愉等积极的情感，否则就会产生忧伤、恐惧等消极情感。

其次，公共关系人员在进行信息传播时，必须注重“情感投资”，“动之以情、晓之以理”，激发公众的肯定情感，加深公众对信息的认识，增强公共关系传播效果。这是因为人的情感同人的认识关系十分密切。例如，同样是洗衣机信息的传播，有的强调大功率、大容量、省电节能；有的则说：“小天鹅洗衣机，献给妻子的爱”。前者给人一种冷冰冰的感觉，且有“自吹自擂”之嫌，使人避而远之；后者则温馨一片，让人听后感到亲切、舒服，激发了人们进一步认识的欲望。

3. 客观超脱律

在公共关系传播中，据研究表明：越是没有明显目的和倾向地宣传某一观点、事实时，组织的影响力越高，传播效果越好；如果组织明显地宣扬某一观点、事实时，影响力反而降低。越是宣扬与组织的自身利益密切相关的问题，组织的影响力就会降低；相反，如果宣扬与组织自身利益无关的问题，影响力反而提高。根据这一现象，在公共关系传播时，我们要做到一要客观、二要超脱，即遵循客观超脱律实行有效传播。

要做到客观，就要在传播时保持信息的真实可靠，实事求是，有一说一，有二说二。只要组织把事实真相传递给公众，公众便会根据信息内容得出结论，这样的结论才是真实的、可靠的。在公共关系传播中遵循客观原则，切忌"王婆卖瓜、自卖自夸"和"价廉物美、誉满全球"之类的浮夸之词。

所谓超脱，是指社会组织在传播同自己利益密切相关的信息时，自己不亲自出面传播、而是借第三者去传递信息。所谓"第三者"，即可以是大众新闻媒介，也可以是社会上的权威机构。

2018 年 1 月 8 日，玉柴在总部广西玉林举行国六产品发布会，在国内率先发布了 14 款国六发动机。至此，从国一到国六，玉柴都提前至少两年推出满足最新排放法规的发动机，以实际行动推进国家节能减排和美丽中国建设，践行"以专业动力驱动美好生活"的企业愿景。

作为国六发动机全国首发，此次发布会受到各大主流媒体的密切关注，成为争相报道的焦点。

《人民日报》、中央人民广播电台、《经济日报》《中国汽车报》也对发布活动进行了重点报道，其中，新华社客户端直播的全网点击量超 20 万人次。

4. 因人适宜律

所谓因人适宜律，是指公共关系人员根据公众的不同需求和认识而采取不同的传播策略和手段的沟通规律。这也是我们常说的"己所不欲，勿施于人"，"到什么山上唱什么歌、用什么钥匙开什么锁"。公共关系人员要想遵循因人适宜律，必须克服"以自我为中心"的传播模式，树立"以公众为中心"的传播观念。2003 年 10 月 15，中国杨利伟上天，蒙牛成了唯一牛奶赞助商，变成了"中国航天员专用奶"。

5. 因时适宜律

所谓因时适宜律，是指公共关系人员根据不同的时机不断改变传播信息的内容、方式和手段的沟通规律。选择时机的不同，可以使一个一般的公共关系传播活动大获全胜，也可以使一个计划相当周密的公共关系传播活动功亏一篑。例如，美国杜邦公司精心策划了一场本该引起轰动的公共关系传播活动——该公司宣布向全美 100 所大专院校资助 100 万美元。但是，这条信息公布以后并没有引起多大反响。究其原因是没有选准时机，因为就在公布这条信息的同一天，美国福特基金会宣布向教育机构和医院捐助 500 万美元，美国公众的注意力被这一更大的新闻事件所吸引。运用因时适宜律要注意让公共关系传播活动避开或利用重大节日和重大事件。凡是同重大节日没有任何联系的活动都要避开节日，以免被节日气氛所冲淡；反之则相反。凡是需要广为周知又希望引起轰动的活动要避开国内外的重大事件，以免为重大事件所冲淡；反之也相反。

5.2.2 公共关系传播的技巧

在公共关系传播活动中，除了要求公共关系人员必须熟悉一般的传播规律以外，也要在具体操作上掌握一定的传播技巧。

1. 选择合适的沟通网络

所谓沟通网络，是指由各种信息沟通渠道所组成的结构形式。公共关系传播的有效性同它所选用的沟通网络有一定的关系。社会组织在进行传播时，就要注意选择合适的沟通网络。

链式可代表一个五级层次的组织结构，信息为逐级传递，既可向上，也可向下。它也可以用来表示主管与下级部属间有中间管理者的组织系统。

轮式可表示主管人员居中，分别与四个下级发生联系的沟通网络结构。

圆式可以表示五人之间依次沟通联系的结构。这种结构可能发生于三个层次的组织结构。如第一层次的主管与第二层次的两个人员建立联系，第二层次的两个人员又分别与第三层次的人员联系，第三层次的工作人员之间建立横向联系。

全渠道式表示组织内每个人都可以和其他四人直接沟通，沟通网络中没有中心人物，所有的成员都处于平等地位，类似于一般的委员会的结构。

"Y" 式表示四个层次逐级沟通，而且第二个层次有二个上级的沟通网络结构。倒 "Y" 式可表示领导通过秘书与下级发生关系的沟通网络结构。在该结构中，秘书往往是一个关键人物。

由此可见，各种沟通网络没有好坏之分，各有长短。社会组织要根据需要选择合适的沟通网络。例如，社会组织若想传播速度快，容易控制，突出领导地位，而不在乎士气的高低，就可以选择轮式。如果社会组织需要有高昂的士气，而不在乎传播速度的快慢和领导者的地位问题，则宜选择圆式。如果组织机构庞大，需要分层授权管理，这时链式更为理想。如果主管人员太忙，需要助手帮助处理各种事务，则倒 "Y" 式更为合适。

2. 注意传播过程中的整体效果

所谓整体效果，是指在公共关系传播的整体规划下，将沟通过程的各相关部分进行有效综合而产生的更好的效果。如果很好地利用，将会出现"整体大于部分之和"的效果。

我们可以综合运用多种信息载体而获得整体效果。例如，某公共关系经理向前来参观的客人介绍该公司的领导，他边微笑边以手示意："这位是本公司的经理先生。"经理立即笑着握住来宾的手："您好！欢迎，欢迎！"几秒钟内，多种载体同时传递了几个信息：笑（表情语，视觉刺激），握手（动作语，触觉刺激），问候，介绍（有声语，听觉刺激）等，整个沟通过程给来宾以立体性的综合感受，留下了良好的第一印象。很明显，这种效果绝对大于先视觉刺激、再触觉刺激、最后听觉刺激所出现效果的总和。

我们还可以综合利用多种沟通方式而获得整体效果。沟通方式一般有三种类型：即垂直沟通、横向沟通和非正式沟通。在公共关系传播中，我们可同时运用这三种沟通方式：利用垂直沟通进行发布指示、向员工作报告和请示、汇报、提建议等项工作；利用横向沟通来平衡、协调组织与公众之间的关系；利用非正式沟通（又称小道消息传播）来了解组织内部员工的状况和人际关系等。三种沟通方式同时综合运用便可以收到良好的传播效果。

3. 发挥受众中"意见领导者"的作用

所谓"意见领导者"，就是指在受众中具有某种凝聚力、号召力和影响力的人，他的意见往往能影响其他人的意见。现代传播学中的"二级传播理论"，就是指发信者先去重点影响"意见领导者"，然后再由意见领导者去影响更多的公众。比如，著名学者胡适从美国学成归国后在北京大学讲中国哲学史。他一反过去的国学大师们从三皇五帝开始讲起的做法，利用先进的理论直接从孔子讲起。这种做法引起了当时深受旧学影响的学生们的嘲笑，致使传播无法进行。胡适发现其中有两个学生的旧学根基最好，即傅斯年和顾颉刚，便重点启发他俩。傅、顾想通以后告诉同学们不要闹，并明确表示胡适的讲法有道理。同学们受影响耐着性子去听，慢慢地听出了"门道"。后来这班学生大多数成为知名学者。在这里，胡适巧妙地发挥了"意见领导者"的作用。

意见领袖的地位不是官方授予的，也不是自封的，而是自然形成的。他的成员和地位也是相对的，他们只是在某个时间、某种条件下对某个问题具有一定的权威性和影响力。如张三在宿舍内可能是电影方面的意见领袖，而李四则可能是体育比赛方面的意见领袖。至于官方权威人士、学者专家、社会名流也可以看作是既定的意见领袖。在公共关系传播中，公共关系人员应该善于发现并巧妙地利用意见领导者的作用。

4．注意须知原则和例外原则的使用

当前是一个信息大爆炸的时代，信息的大量过剩，给人们的生活带来了诸多不便。同时，需要哪种信息时，又受到信息不足的困扰。这种现象就要求公共关系传播人员注意须知原则和例外原则的使用。特别是在组织内部，在提供充分信息的同时，也要对信息过量的问题进行控制，以免造成信息过量而形成的干扰。例如，在由下往上的传播中可采用例外原则，一般超常规的，偏离指示、计划和政策的信息才详细上报，而一般正常的信息只以简略的形式上报或不上报。对由上往下的传播，则可以采用须知原则，按照公众所需知的范围传递信息，保证让各种公众对象都能接受到各自需要的关键的信息。但是，必须指出，在执行这一原则时，还要注意按各组织的具体情况分别对待。比如，在程序化的组织中，执行这一原则就较合理，也较容易奏效，对非程序化的组织就要慎重使用。

5.3 公共关系传播媒介

社会组织要进行信息传播，总要凭借一定的传播工具，这种传播工具就是公共关系传播媒介。因此，在公共关系传播中，除了要求公共关系人员掌握公共关系传播的基本原理、规律、技巧以外，还必须熟悉各种传播媒介的性质、特点和用途，以便恰当地选择传播媒介，达到最好的传播效果。

公共关系传播媒介的种类繁多，从其物质形式的角度，大致可分成五大类：语言媒介、印刷媒介、电子媒介、图像标识媒介、非语言传播媒介。

5.3.1 语言媒介

语言媒介是指以自然语言即发出声音的口头语言作为信息载体的传播媒介。语言是人类交往最基本和最重要的工具，在公共关系传播中，经常运用语言媒介进行信息传播。其方式有演讲、答记者问、与员工谈心、电话通信、会议、谈判、为宾客致迎送辞等。

运用语言媒介进行的传播，基本上属于人际传播，表现形式基本上是面对面的交流。因此信息反馈迅速，形式灵活多样，感情色彩强烈，传播效果明显。缺点是范围小，影响面不大。

以上语言媒介都是公开的正式的语言传播，还有一种秘密的随便的语言传播，这种语言传播称为“小道消息传播”。“小道消息”这种非正式的语言传播，其信息内容有真有假、有虚有实；有时妖言惑众、混淆视听；有时则是公众某种情绪的反映。“小道消息”一般是大众传播不充分、政治不民主的产物。“小道消息”的特点是传播速度快、个人感情色彩浓厚，最大的缺点是反复传述、多级传播、极易失真。有时公共关系人员也可以利用“小道消息”传播媒介，比如，作为“试探气球”当作了解公众意见的手段，或者配合公共关系传播，将不宜公开的信息传递给公众等。

5.3.2　印刷媒介

印刷媒介是指以印刷作为物质基础，以平面视觉符号（文字和图像符号）作为信息载体的传播媒介。印刷媒介主要有报纸、杂志、书籍以及招贴、海报、传单、函件、合页等印刷品。印刷媒介是当今公共关系传播中运用最频繁和最多的媒介。

1．报纸

报纸是以刊登新闻为主的、通过版面的空间组合以整张的形式刊出的、面向广大公众发行的定期出版物。它的优点主要有：

① 便于选择。报纸的大小题目相对集中、从编辑处理上反映出来的对内容的评价信息都一目了然，读者可以任意挑选阅读内容。既可以从头版头条看起，也可以从报尾看起。可以只看标题，也可以深入研读某一篇重点文章。读者还可以自由选择读报的时间、地点和方式。

② 便于保存。报纸上的信息内容都以文字的形式固定下来，便手剪辑、保存、查阅。而广播电视的信息内容对于一般读者来说，都是稍纵即逝、不便保存、检索、利用。

③ 内容深入。报纸是以文字表达形式为主的媒介，文字表达的最大优点是可以不受具体时间、空间的限制而连续深入论述。因此一些逻辑性强、抽象思维的内容，比较适合于文字表达。公共关系人员可以利用这一点，及时组织新闻专辑、连续报道等，来配合大规模的公共关系活动。

④ 经济实惠。报纸的发行周期较短，提供的宣传频率也较高，其读者多为较稳定的长期读者，以政府的“喉舌”面目出现，权威性和影响力较大；另外，报纸的印刷工艺较简单，制作成本也较低。

报纸媒介的局限性有：它的阅读受到文化水平的限制，没有一定的文化水平，无法阅读报纸，因此，报纸在我国尤其在广大农村的普及率和阅读率有限；报纸的生动性、及时性不如广播、电视，时间性极强和形象性很强的信息不宜依靠报纸来传递；报纸的重复阅读率较低，外观及内容上比较粗糙。

2．杂志

杂志是以成册装订的形式刊出、以目录为引导、将各种内容分类顺序编排的大众传播媒介。杂志在我国越来越受人们的欢迎。它的优点是：

① 专业性强。杂志分类较细，内容比较专一，针对性强，传播的目标指向比较明确，便于公共关系人员面对特定的公众传递信息。

② 价值较高。现在的杂志印刷精美、图像丰富、色彩艳丽、成本成册、定期发行、便于保存、便于检索。内容有一定深度，利用价值较高，读者重复阅读率也较高。

③ 感染力强。杂志内容分类清楚，阅读时一般注意力较集中、较认真，信息的感受性较强。公共关系人员利用杂志发表理论性强的公共关系专稿或广告，对公众深层心理的影响力较大。

杂志的局限性表现在：读者的文化水平要求更高，还要求有一定的专业知识，出版周期较长，时效性较差，成本也较高。

3．书籍

书籍也可以看作是大众传播媒介，一般由正式出版社出版发行，装订成册，有封面、封底，内容连贯统一。书籍比较正规，便于长期保存和使用，对公众更具权威性。印刷装订精美的书籍，给人以豪华典雅的印象，感染力较强。书籍是保留人类文化遗产和改善社会生活的强有力的工具。

4．其他印刷媒介

除了报纸、杂志、书籍等，公共关系人员常用的印刷媒介还有：

① 招贴、海报。这是一种提供简短、及时、确切信息的印刷媒介，经常张贴于能引起公众注意的醒目之处，能及时、迅速地向公众传递某种信息。

② 传单。这是一种印成单张的宣传媒介。例如，可以在传单上写明某企业产品的名称、功能、特点及生产厂家的地址和联系方法等。

③ 名片。这是一种印有姓名、身份、单位、联系地址的卡片，多用于社会交际场合的自我介绍，且方便日后联系。

④ 函件、通知。用于组织和人际间的及时的信息传播。

⑤ 合页、折页。用于广泛扩散信息，以简明、直观为特点。

⑥ 小册子、手册。以全面、系统地传递信息为主要特点。

⑦ 插页、附页。用于随报刊等物临时发布信息，以节省邮费、方便及时为特点。

以上这些印刷媒介都是公共关系人员可直接控制的（大众传播媒介不便直接控制），因而具有目标指向明确、传播针对性强，信息传播快、反馈迅速直接，形式灵活多样、费用低廉等特点。但是，这些印刷媒介大多由社会组织自行控制，公众容易对此类传播媒介怀有戒心，从而影响传播效果。

5.3.3 电子媒介

电子媒介是指以电波的形式来传播声音、文字、图像等符号，并需要运用专门的电器设备来发送和接收信息的传播媒介。电子媒介主要有广播、电视、电影、录音、录像和幻灯片等。电子媒介在传播领域发展较快，特别是电视媒介在大众传媒上的影响力已居首位。从总体上说，电子媒介传播速度快、覆盖面大，音响和图像给人以现场感和亲切感，受众较少受文化水平、理解能力的影响，而且单位受众成本低廉。但是，电子媒介所传播的信息重复使用率差，受众对传播内容的选择性也较差。

1．广播

广播是指通过无线电波或导线传送声音符号，供公众收听的传播媒介。在我国，无线收音机和有线广播喇叭的普及率都很高。广播传媒的优势表现在：

① 传播及时。广播上的信息不受时空条件的限制，转瞬之间即可借助电波传遍地球各个角落，它可以把刚刚发生和正在发生的新闻告诉听众。实况转播和广播大会是新闻报道中最快的形式，被称为“同步新闻”。

② 机动性强。收听广播不受时间、地点、场合的限制，比如，我国老人常在早晨散步时收听广播新闻、家庭主妇边洗衣服边听广播剧。

③ 普及率高。收音机和广播喇叭的价格便宜，而且是一次性投资，不容易损坏，听众不受文化水平的限制，人人都可以接收理解。因此，广播在我国的普及率最高。

④ 感染力强。广播依靠声音传播内容，声音有较强的传真感，听其声能如临其境、如见其人。播音员用声情并茂的语言调动听众的感情，有很强的鼓动性和感染力。

广播也有局限性，表现在：稍纵即逝，不便检索、保存；形象性不如电视，深刻性不如报纸；选择性差，公众只能按一定的顺序收听节目；公众的收听时间不稳定，收听率难以准确估算。

因此，广播适用于传播那些时间性强、涉及面广、文化水平要求不高的信息。

2. 电视

电视是用电子技术传递活动图像的传播媒介。电视是我国发展最快、影响最大的大众传播媒介，也是公共关系传播的最重要的手段之一。电视的最大特点是：

① 生动形象。对于客观事物，报纸是用文字来表达，广播是用声音来描述，而电视则可以直接将其“复制”下来，有声音、有画面，可谓绘声绘色，而且十分逼真、可信、形象生动，感染力很强。

② 及时性强。由于电视摄像和传播技术的发展，电视台基本可以做到随时实况传播新发生的事件。其及时性大大超过报纸，略微落后于广播。

③ 普及性高。电视信息以声音、图像为主，不受文化水平的限制，老少皆宜、雅俗共赏。其信息可以通过电波向四面八方发射，服务范围广，拥有广泛的观众。

3. 录音、录像

录音、录像分别是广播、电视的延伸，它们是用电子技术将声音、画面记录下来，向有限的公众进行传播的电子媒介。公共关系人员在具体工作中也经常使用这两种新型的电子媒介。

4. 电影、幻灯片

电影、幻灯片是利用强光和透镜将画面和文字映射在白幕上进行信息传播的电子媒介。尽管电影、幻灯片同电视一样是利用带音响的移动图像来传递信息，但两者有明显的不同。电影、幻灯片有专门的电影院、宽大的银幕、没有广告干扰。电影、幻灯片媒介如果运用恰当，可以获得良好的传播效果。

5. 互联网

互联网指的是基于 TCP/IP 协议，通过网络互联设备把不同的多个网络和网络群体互联起来而形成的大型计算机网络，借助它人们可以随时随地把文本、声音、图像、影视等信息传递到世界上任何有终端设备的地方和个人。互联网的最大特点有：

（1）交互性。这是互联网最独特、最别具一格的特点之一。互联网上的信息传播，用户完全可以根据自己的兴趣和要求来决定浏览的页面，并且能及时地将意见反馈给信息提供方。BBS 论坛、网上调查、网上聊天等都是交互性的体现。

（2）巨量性

用“信息海洋”来形容互联网是最贴切不过了，由于网络设计的“无中心化”，借助其无限链接功能，互联网上的信息是巨量的，且很容易扩展。

（3）高速性

由于互联网上的信息经过了数字化的处理变得极易传输，高速性已成为互联网的一个重要特征，利用这一特征，互联网也可以进行实时、实况报道。

当然，互联网传播也存在缺点：网上虚假信息过多，不能进行有效的监督，导致人们不相信网上的信息。

5.3.4 图像标识媒介

图像标识是指以静态的形象为主要信息载体的传播媒介，是各种社会组织经常使用的传播媒介图像标识可以分为两大类，即照片与图画、各种标识。

1. 照片与图画

公共关系人员在制作各种宣传小册子和举办各种展览、展销会时，经常大量使用照片和图画，并配以必要的文字说明，来主动、形象地介绍组织的有关情况，使读者、观众一目了然，大大强化了公共关系传播的效果。这里提醒公共关系人员注意，照片与图画的画面要力求干净、明晰，想表达的思想或表现的事物要突出、清楚；说明文字的语言要亲切通俗、流畅简练，切忌深奥晦涩、呆板冗长。

2. 各种标识

① 商标。它是商品的特定的标记，反映了商品的质量和商品生产者的信誉。通常由文字、图案、符号共同组合而成。设计商标除了要考虑当地消费者的文化风俗以外，主要应该突出商品的特征和优点，简练醒目，美观大方，容易识别。

② 品牌名称。它是商品的牌子，一般与商标图形紧密相连。创作品牌名称，要注意以下几个因素：第一，语感好，如“春兰”“星海”等。均以开口音结尾，读起来顺畅，听起来悦耳。第二，寓意美好，如“美的”“百事可乐”(Peps Cola)、“好孩子”等。第三，贴近消费者，如“大白兔”“白云”等。

③ 徽记。它是组织的标志，也称组织的商标。人们常常把徽记镌刻在本组织的大门旁、专用车上，印制在信封、信笺、名片、纪念品上，以塑造组织的形象。

5.3.5 非语言传播媒介

非语言传播媒介是指以人的动作、表情、服饰等伴随语言为信息载体的传播媒介。在公共关系传播中，非语言媒介是一种广泛运用的沟通方式，通常情况下用来表现情感，加强或减弱语言传播的效果。非语言传播媒介分为有声非语言传播媒介和无声非语言传播媒介。

① 有声非语言传播媒介。如说话时的重读、语调、笑声和掌声。应该注意，同一种有声非语言传播媒介在不同的情况下其含义会大不相同。例如，同是笑声，可能是负载着正信息，也可能负载着负信息；同是掌声，可能是欢迎、赞成、高兴的表现，也可能是气愤、不满、厌恶的流露。

② 无声非语言传播媒介。主要指体态语言和情态语言。体态语言指人们身体部位表现某种含义的动作符号，如竖起大拇指、耸肩、摇臂、跷起二郎腿、哈腰、跺脚等。情态语言指人脸上各部位动作构成的语言，主要是“眼语”。比如，深切地注视，是一种崇敬的表示；眉来眼去、暗送秋波是情人交流感情的形式；横眉冷眼、是仇人相见的眼神；眼球移动迟钝、痴呆，则说明一种深情或忧愁；等等。需要说明的是，无声非语言传播媒介具有鲜明的民族文化性，即有的人体动作在不同的民族中其含义会大不一样。就拿在美国广为流行、现已遍及欧亚洲的。

综上所述，在公共关系传播中，常用的传播媒介是以上五种，其中大众传播媒介主要指报纸、广播、电视、互联网等。公共关系人员在进行信息传播时，要针对具体的信息内容和具体的传播对象，根据各种传播媒介的具体特性，选用恰当的媒介，或者综合运用，只有这样，才能大大提高公共关系传播的效果。一般地讲，传播形象性很强的信息应该考虑优先选用电视；传播音乐性强、时间性强的信息应该优先运用广播；传播内容比较深刻、需要保存检索的信息，应该考虑优先运用报纸；传播专业性、针对性强的信息，可以优先考虑杂志；传播塑造组织形象方面的信息，可以优先选用图像标识；传播感情色彩浓厚又不需要大范围传播的信息可以优先选用语言媒介或非语言媒介。

本章小结

本章主要从公共关系的角度来探讨传播的基本原理，力图让读者掌握传播的一般规律和技巧，正确地运用传播媒介，从而大大提高公共关系工作的效果。通过了解传播及其构成要素、公共传播的模式、传播类型及传播媒介和公共关系沟通几方面，使学生了解公共关系的传播原理。

习　　题

一、简答题

1. 什么是传播？什么是公共关系传播？两者的区别是什么？
2. 公共关系传播的要素有哪些？试分析之。
3. 公共关系传播的基本类型有哪些？
4. 公共关系传播有哪些规律？如何应用这些规律提高传播效果？
5. 举例说明如何运用公共关系传播的技巧。
6. 试比较分析各种公共关系传播媒介的优势与局限。

二、案例分析题

“鸽 子 事 件”

美国联合碳化钙公司一幢 52 层高的、新造的总部大楼竣工了，一大群鸽子竟飞进了一间房间，并把这个房间当作它们的栖息之处。不多久，鸽子粪、羽毛就把这个房间弄得很脏。有的管理人员建议将这个房间所有的窗子打开，把这一大群鸽子赶走算了。这件“奇怪”的事传到公司的公共关系顾问那里，公共关系顾问立刻敏锐地意识到：扩大公司影响的机会来了。他认为，举行一次记者招待会，设计一次专题性活动，散发介绍性的小册子等，都可以把总部大楼竣工的信息传播给公众，这些自然也算是好方法，但仍是一般常规的方法。最佳的方法应做到使公众产生浓厚的兴趣，以至迫切想听、想看。现在一大群鸽子飞进了 52 层高的大楼内，这本身就是一件很吸引人的新奇事，如果再能够巧妙地在这件事上做点文章，则一定能产生更大的轰动效应。于是，在征得公司领导同意后，他立即下令关闭这个房间的所有窗门，不能让一只鸽子飞走。接着，他设计并导演了一场妙趣横生的公共关系传播活动。

首先，这位公共关系顾问别出心裁地用电话与动物保护委员会联系，告诉他们此间发生的事情，并且说，为了不伤害这些鸽子，使它们更好地生栖，请动物保护委员会能迅速派人前来处理这件有关保护动物的“大事”。动物保护委员会接到电话后居然十分重视，答应立即派人前往新落成的总部大楼处理此事，他们还郑重其事地带着网兜，因为要保护鸽子，必须小心翼翼地一只只地捉。

公共关系顾问紧接着就给新闻界打电话，不仅告诉他们一个很有新闻价值的一大群鸽子飞进大楼的奇景，而且还告诉他们在联合碳化钙公司总部大楼将发生一件既有趣而又有意义的动物保护委员会来捕捉鸽子的“事件”。

新闻界被这些消息惊动了。他们认为，如此多的鸽子飞入一幢大楼是极少见的，又加上动物保护委员会还将对它们采取“保护”措施，这的确是一条有价值的新闻，他们都急于想把这条信息告诉给更多的公众。于是，电视台、广播电台、报社等新闻传播媒介纷纷派出记者进行现场采访和报道。

动物保护委员会出于保护动物的目的，在捕捉鸽子时十分认真、仔细。他们从捕捉第一只鸽子起，到最后一只鸽子落网，前后共花了 3 天的时间。在这 3 天中，各新闻媒介对捕捉鸽子的行动进行了连续报道，使社会公众对此新闻产生浓厚的兴趣，很想了解全过程，而且消息、特写、专访、评论等体裁交替使用，既形象、又生动，更吸引了广大读者争相阅读和收看。这些新闻报道，把公众的注意力全吸引到联合碳化钙公司上来，吸引到公司刚竣工的总部大楼上来，结果，联合碳化钙公司总部大楼名声大振，而且公司首脑充分利用在荧屏上亮相的机会，向公众介绍公司的宗旨和情况，加深和扩大了公众对公司的了解，从而大大提高了公司的知名度和美誉度。同时，借此机会，将联合碳化钙公司总部大楼竣工的消息巧妙地、顺利地告诉了社会，使公众全盘地接受了这一消息。通过公共关系传播活动，终于事半功倍地完成了向公众发布此消息的任务。这便是公共关系历史上的经典案例——“鸽子事件”。

（熊源伟. 公共关系案例[M]. 合肥：安徽人民出版社，1994.）

问题：在本案例中，运用了哪些公共关系的原理和技巧？假如你是该公司的公共关系人员，你将如何处理该事？

第6章 公共关系调查与研究

【学习目标】

理解公共关系调研的主要内容及常用方法和调研结果分析；认识公共关系调研的意义与原则；了解公共关系调研中应注意的问题。

【引例】

长城饭店的日常调查

北京长城饭店是1979年6月由国务院批准的全国第三家中外合资合营企业。1983年12月试营业，是北京6家五星级饭店中开业最早的饭店，是北京第一座玻璃大厦，北京20世纪80年代十大建筑之一。随着改革开放的深入发展，北京新建的大批高档饭店投入运营，饭店业竞争日益加剧。长城饭店之所以能在激烈的竞争中立于不败之地，成为京城饭店的佼佼者之一，除了出色的推销工作和优质服务外，饭店管理者认为公共关系工作在塑造饭店形象上发挥了重要的作用。

一提到长城饭店的公关工作，人们立刻会想到举世闻名的里根总统的答谢宴会、北京市副市长证婚的95对新人集体婚礼、颐和园的中秋赏月和十三陵的野外烧烤等一系列使长城饭店声名鹊起的专题公关活动。长城饭店的大量公关工作，尤其是围绕为客人服务的日常公关工作，源于它周密系统的调查研究。

长城饭店日常的调查研究通常由以下几个方面组成：

1. 日常调查

① 问卷调查。每天将调查表放在客房内，表中的项目包括客人对饭店的总体评价，对十几个类别的服务质量评价，对服务员服务态度评价，以及是否加入喜来登俱乐部和客人的游历情况等。

② 接待投诉。几位客户经理24小时轮班在大厅内接待客人反映情况，随时随地帮助客人处理困难、受理投诉、解答各种问题。

2. 月调查

① 顾客态度调查。每天向客人发送喜来登集团在全球统一使用的调查问卷，每日收回，月底集中寄到喜来登集团总部，进行全球性综合分析，并在全球范围内进行季度评比。根据量化分析，对全球最好的喜来登饭店和进步最快的饭店给予奖励。

② 市场调查。前台经理与在京各大饭店的前台经理每月交流一次游客情况，互通情报，共同分析本地区的形势。

3. 半年调查

喜来登总部每半年召开一次世界范围内的全球旅游情况会，其所属的各饭店的销售经理从世界各地带来大量的信息，相互交流、研究，使每个饭店都能了解世界旅游形势，站在全球的角度商议经营方针。

这种系统的全方位调研制度，宏观上可以使饭店决策者高瞻远瞩地了解全世界旅游业的形势，进而可以了解本地区的行情；微观上可以了解本店每个岗位、每项服务及每个员工工作的情况，从而使他们的决策有的放矢。

综合调查表明，任何一家饭店，光有较高的知名度是远远不够的，要想保持较高的“回头率”，主要是靠优质服务，使客人满意。怎样才能使客人满意呢？经过调查研究和策划，喜来登集团面对竞争提出了“宾至如归方案”。计划中提出在 3 个月内对长城饭店上至总经理，下至一般服务员进行强化培训，不准请假，合格者发证上岗。在每人每年 100 美元培训费基础上另设奖金，奖励先进。其宗旨就是向宾客提供满意的服务，使他们有宾至如归的感觉。随着这一方案的推行，饭店的服务水平又有了新的提高。

（国英. 公共关系与现代礼仪案例[M]. 北京：机械工业出版社，2004.）

6.1 公共关系调研的意义与原则

1. 公共关系调研的定义

公共关系调研是运用科学的方法，有计划地收集资料，综合分析相关因素，了解客观真相的自觉的认识活动，是公共关系工作程序的第一步。

2. 公共关系调查的分类

① 按照调查的方法分类。

② 按项目分类。

③ 按照调查的空间分类。

3. 公共关系调研的基本程序

公关调研的基本步骤是：制定调研方案、设计调研方法、收集调研资料、处理调研结果。

4. 公共关系评估的目的

公关评估的目的就是取得关于公关工作过程、工作效益信息，作为决定开展、改进公关工作和制订公关计划的依据。

公共关系评估的程序：

① 设立统一的评估目标。

② 选择适度的评估标准。

③ 取得组织最高管理者的认可，并将评估过程纳入公关计划之中。

④ 从可观察与测量的角度将目标具体化、明确化与准确化。

⑤ 确定搜集证据的最佳途径。

⑥ 保持完整的计划实施记录。

⑦ 评估结果的使用。

⑧ 将评估结果向组织管理者报告。

6.2　公共关系调研的主要内容

1．总体调研内容

总体调研内容设计包括以下几个内容：

① 确定调研的目的。调研的目的是指调研所要解决的问题。

② 确定调查对象和调查单位。

③ 确定调研项目。

④ 制定调查提纲和调查表。

⑤ 确定调研时间和地点。

⑥ 确定调研方式和方法。

⑦ 确定研究分析方法。

⑧ 确定提交研究报告的方式。

⑨ 制订调研组织计划。

⑩ 制定调研预算。

2．调研时间

在设计市场调研方案的过程中，需要制定整个调研工作完成的期限，通常一项较具规模的调研活动，仅仅从问卷的印制到整个活动的完成，最少也要有 45～60 个工作日，一些大规模的调研会持续半年到 1 年。不过，对于有时间性的调研，如收视率调查，或规模小的调查等，所需时间多少可以作弹性浓缩。

6.3　公共关系调研中常用的方法

6.3.1　实地观察调查法

实地观察调查法是指调查者进入调查现场，用自己的感官及辅助工具，观察和记录调查对象表现，从而获得第一手资料的调查方法。与其他调查方法相比较，观察法收集到的资料更直接、更真实、更生动具体，所以成为公关调查中常用的一种方法。

1．观察法的操作

① 观察法是指在调查目的和假设的指导下进行的有目的的认识活动，需制订周密的计划，对观察的内容、手段、步骤、范围做出具体的规定，还要对观察员进行培训。

② 需要利用一定的观察工具。

2．观察法的分类

按照观察者是否参与被观察者的活动，可分为参与观察与非参与观察两种。

3．观察法的优缺点

观察法是科学认识的起点，是最古老、最常用的社会调查法。

（1）观察法的优点

① 直观性和可靠性。

② 抗干扰性。

③ 简便灵活性。

（2）观察法的缺点

① 观察法的最大缺点是表面性和偶然性。

② 受时空等条件的限制，观察的对象和范围有很大局限性，而且有许多社会现象不能或不宜进行实地观察。

③ 主观性干扰。

④ 实地观察需要花费较多的人力和时间。

6.3.2 访谈法

1．访谈法的含义

访谈法是指调查者依据调查提纲与调查对象直接交谈、收集语言资料的方法，是一种口头交流式的调查方法。

（1）个别访谈法

个别访谈法，因访谈的内容的不同，可分为标准化访谈法和非标准化访谈法。

（2）集体访谈法

集体访谈法，是类似于公众座谈会的一种集中收集信息的方法。

（3）深度访谈法

深度访谈法是一种无结构的、直接的、个人的访谈法，应掌握追问的技巧。

2．几种访谈法的比较

（1）标准化访谈

标准化访谈，又称结构式访谈，是指按照统一的设计要求而进行的访谈。所谓“统一的”就是所有的受试者都接受完全一样的访谈过程。

（2）集体访谈法

集体访谈法，是类似于公众座谈会的一种集中收集信息的方法。一般由组织的一名或几名调查员与公众进行座谈，以了解他们的意见和看法。集体访谈法是一种了解情况快、工作效率高、经费投入少的调查方法，但对调查员组织会议能力的要求很高。另外，它也不适应调查某些涉及保密、隐私、敏感性的问题。

（3）电话调查法

电话调查法是指市场调查相关工作人员通过电话向被调查者进行问询，了解市场情况的一种调查方法。

3．访谈提纲的设计

访谈提纲一般包括：确定访谈调查目的——为什么谈；确定访员——谁去谈；确定访谈对象——与谁谈；确定访谈时间——何时谈；确定访谈地点——何地谈；确定访谈种类——怎么谈；确定访谈记录方式——怎么记；确定访谈报告方式——怎么写。如果是标准化访谈，必须用组织统一设计的访谈问卷；如果是非标准化访谈，提纲则无须有严格的分类和固定的回答方式，但要求必须把与调查主题相关的主要项目和问题列出，问题要简练、明确。

4. 访谈的步骤

① 访谈前的准备。

a. 了解调查任务、目的以及相关的背景资料，准备好详细的访谈提纲和问题，要学习与调查内容有关的各种知识。

b. 设计访谈提纲。

c. 选择并了解访谈对象。

d. 落实访谈的时间和地点，并事先通知被访者。

e. 准备好必要的用品。

f. 注意礼仪。

② 进入访谈。

③ 控制访谈过程。

④ 访谈记录。

⑤ 结束访谈。

6.3.3 文献调查法

文献调查法是指调查人员通过查阅各种文献，对媒介所传播的有关组织形象或组织发展信息进行调查统计分析的一种间接的调查方法。

6.3.4 问卷调查法

问卷调查法是调查者运用统一设计的问卷，利用书面回答的方式，向被调查者了解情况并收集信息的方法。

1. 问卷调查法的分类

通常把问卷分为自填问卷和访问问卷。

2. 问卷调查设计

① 明确目的，建立前提假设和理论框架。

② 问卷设计展开。问卷一般包括前言、主体和结语三个部分。

③ 调查问卷设计的要则。不论设计哪类问卷，提问时都应做到“十六要，十六不要”。

3. 问卷的试调查

试调查是一个不可忽略的环节，运用问卷在几十人的小范围内做试调查。它有两大好处：其一，可以找出问卷中存在的问题；其二，可以测试问卷的信度与效度。

4. 确定调查问卷张数

开展问卷调查、回收并筛选，选择符合要求的调查问卷作为有效问卷张数。

5. 如何提高问卷的回复率

设置一些额外奖励，在填写前制造一些噱头，让大家踊跃参与的同时还有额外奖励可以拿取，如现金红包、优惠券等方式都可行。以匿名方式调研，减少个人信息填写的问题设置，可提高问卷回复。

6．问卷调查法的优缺点

问卷调查的优点。问卷法节省时间、经费和人力，问卷法调查结果容易量化，问卷调查结果便于统计处理与分析，问卷调查法可以进行大规模的调查。

问卷法的缺点。面向设计的问题问卷调查比较难，调查问卷设计难，调查结果广而不深。

问卷调查经常采用由用户自己填答问卷的方式，所以其调查结果的质量常常得不到保证，问卷调查的回收率难以保证。

6.3.5 抽样调查法

1．抽样调查法的基本含义

抽样调查法是指从研究对象的全部单位中抽取一部分单位进行考察和分析，并用这部分单位的数量特征去推断总体的数量特征的一种调查方法。其中，被研究对象的全部单位称为“总体”；从总体中抽取出来，实际进行调查研究的那部分对象所构成的群体称为“样本”。

2．常用的抽样方法

① 简单随机抽样法。

② 分层抽样法。

③ 等距抽样法。

④ 配额抽样法。

6.3.6 实验调查法

1．实验调查法的含义

实验调查法是从影响调查对象的若干因素中，选出一个或几个因素作为实验因素，在其余诸因素均不发生变化的条件下，了解该实验因素变化对调查对象影响的方法。

2．常用的实验调查法

① 事前事后对比实验法。

② 控制组同实验组对比实验法。

6.4 公共关系调研评估

6.4.1 公共关系评估的标准与方法

1．公共关系工作准备过程的评估标准与方法

① 背景材料是否充分。

② 信息内容是否正确充实。

③ 信息的表现形式是否恰当。

2．公共关系工作实施过程的评估标准和方法

实施过程的评估标准：检查发送信息的数量；信息被媒介采用的数量；检查接受信息的目标公众的多少；注意到该信息的公众数量。

实施过程的评估方法：民意测验法；公众意见征询法；实验法；组织活动记录法；传播审计法。

3．公共关系工作实施效果的评估标准和方法

实施效果的评估是一种总结性的评估。这一阶段的评估标准有以下几点：

① 了解信息内容的公众数量。

② 改变观点、态度的公众数量。

③ 发生期望行为和重复期望行为的公众数量。

④ 达到的目标和解决的问题。

⑤ 对社会和文化的发展产生影响。

关于实施效果的评估方法，按照评估的实施者的不同可分为三种：

① 对象自我评定法

② 专家评定法。

③ 实施人员的评估。

6.4.2　公共关系调研的内容和过程

公共关系调查的内容：组织形象调查、公众调查、社会环境调查。

公共关系调查的程序：确立调查任务、制定调查方案、调查资料的收集、调查资料的整理和分析、撰写调查报告、总结评估阶段。

本 章 小 结

本章旨在让学生了解公共关系调查与研究。首先介绍公共关系调研的意义与一些基本原则，其次让学生了解公共关系调研的主要内容，公共关系调研中常用的方法，并分析公共关系调研结果及公共关系调研的过程和应注意的问题。

习　　题

案例分析题

有一家宾馆新设了一个公共关系部，开办伊始，该部就配备了豪华的办公室，漂亮迷人的公关小姐，现代化的通信设备……，但该部部长却发现无事可做。后来，这个部长请来了一位公共关系顾问，向他请教“怎么办”，于是这位顾问一连问了以下几个问题：

“本地共有多少宾馆？总铺位有多少？”

“旅游旺季时，本地的外国游客每月有多少？国内的外国游客有多少？”

“贵宾馆的‘知名度’如何？在过去三年中，花在宣传上的经费共多少？”

“贵宾馆最大的竞争对手是谁？贵宾馆潜在的竞争对手将是谁？”

“去年一年中因服务不周引起房客不满的事件有多少起，服务不周的症结何在？”

对这样一些极其普通而又极为重要的问题，这位公共关系部部长竟张口结舌，无以对答。于是，那位被请来的公共关系顾问这样说道：“先搞清这些问题，然后开始你们的公共关系工作。”

（张岩松. 公共关系案例精选[M]. 北京：中国社会科学出版社，2006.）

问题：

1. 如何理解公关顾问的“先搞清这些问题，然后开始你们的公关关系工作”这句话？公共关系调查队组织有何意义和作用？

2. 公关顾问所提的五个问题体现了公关调查的哪些内容？

第7章 公共关系策划

【学习目的】

公共关系活动本质对社会组织形象塑造提升起重要的作用，紧紧围绕社会组织的实际情况，策划切实可行的方案，对社会组织公共关系的目标起关键性作用。

【引例】

娃哈哈荣膺G20杭州峰会特级赞助商冠名峰会保障工作获各方肯定

2016年9月28日，杭州市G20峰会总结表彰大会在国际博览中心举行，娃哈哈以其在峰会期间的卓越贡献荣膺“G20杭州峰会特级赞助商”冠名，公司550 ML晶钻水、19 L桶装水荣膺G20杭州峰会指定产品。

作为我国承办的规格的一次国际性会议，同时也是今年重要的主场外交活动，此次G20峰会，杭州向全世界展示了历史与现实交融的独特魅力；而作为杭州本土企业的代表，娃哈哈也通过保障峰会工作用水，展示了饮料龙头企业的卓越风采。为保障峰会顺利召开，此次，公司共配送550 ML晶钻水逾700万瓶，19 L家庭装桶装水1 350桶，配送人群涵盖杭州市G20峰会领导小组下设所有组织机构及工作人员，服务约10万人，配送点覆盖杭州主城区、萧山、余杭等共计80余个，配送批次逾200次。公司产品及服务得到了组委会各部门的高度肯定和赞扬，认为公司产品安全可靠、配送规范及时、服务细致周到、沟通顺畅有序，为保障G20峰会的顺利召开做出了积极贡献。

7.1 公共关系策划概述

公共关系策划的是制订公共关系计划的过程，属于公共关系活动的重要环节，策划水平直接影响活动效果。

7.1.1 公共关系策划的含义与特征

孙武在《孙子兵法》中有一句名言就用到了“奇”——“凡战者，以正和，以奇胜”，“正”就是艰苦奋斗，“奇”就是锐意创新。“奇”字上面一个“大”字，底下一个“可”字。“大”就是要超出常人的想象，“可”就是要在常人的情理之中。

策划是通过精心安排的宣传和手段，对事件的发生、发展进行操作，是一种有效地组织各种策略方法来实现战略的一种系统工程。也是一种程序，在本质上是一种运用脑力的理性行为。

7.1.2 公关目标决策和公众界定

1. 目标决策

社会组织的公关目标指事先预计与规划、希望经过公关策划与活动之后获取的成果和达到的公关状态。它既是公关策划和活动实施的依据与目标，也是活动成果评估的重要标准。公关工作的最终目标是塑造良好的组织形象、营造和谐的社会环境，但是这个总目标不可能一蹴而就，而是经过步步努力达到的，所以在公关工作中需要确立不同时期、不同层次的目标，并保证所定目标的明确具体性和现实可行性。

（1）从公关目标实现期限的长短来说，可以把它分为长远目标、中程目标、短期目标和具体活动目标四类。

（2）从公关目标的内容来说，可以将其分为改进组织行为、优化组织环境、塑造良好组织形象、转变公众态度与行为等几类目标。

2. 公众界定

一个组织所面对的公众群体往往是多种多样的，但由于具体公关活动目标之间存在差异性，因此每次公关策划时都必须根据本次公关目标而进行公众的细分与选择。在确定所要关注与偏重的目标公众类型后，公关人员可以对其各方面的特性进行分析，以便采取适宜于他们的信息传播方式与技巧从而获取满意的活动成效。目标公众的选取一般可以考虑活动目标、组织需要和组织实力等方面的因素。

7.2 公共关系策划的运作过程

公共关系策划的过程就是针对活动目标和对象，对活动的性质、内容、形式和行动方案进行谋划与设计。这是公关策划的核心部分。需要提出策划的整体思路与基本构架并进行公关创意，然后将创意具体化、创作相关文案与宣传用品，并决定活动时机以及传播方式与媒介综合安排的问题。

7.2.1 活动模式选择

公关活动模式指的是由一定的目标和任务以及相关方法和技巧组成的综合系统，是公关实施的指导依据，社会组织的类型、公关环境与状态、目标公众类型特点等都会对此产生影响。常见的活动模式有：

① 宣传型活动模式。主要任务是进行对内对外的信息传播与沟通，促进公众对组织的了解与支持，如新产品发布会、记者招待会、发新闻稿、广告等活动都属此类。

② 交际型活动模式。主要通过人与人的接触与感情联络，为组织建立广泛的社会关系网络和良好的人际环境，其方式有团体交往和人际交往两种，分别包括招待会、座谈会、宴会、茶话会、舞会、交谈、拜访、信件往来等方式。

③ 服务型活动模式。指通过提供优质服务来获取社会的了解和好评，树立自身的良好形象，可以涉及售前服务、售中服务、售后服务以及其他便民服务等内容。

④ 社会型活动模式。指借助各种社会性、公益性、赞助性活动来扩大组织社会影响、提

高组织声誉。活动形式主要有开展组织员工活动、赞助社会公益事业和资助各类大众传媒活动三大类。

⑤ 征询型活动模式。主要是通过信息收集、舆论调查、民意测验等工作去了解组织环境，以便给企业决策提供相关依据。常见形式有开设监督、举报、投诉类热线电话、建设信访制度、开展民意测验、拜访用户和经销商、公开征求建议或厂名、商品名、广告语等。

另外，组织还可以根据自身与环境的关系来选择活动模式。建设型模式适用于组织创建初期，主要有开业庆典、招待参观、优惠酬宾等形式，目的是引起公众注意，增强公众对组织的了解。维系型模式适用于组织稳定发展时期，不时通过各类活动和宣传来维持组织已有的知名度和美誉度。防御型模式的任务是预测并设法防范可能出现的公关问题。矫正型模式适用于组织形象受到损害时的应对与处理。进攻型模式则是组织与外界环境发生激烈冲突、面临生死存亡关头所采用的以攻为守、主动出击的模式。

7.2.2　主题创意与项目分解

公关主题指的是贯穿一场公关活动的总体基调和中心灵魂。主题创意就是运用人脑的联想、直觉、想象等创造性和形象思维，考虑如何为活动设计精彩独特的主题并以此为核心安排活动项目的过程。这个过程本身没有什么固定程序和统一格式，对于公关创意活动的原则人们有许多说法，比如说应该独辟蹊径、逆向思维，想旁人所不敢想或者反其道而行之，从平凡中点化出新奇；或者说应该放宽视野，追求甚至促进改变创新；还有的说应当追求谋合效应，考虑如何运用组合法则产生综合效应，或将看似不相关联的事物经过有序的思维碰撞去产生组合的创意，等等。但无论公关主题的表现形式如何多种多样，其本质都是对公关目标、公众心理、信息个性和趣味性这几个要素的统筹融合，一个优秀的公关主题创意应该既能集中体现公关活动的目标、任务和特点，又能适合目标公众的需要，对他们产生较强的吸引力。项目分解即围绕主题进行具体活动以及步骤的设计与安排，其任务就是通过巧妙、合理地安排各项活动，完整、到位地贯彻与体现主题创意，使抽象的创意转化成为具有实际操作性的活动内容和步骤。

7.2.3　时机选择

在公关工作中，活动时机的选择是影响传播效果的重要因素之一，人们常说“机不可失，时不再来”，能否把握合适的时间、借助有利的局势对于事件的成败往往具有特别重要的意义。而时机又是蕴含在时间与情势的不断变化中的，且所谓“难得者时，易失者机”，因此能否及时捕捉和利用时机、采取相应对策就成为衡量一份公关策划水准的重要标志之一。公关活动的时机一般分为可预先选定和不可预先选定两类。对这两种不同类型时机的选择侧重点稍有不同：对于可预先选定的时机主要应注意时间区间选取的准确性，对于不可预先选定但又稍纵即逝的时机，则要强调敏锐捕捉、及时把握。常见的公关活动时机主要有下列种类：

① 组织创办或开业之时。

② 组织推出新产品、新技术、新服务和新政策，或者股票上市时。

③ 组织进行内部改组、转型、品牌延伸，迁址时。

④ 组织发生名称变更或与其他组织开展合作、兼并、资产重组时。

⑤ 组织周年庆典或周期性纪念活动之时。

⑥ 组织工作出现失误与危机、形象遭受损害时。

⑦ 国际、国内或本行业发生重大事件时。

在选择公关时机时，首先，要注意所选时机能否吸引目标公众的注意力，产生新闻传播效应。其次，要善于处理“借势”问题，在试图借助某些重大事件和节日进行公关信息传播时，如何巧妙利用这些公众焦点凸显与强化本组织的公关活动，而不是被重大事件本身的或节日的气氛分散、冲淡甚至遮蔽了活动效果，是一项富有吸引力也很有难度的工作。第三，要注意同一组织一般不要同时开展两项以上重大公共关系活动，以免分散人们的注意力，削弱或抵消应有的效果。第四则要注意考虑公众、媒体和活动开展地的风土民情问题。要避开目标公众不方便或难以参加的时机、保证他们参与活动的可能性；要考虑媒介特别是大众传媒使用的可能性问题，避开某些因其他重要新闻而使组织信息无法借助媒体公布的情况；还要考虑活动开展地的民风民俗，尽量使活动项目与风土人情相吻合以便获取良好效果。

7.2.4 编制预算

公关活动的开展涉及人力、物力与资金的使用与管理，预先对此做出预算和安排不仅有利于活动的顺利进行，还可以为活动完成后进行效果评估和成本、效益分析提供依据。常见的公关预算计划包括人员预算、时间预算和经费预算，人员预算主要针对活动所需的人力投入及人员安排问题，时间预算则针对活动开展所需的时间和进程安排，经费预算是对活动所需各项经费的具体估算。

下面简要介绍公关经费预算的内容与方法：

1. 公关预算的主要内容

① 日常管理经费。如房租、水电费、电话费、办公文具用品费、保险费、报刊订阅费、交通费、差旅费、交际费、其他通信费、资料购置费、复制费等。

② 劳务报酬经费。包括组织内部公关人员的薪金或工资、奖金及其他各种福利费，外聘专家顾问的工资报酬等。

③ 器材设施费。如购置、租借或维修各种视听、通信、摄影、工艺美术等器材，制作各种纪念品、印刷品、音像制品和各种传播行为所需的实物及用品等。

④ 具体公共关系活动项目开支经费。这主要根据活动项目大小而定，包括调查活动费、专家咨询费、宣传广告费、人员培训费、赞助费、场地租借费以及会议、布展、接待参观的费用等。

⑤ 公关活动的机动费用（一般占总费用的 20%）。用以预防和处理突发事件。

2. 常用的公关经费预算方法

① 固定比率法。指企业按其一定时期内的销售总额或利润总额的大小，以固定的百分比提取该时期公关预算经费总额。这种方法比较简便，但是提取的最佳比例较难确定。

② 项目作业综合法。即先列出项目计划，再将各项活动费用详细列出，然后核定单项公共关系活动预算和全年预算总额。因为对活动的详细费用估算容易产生误差，所以预算额度不能完全按照估算值，要留一定的变动余地。

③ 随机分摊法。指不详细分列各项具体费用，而是根据项目负责人或公关部门主管的实践经验来决定活动预算总额。这种方法比较适用于小型企业或小型公共关系活动。

④ 平均发展速度预测法。即运用历史资料计算出公共关系经费实际开支总的发展速度，然后计算出平均发展速度，再按照这一速度确定计划经费预算额。这种方法比较适用于重视公共关系并积累了一定经验的组织，可以保证公共关系活动经费每年都有适当增加。

7.2.5 策划书的撰写

正式策划书的撰写需要遵循一定的格式与内容要求。其基本内容包括：

封面：包括策划的名称与形式，策划单位或个人名称，文案完成日期，有时还可以加上简洁的说明文字和内容提要。

序言：对策划书内容要点进行简练概括。

目录：标明正文内容的条理与顺序安排，有时还可注明各部分内容所在的页码。

正文：主要包括活动的背景分析、主题、宗旨与目标、基本活动程序、传播与沟通方案、经费预算、效果预测等各项内容。

附件：例如活动筹备工作日程推进表、有关人员职责分配表、经费开支明细预算表、活动所需物品一览表、场地使用安排表、相关资料、注意事项说明等。

7.3 公共关系策划的评估

公关评估指社会组织依据一定的标准对其公关工作的过程及实际效果进行分析、评价和总结，寻找活动成败的原因，以便及时调整活动方案并为下次活动提供参考依据。公关评估首先要建立统一评估目标并获取领导认可，然后在公关部门与人员内部达成一致意见，将评估目标具体分解为可观察和测度的评价指标体系。然后根据评估的项目实际评估标准来确定评估实施的具体办法，如公关调查、分析组织公关活动实施的记录资料等。评估结果出来后应及时向组织管理者汇报，并应用于对公关活动过程的修正和指导。

1．公关评估的内容

公关评估贯穿一个组织公关活动的调查、策划、传播实施等各个工作环节和活动项目，评估的具体依据与指标因评估内容的不同而有所区别。一般来说评估的内容分为公关工作程序、专项公关活动、公关状态等几个方面，其中涉及公关计划的可行性、公关人员的工作方式和工作效果、公关策略的有效性、环节安排及衔接的完整紧密性等多项指标。

1）公关工作阶段评估

（1）准备过程的评估

① 公关调研过程评估。主要考察调研方案的设计是否合理，调研方法的选择是否恰当，调研的组织与实施是否科学，所得到的信息及结论是否可靠。

② 公关策划过程评估。主要考察目标公众的选定和分析是否准确；活动目标的确定与计划安排是否合理、可行、一致；各项材料的准备是否有针对性与充分性；传播与沟通的媒介、时间、地点、方式的安排是否适合目标公众；预算编制是否合理与精确；策划方案做得是否精彩等。

（2）实施过程的评估

主要考察实施前的人员、物品等的准备是否充分到位；各项活动实施进程的安排与管理能否符合原定计划同时又具有灵活性；各项宣传信息与资料的制作内容是否准确、合适、完整，表现形式是否恰当，数量是否充分；传播沟通活动是否达到预定的公众和目标区域；传播力度是否充分，也即发送信息的数量是否足够，覆盖面是否广泛等。

（3）实施效果的评估

主要考察注意到信息的公众数量及公众构成；收到并了解公关信息内容的目标公众数量；

信息被传播媒介所采用的情况；改变观点与态度的公众数量；发生和重复期望行为的公众数量，达到的目标与解决的问题；是否达到预期效果，存在哪些差距；成本收益状况如何等。

2）专项公关活动评估

专项公关活动评估主要包括日常公关工作效果评估、单项公关活动效果评估、年度公关活动效果评估和长期公关活动效果评估等几类。

（1）日常公关工作效果评估

日常公关工作是一些常规性的工作，评估时主要应考察的问题是：①组织内部公众之间的协调与沟通状况、人际关系、工作氛围；②组织与外部公关环境的传播与协调状况；③公关人员工作的内容、方法、努力程度、互相配合情况，以及日常工作中所收集的信息对组织管理工作的作用等。

（2）单项公关活动效果评估

与日常工作相比，单项公关活动显得更具有目标性与系统性，评估时主要考察的内容有：①项目计划的可行性，活动目标与组织战略总体目标的一致性；②专项活动的组织与管理工作情况；③传播沟通的策略制定及实施情况；④活动对组织公关状态的作用与影响。

（3）年度公关活动效果评估

年度公关活动效果评估是对组织在年度中所有的日常公关工作和单项活动的总体评估，主要涉及以下内容：①本年度公关计划方案及目标设定是否合理，最后达成的效果如何；②年度内日常公关工作成效分析；③年度内单项公关活动的类型、数量和所获成果的分析；④公关工作部门、机构及相关人员的工作绩效评价；⑤年度公关经费预算的合理性评估，经费使用具体情况，以及成本效益分析等。

（4）长期公关活动效果评估

长期公关活动效果评估是对较长时期内（一般来说是几年）的公关工作成效所做的宏观考察与总结评价，即把日常公关工作、单项公关活动、年度公关活动等各阶段、各层次的评估结果归纳汇总，进行系统综合的分析研究。

3）公关状态评估

（1）组织内部公关状态评估

组织内部公关状态评估主要考察：①组织内部公众对组织基本信息的了解与关心程度；②组织政策与指令贯彻实施的情况；③内部公众集体认同感和凝聚力的强弱，工作积极性高低与精神面貌状况；④公关意识与理念在组织各项经营管理活动中的运用情况等。

（2）组织外部公关状态评估

比较常见的有以下几类：①消费者关系评估；②媒介关系评估；③社区关系评估；④政府关系评估。

2. 公关评估的方法

对组织公关活动的评估可以采用不同的方法，人们通常把它归为以下几类：

（1）自我评价法

这种方法指的是社会组织对自身所开展的各项公关工作做出自我评定。为了得到相应的评估结果，组织可以让评估人员直接参与实施过程、进行实地考察，记录各个环节实施的状况和顺序以及进展情况；可以将公关计划和活动实际效果进行对比；可以收集组织内部员工从不同角度对活动成效的评价；可以观察公众在公关活动前后对本组织在认知、情感、态度、行为等方面的变化；还可以收集与所开展的公关活动相关的各项统计数据与资料进行综合分析，如资金平衡表、统计报表、财务活动分析、公众来信采访记录等内部资料，以及消费者、经营合作者（如原料供应商、批发商、经销商等）的信息反馈，社区公众、媒介公众、政府等外部公众的信息反馈情况等。

（2）专家评价法

这种方法需要邀请一些未承担本组织公关活动任务，但有资格、有能力对活动效果做出合理分析和评议的专家、学者等，或者向他们分头征求意见，或者召开座谈会、评议会，然后从这些意见与看法中得出对自身公关活动效果的评价。

（3）公众评价法

这种方法即在组织公关活动过程中或结束后对公众进行相关的意见调查，然后根据调查所得的数据与信息来评定活动的成果。民意测验是公众意见调查常用的方法，可以分析出公众在认知、情感、态度等方面有无变化，也可以了解公众对相关问题的意见与看法，综合分析出公众对组织的总体印象。此外，可以召开公众座谈会或者进行重点深度访谈，获取更进一步的信息。

（4）新闻媒介推断法

这种评价方法的依据在于新闻媒介对组织公关活动报道和传播的情况，主要有三条思路。第一是统计各类媒体上与活动相关的消息与报道的次数，借此来估计该组织及该活动受关注的程度；报道越多说明活动越能引起公众的注意力。第二是分析各类消息与报道的内容与色彩，推断活动所产生的社会效果；报道中提及组织的工作成就、社会贡献等正面信息越多，越有利于组织良好形象的塑造。第三是对所涉及的媒体进行类别与层次分析，从而估计组织及活动的影响范围；权威性强、发行量大、覆盖面广的传媒有利于扩散组织公关活动的影响。

公关活动程序中的这四个环节之间既相互独立又相互联结，构成了系统性、连续性和规范性的公共关系活动：公关调查是公关策划的前提与基础，公关策划方案是活动实施的指南与依据，而活动方案的实施过程与结果则是评估的主要内容与对象。每一轮工作完成以后，都将在此基础上展开新一轮的工作，使公关工作在连续中不断向前推进。

7.4　公共关系策划中的创意案例

案例 1　海天味极鲜冠名天籁之战：在我的节目里随鲜所“欲”

随着东方卫视《天籁之战》前七期的热播，2016 年度最大的综艺黑马已呼之欲出。半决赛和决赛临近，这档以“星素大战、素人逆袭”为看点的音乐挑战节目正在冲刺中国电视市场暌违已久的现象级节目的桂冠。随着节目的热播，独家冠名该档节目的海天味极鲜酱油也日渐被媒体搬上版面！海天味极鲜酱油是上市公司海天味业旗下的一大热销单品，据悉，之所以敲定冠名《天籁之战》，取决于海天味极鲜酱油“鲜”的品质特点与节目中星素较量“惟鲜不败”的理念一致。节目开播以来，“鲜”这个概念因为海天味极鲜的冠名不断被提及，甚至有机融合到节目情节当中成为内容的一部分而颇受好评。那么，海天味极鲜酱油时如何在这样一档音乐节目中做到随“鲜”所欲的呢？

带领调味品行业综艺合作“五连冠”

在当前综艺节目盛行的环境下，品牌冠名成为各大商家打响品牌声誉、争夺市场的主战场，我们经历了家电大战、冰箱大战等多个同行业竞争盛事。而海天味业作为调味品行业的绝对领头羊，不仅在市场上有多个单品上远超排名之后的其他品牌，更是在进军综艺的步伐上一马当先，仅仅2016半年时间就实现“五连冠”，让业界直呼“生猛”。

从海天味业已有的冠名节目看，并不是单纯在“大综艺”上盲目投放，而是先在节目的时间段、主要受众与收视市场等基础选择上进行排除，再根据所知节目内容来评判节目与产品的高度契合，最后才是从节目的体量与预判的收视趋势来确定收视保点！

品牌冠名综艺节目不是一种单向的广告投放，而是品牌与节目内容的双向共鸣。无论是海天蚝油“一招定鲜”的产品卖点与《我们战斗吧》“一招致胜”的节目理念的融合，还是海天黄豆酱“欢乐豆”与《四大名助》消除烦恼黄豆锤等道具的有机融入和自然使用，以及《天籁之战》中紧扣“鲜”理念，提出的“极鲜开唱”“鲜动时刻”“鲜锋时刻”情节等，无一不是双向影响，互相共鸣。

官微粉嫩出境，互动“鲜”享不停

官微作为企业对接消费市场最直接的窗口，企业冠名综艺节目，从官微传出的与节目合作相关的内容也是非常关键的战场。在海天味极鲜冠名东方卫视《天籁之战》的过程中，海天味极鲜新浪官微不断以自身的“酱油心”多次粉嫩出境，调侃粉丝观众。甚至还在炒作中多次利用软文互动“鲜”享不停。

企业品牌冠名综艺节目最终目的是为了市场，官微内容炒作就是最直接有效的媒介，而且是不同于常规广告传播的更深入人心的媒介影响。如何运用好官微这个工具为大IP合作加分，海天的做法有一定的参考价值。

领创新“鲜”的洗脑广告形式

企业品牌与综艺节目的最直接权益体现即是硬广标版，也即是广告TVC片，在海天味极鲜冠名东方卫视《天籁之战》的广告片中，我们也看出了海天味极鲜为了打造与节目的高度契合传播所做的努力！广告片选取了中国人最熟稔于心的旋律，结合海天味极鲜特别适用于“点蘸凉拌”的特点，把广告诉求唱出来，无论从内容上、形式上、画面上都紧扣海天味极鲜与《天籁之战》的合作契合点，播出伊始，其“鲜鲜鲜鲜～”的鬼畜节奏，就领创了的神曲洗脑的新高度，观众或许会忘记《天籁之战》节目中星素演唱的曲目，却一定忘不了插播的海天味极鲜广告神曲的魔幻之音。

无法抵挡的多式美味，“天籁吃货”养成

综艺节目中，检验冠名商冠名植入效果的最好标准，就是明星是否会受到冠名商品牌或产品的影响，这是观众观看节目时最深的印象体验。由明星的切身感官反馈传递给消费者的植入印象回忆比起硬广更为深刻。海天味极鲜植入《天籁之战》时非常机智地针对了“每个人心中都有一个吃货”的点，融合产品点蘸、凉拌适合现场食用的特点，成功在“天籁唱将”中打造出一批“天籁吃货”！让每一期《天籁之战》的音乐冒险停不下来的同时，鲜美味蕾体验也根本停不下来！

案例2　韵动中国·中国银行杯2018年巩义国际马拉松赛成功举行

2018年10月21日，韵动中国·中国银行杯2018年巩义国际马拉松赛在美丽的长寿山下开幕。本次比赛由郑州市体育局、巩义市政府主办，中国银行独家冠名。

上午 8 时，马拉松赛鸣笛开跑，近万名来自世界各地的马拉松爱好者从巩义市政府广场出发，奔跑于巩义街巷之中，在快乐运动的同时感受河洛汇流之地巩义的悠久历史和秀美景色。近 200 名中国银行员工参加了本次马拉松比赛，现场感受大赛热烈氛围。

为提供高水平、全方位的金融服务和支持保障，中国银行成立金融服务工作小组，组织志愿者在现场进行金融服务，组织啦啦队为参赛选手加油助威。

本次活动中，中国银行手机银行成为一道靓丽的风景线。作为中国银行综合金融移动门户，扫码取现、生活缴费、余额理财、中银慧投、跨境金融等 95%的非现金业务都可通过手机银行办理，真正实现“一机在手，共享所有；一机在手，走遍全球”。活动当天，中国银行手机银行展台吸引了众多客户，大家积极扫码下载 APP，咨询手机银行功能，表现出浓厚的兴趣。

本章小结

本章旨在掌握公共关系的策划，了解公共关系策划概述，掌握公共关系策划的运作过程，并通过公共关系形象的策划和公共关系策划中的创意，成功完成实际的策划文案。

习　题

案例策划题

农历八月十五，是中华民族重要的传统佳节——中秋节。中秋之夜，人们会仰望夜空，欣赏如玉如盘的皎月，异乡的游子会期盼家人团聚，借此寄托自己对故乡和亲人的思念之情，所以，中秋又称“团圆节”。在唐代，中秋赏月、玩月颇为盛行。北宋，八月十五夜，满城人家，不论贫富老小，都要焚香拜月说出心愿，祈求月亮神的保佑。南宋，民间以月饼相赠，取团圆之义，有些地方还有舞草龙、砌宝塔等活动。明清以来，中秋节的风俗更加盛行，许多地方形成了烧斗香、树中秋、点塔灯、放天灯、走月亮、舞火龙、猜灯谜等风俗。

广州酒家，中华老字号，始创于 1935 年，素有“食在广州第一家”的美誉。荣获“中国十大餐饮品牌企业”、“中国驰名商标”、“中国老字号新榜样”、“全国用户满意服务企业”、“全国商贸流通服务业先进集体”等称号。为了巩固广州酒家的月饼市场占有率，进一步提升品牌形象，扩大公司的市场影响力，广州酒家准备在中秋佳节之际举办系列公关宣传活动。

建议以小组为单位，为广州酒家策划一份可行性高的公共关系策划方案，达到提升企业形象的目的。

第8章 公共关系实施与评估

【学习目标】

理解公共关系实施的过程；认识公共关系计划实施的模式；了解公共关系效果评估。

【引案】

海底捞公关危机

海底捞凭借着特色的服务和氛围，在火锅界拥有着自己的一方天地。

海底捞被媒体强势曝光卫生问题，北京海底捞：老鼠爬进食品柜，火锅漏勺掏下水道。此消息一出，许多爱吃海底捞火锅的朋友们表示整个人都不好了，这样还敢去吃吗？

在群众强势围观下的海底捞，及时发布声明，对“出现老鼠等卫生问题”道歉，表示愿意承担经济责任和法律责任，并对所有门店进行整改。

8.1 公共关系计划实施

1. 公共关系的定义

公共关系就是在公共关系活动策划方案被采纳后，将方案确定的内容变为公共关系实践的过程。

2. 公共关系计划实施的模式

公共关系活动的战略模式：建设型公关、维系型公关、防御型公关、进攻型公关、矫正型公关。

战术型公共关系活动模式：宣传型公关、交际型公关、服务型公关、社会型公关、征询型公关。

3. 公共关系实施的过程

实施的准备阶段：实际上是形成公共关系实施方案的一个过程，在这个过程中需要对公共关系策划方案中涉及的公共关系活动项目等进行细化，使之更为具体和系统。公共关系实施方案又称公共关系策划的实施文案或公共关系技术文案，它是保证公共关系实施取得成功的关键。

实施的执行阶段：①实施人员应该认真注意外部因素的干扰；②在公共关系活动实施的执行阶段，实施人员按照设计好的实施方案，要严格控制工作进度，落实各项措施；③实施人员应该做好实施过程的检查工作，检查计划完成的进度。

实施的结束阶段：每一项公共关系活动实施结束，都要将实施执行的情况进行总结，比如，执行过程中的一些突发事件、经费预算过少、新闻媒体宣传时出现问题等，将这些情况汇总成报告形式如期、如实地上报，为下一步的效果评估做好相应准备。

8.2　公共关系效果评估

8.2.1　公共关系评估的概念

1. 公共关系评估的含义

根据特定的标准，对公共关系策划、实施及效果进行衡量、评价和估计。即在肯定成绩的同时，发现新的问题，不断地调整组织的公共关系目标、公共关系政策和公共关系行为，使组织的公共关系成为有计划的持续性的工作。

2. 公共关系评估的内容

① 工作程序的评估。就是要对公共关系工作的各个步骤的合理性做出客观的评价。公共关系评估是一个连续不断的活动，一旦进入公共关系工作过程，评估活动也就开始了。

② 活动类型的评估。按公共关系活动形式，可把公共关系划分为日常公共关系活动和专项公共关系活动；按公共关系计划时间的长短，可把公共关系划分为年度公共关系活动、长期公共关系活动。

③ 状态的评估。对主要公共关系状态进行评估，旨在通过各类公众关系的变化来评估以往公共关系工作的成效，公众关系状态分析应分两步进行：内部公众关系评估与外部公众关系评估。

④ 机构工作绩效的评估。对公共关系活动分项评估与对机构的工作绩效进行评估，便于清点公共关系机构人员的工作效率、实际能力、策略手段等。定期对此做出评估分析，对改进机构工作效率和提高水平很有帮助，主要包括市场营销分析、广告研究、新闻宣传、专题活动、管理绩效。

3. 公共关系评估的三个阶段

公共关系评估指的是根据特定的标准，对公共关系的整体策划、传播（实施）及活动效果进行测量、检查、分析和评价的过程。而公共关系的效果评估，也是下一个阶段的公共关系的调查研究工作内容。随着信息技术越趋便捷与高效，以及公共关系评估研究的文献资料的迅速发展，信息技术为公共关系职业人员所掌握，这在很大程度上提高了人们对评估的兴趣与认识。越来越多的行政主管对缺少证据支持的结论持怀疑态度，越来越多的公共关系从业人员意识到评估研究的重要性，评估已成为公共关系实务活动中的四个环节之一。

如何开展评估研究，先解剖一下卡特里普等对公共关系评估研究所做的阶段划分，如图 8-1 所示。

在准备阶段，所要考虑的是：背景材料是否充分？有没有遗漏的目标公众？提供给媒介的材料是否都准备好了？信息内容是否正确？信息表现形式是否恰当？在这一阶段，公共关系从业人员应该对资料的充分性、合理性和有效性有切合实际的把握与评估。

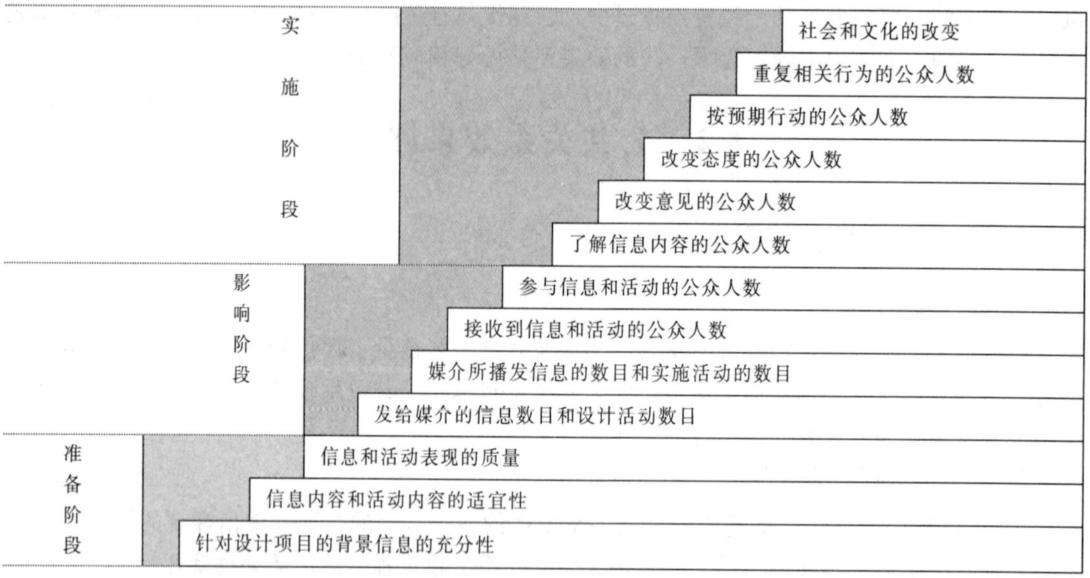

图 8-1　研究公共关系评估所做的阶段划分

在影响阶段，评估研究体现了定量化的特点。需要统计发送信息的数量与信息的实际运用。如果这两个数据差距不大，说明信息内容的合适度、制作的质量还是较高的，反之在活动中被采用的少，就得对信息内容、编写与制作水平做客观分析。统计接收到信息的公众数据，可以了解信息传播和活动开展的影响面。再统计参与组织活动的公众数据，信息传播的实际影响面有多大，就显现出来了。

在实施阶段，首先对传播在知晓、态度、行为三个层次分别做定量化的统计。按预期的行为的公众数进行统计，了解有多少公众采取了我们所期望的行为。而重复相关行为的公众人数的统计，是统计有多少公众的行为已非偶然的、心血来潮的、受他人影响的因素，已真正认可组织并有良好的评价，再次发生了组织所希望的行为。最后，对组织目标的实现与社会文化的发展是否相一致进行评估，即有没有获得良好的社会效益。有益于社会发展这是组织的最高境界。

8.2.2　公共关系评估的基本步骤

公共关系评估的基本步骤仍然参考卡特里普、森特和布鲁姆在《公共关系教程》一书中的阐述，他们将公共关系评估的步骤分为十个步骤：

① 设立统一的评估标准。如果目标不一致，不能形成共识，则会影响评估的效率与效果。

② 确保组织对评估的承诺并使研究成为项目的基础。评估不是公共关系计划的附属或某一补救措施，而是公共关系计划的重要组成部分。

③ 在部门内取得对评估研究的共识。公共关系从业人员必须接受评估研究的概念，并在这一项工作中要有足够的工作时间扎扎实实地展开研究。

④ 用可以观察和可以测定的术语写出项目目标。在规划的过程中要做到明快和精确，特别是为目标公众撰写具体目标时。

⑤ 选择最适当的评估标准。

⑥ 确定获取证据的最佳途径。方法有抽样调查、实地试验、案例研究或组织的记录等。方法的选择取决于评估的问题和目的；评估的标准；调研成本。

⑦ 保持完整的计划实施记录。完整的文件材料能有助于确认什么工作已完成或未完成，有助于减少选择性理解和个人偏见的影响。

⑧ 评估结果的使用。公共关系活动的每一个周期都应比前一个周期表现出更大的影响力，这是因为运用前一个周期评估的结果对后一个周期进行了调整的缘故。

⑨ 向组织管理层报告评估结果。这样做一方面可以保证组织管理者及时掌握情况，有利于全面的协调；另一方面也可以说明公共关系活动在实现组织目标中的重要作用。

⑩ 丰富专业知识。公共关系的科学管理将导致人们对这一活动及其效果的深入理解；而效果评估的成果又进一步丰富了公共关系专业知识的内容。

公共关系评估的步骤与评估的内容会因公共关系工作类型、传播方式不同而有所区别。上面的十个步骤可作为学习和开展实务活动的参考。

8.2.3 公共关系评估的标准

1. 准备阶段的评估标准

① 背景材料是否充分。

② 信息内容是否正确充实（强调的是信息的合理性。整个评估过程要紧紧围绕“公共关系活动是否适应形势要求”而展开）。

③ 检验信息的表现形式是否恰当（这一过程是准备过程评估的最后一个环节，其重点是信息表现形式是否合理、新颖，是否能达到引人注目、给人以深刻印象的要求）。

2. 实施过程的评估标准

检查发送信息的数量、信息被媒介采用的数量、检查接受信息的目标公众的多少、注意到该信息的公众数量。

3. 实施效果的评估标准

① 了解信息内容的公众数量

② 改变态度的公众数量

③ 发生与重复期望行为的公众数量

④ 达到的目标与解决的问题。

⑤ 对社会发展产生的影响。

8.2.4 公共关系评估的方法

1. 三阶段法

美国学者卡特里普和森特所著的《有效公共关系》将评估分为三个阶段 14 个层次（见图 8-2），对不同的阶段，提出一些评估的标准和方法。

2. 形象评估法

（1）图表检测法。是一种将可以量化的公共关系目标和实际进度绘在同一图标上，以直观、形象地评价公共关系效果的方法。

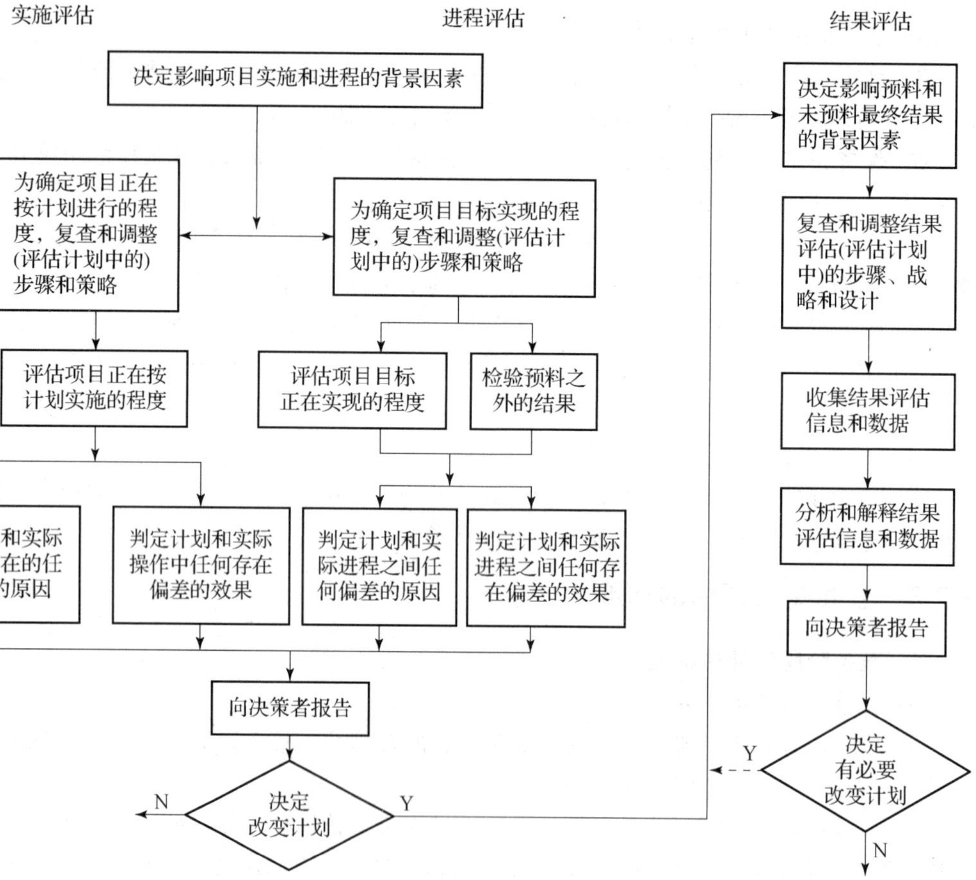

图 8-2　三阶段评估法

（2）企业媒体声望指数（MI）。是对一段时间内企业媒体声望相对大小的量化评估。MI 为 100，处于行业平均水平；大于 100，高于行业平均水平；反之，小于 100 则低于行业平均水平。它通过对媒体的监测获取基础信息，根据一定的标准，对基础信息进行逐条分解和评定，然后汇总一段时间内的结果，最后计算出行业平均值，以及各企业的相对值，从而达到全面了解企业公关状况的目的。

（3）专家评估法。这类方法是由各学科，各领域的专家汇同公共关系人员等组成专门评议组，对公共关系工作成果进行评估。

3．民意测验法

按调查法的要求，在选定的公众群体中，选择一定数量的测验对象。用问卷、表格等方式，征求他们对指定问题的意见、态度、倾向，再做出统计、说明，最后分析公共关系活动的效果。

4．公众意见征询法

公共关系人员通过与公众代表的对话，征询广大公众的意见。又可分为“公众代表座谈会”和“公众询问法”，前者可以制度化，并有效地控制与会者的代表性；后者则是以口头、电话等方式，就固定问题，随机地向被询问者提问，然后将公众意见汇集、整理，形成综合意见。

5．实验法

利用事物、现象间客观存在的相互关系，通过调节某个变量（如公共关系活动前后，某个企业的声誉），测定另一些量（如产品销售量、订货量）的增减。实验法可以在经历和未经历公共关系活动的两组公众之间展开。

6. 组织活动记录法

在组织实施公共关系活动前后，坚持在组织的日常活动中，记录有关标志和指标的变化。全面、准确的活动记录是重要的效果评估资料，如学校的报考人数、企业的产品销售额、宾馆的投宿人数。进行评估时，要依据记录的资料，选择一定的标准进行比较，然后得出评判结论。

7. 传播审计法

通过大众传播媒介发布的本组织的统计分折，来评估组织公共关系信息传播情况。

8.2.5　公共关系评估的成果报告

公共关系评估报告的格式如下：

① 封面。包括评估书或项目的题目、评估时间、评估人（单位名称）以及保密程度、报告书编号。题目要反映出评估的范围和对象。

② 评估成员。反映哪些人参加了评估工作，负责人是谁。

③ 目录。

④ 前言。反映评估任务或工作的来源、根据、方法、过程以及其他特别需要说明的问题。

⑤ 正文。包括评估的原则、方法、范围、分析、结论、存在的问题、建议等。

⑥ 附件。证明材料。

⑦ 后记。致谢参加人员及相关单位等。

本章小结

本章内容主要集中在公共关系的实施与评估，先了解公共关系计划如何实施并对公共关系的效果进行合理性评估。

习　　题

案例分析题

日本东京的奥达克余百货公司就是通过开展防御性公共关系，不仅使公司避免了一次危机事件，还为公司赢得美誉。

一次，一位名叫基泰丝的美国记者来到日本东京的奥达克余百货公司。她买了一台“索尼”牌唱机，准备作为见面礼送给住在东京的婆家。售货员彬彬有礼，特地为她挑选了一台未启封的机器。

回到住所，基泰丝开机试用时，却发现该机没有装内件，因而根本无法使用。她不由得火冒三丈，准备第二天一早就去“奥达克余”交涉，并迅速写好了一篇新闻稿，题目是《笑脸背后的真面目》。

第二天一早，基泰丝在动身之前，忽然收到“奥达克余”打来的道歉电话。50 分钟以后，一辆汽车赶到她的住处。从车上跳下“奥达克余”的副经理和提着大皮箱的职员。两人一进客厅便俯首鞠躬，表示特来请罪。除了送来一台新的合格的唱机外，又加送蛋糕一盒、毛巾一套和著名唱片一张。接着。副经理又打开记事簿，宣读了一份备忘录。上面记载着公司通宵达旦地纠正这一失误的全部经过。原来。昨天下午 4 点 30 分清点商品时，售货员发现错将一个空心货样卖给了顾客。她立即报告公司警卫迅速寻找，但为时已迟。此事非同小可。经理接到报告后，马上召集有关人员商议。当时只有两条线索可循，即顾客的名字和她留下的一张“美国快递公司”的名片。据此，奥达克余公司连夜开始了一连串无异于大海捞针的行动：打了 32 次紧急电话，向东京各大宾馆查询，没有结果。再打电话问纽约“美国快递公司”总部，深夜接到回电，得知顾客在美国父母的电话号码。接着又打电话去美国，得知顾客在东京婆家的电话号码。终于弄清了这位顾客在东京期间的住址和电话，这期间的紧急电话，合计 35 次！

这一切使基泰丝深受感动。她立即重写了新闻稿，题目叫做《35 次紧急电话》。

问题：结合案例，分析美国记者基泰丝对奥达克余百货公司而言曾处于哪几个不同的公共关系发展阶段？请评估此公司在不同的阶段采取公关活动效果是否一样？

第9章 公共关系专题活动

【学习目标】

理解公共关系专题活动的内容；认识庆典活动、赞助活动的注意事项；了解新闻发布会的流程。

【引例】

鼎优（肇庆）新能源创新研究院成立

2018年5月12日上午，鼎优（肇庆）新能源创新研究院成立仪式在广东省肇庆市高新区举行。广东省肇庆市市委常委、肇庆市高新区党工委书记李奔与之信控股集团董事长章根江出席仪式并讲话，高新区区领导王哲、关键、陈汉华、陈晧、邹云容、袁东胜以及新能源行业嘉宾、专家参加仪式。

鼎优（肇庆）新能源创新研究院将集合国内外新能源领域的专家、教授，探讨研究新能源前沿技术，为产业发展指明方向，致力于成为珠三角地区最具代表性的系统集成、多元开放的新能源汽车整车和关键零部件研发、试验、检测、认证及成果转化平台。

鼎优（肇庆）新能源创新研究院将对新能源汽车、关键零部件（电机、电控）、新能源动力电池、储能电池目前存在的技术瓶颈进行深入研究，加快推进产业化进程。进一步拉长汽车产业价值链，在整车、电机、电控、电池等关键技术形成比较优势，并为集团新能源产业提供汽车项目、产品规划、工艺设计等专业技术服务。

鼎优（肇庆）新能源创新研究院发展目标是建设成为国内领先的新能源技术研发创新基地，为“新能源动力产业小镇”发展建设助力，助推我国新能源产业实现跨越式发展。

广东省肇庆市市委常委、肇庆市高新区党工委书记李奔表示将大力支持鼎优（肇庆）新能源创新研究院发展，也希望研究院把更多的研发资源、科技产品和成果转化放在肇庆高新区，抢占新能源产业发展的制高点，为肇庆高新区打造新能源产业高地提供支撑。

鼎优（肇庆）新能源创新研究院的设立，将为集团新能源汽车产业再添风采，为肇庆高新区打造千亿级产业集群增添无穷的信心！

9.1 公共关系专题活动概述

公共关系专题活动从广义上讲可以指明任何经过公关人员精心策划的公关活动。实际中，有些公关活动中公关人员处理的日常事务，并不需要对活动的目标、过程和手段进行事先的详尽考虑，只有某些特殊的活动形式才需要精心策划。在这个意义上，公关专题活动，应包括任何具有明确主题和经过周密策划而实施的公关活动。狭义的公关专题活动，是指明围绕某一明确主题且必须经过公关人员的精心策划才能实现的特殊公关活动，其目的是为了树立良好的组织形象，扩大社会影响，同某一部分公众进行重点沟通和协调。

公关专题活动是指服务于组织整体公关目标的各项专题活动的总称。相对于公关危机事件的突发性而言，公关专题活动是组织有目的、有计划地开展的，具有主动性、积极性、进攻性和开拓性的特点，能最大限度地发挥公关人员的主观能动性，体现公关人员的智慧，因此，无论是从理论上还是从实践上，公关专题活动的策划、计划、安排、设计都具有异常重要的作用。

而且许多专题活动都是大型活动，它要求公关人员进行周密的计划，新奇的构思和策划。在举办公关专题活动时，既要精心选择专题活动的具体形式，又要对所选择的活动加以认真的设计和组织策动。所以，能否成功地举办多种形式的公关专题活动，通常是对公关人员综合能力的考验。

9.2 庆典活动

现代企业的庆典活动一般分为节庆活动和纪念活动、典礼仪式等。各国各民族各地区的节庆名目繁多，大致可分为官方节日和民间传统节日两大类。节庆日是开展公关活动的极好时机，各种重要的节日都可以策划开展相应的公关活动。

另外，还有很多地方根据各自的地理文化环境、习俗、民间传统、土特产、民族等特点举办具有浓郁地方特色的特殊节庆活动，如哈尔滨冰雪节、北京地坛庙会、山东潍坊风筝节、浙江慈溪、余姚的杨梅节、广东荔枝节等。

纪念活动即利用社会上或本行业、本组织各种具有重要纪念意义的周年纪念日开展公关活动。此外，可用于企业公关专题活动的重要典礼仪式很多，如奠基典礼、落成典礼、就职仪式、周年庆典、签字仪式、颁奖仪式等。

企业还可以利用社会上相关部门开展的活动，如电影节、艺术节、戒烟日、植树日、爱鸟周、和平年、质量效益年等。

庆典活动是社会组织公开亮相的重大活动，能引起人们的特别关注，因此，需要做周密的安排和组织。

① 拟定出席庆典仪式的名单。

② 按照宾客名单写出请柬。

③ 确定主持人、发言代表及亮相人物。

④ 邀请致辞的来宾准备好答辞。

⑤ 拟定程序和接待事宜。

典礼的程序依据具体的形式要求来确定。一般程序为宣布典礼开始、宣读重要来宾名单、致贺词、致答词、鸣炮剪彩。

⑥ 确定剪彩人员。

⑦ 安排助兴节目。制造气氛的辅助活动，如敲锣打鼓、挥舞彩旗、舞龙、舞狮等。

⑧ 组织参观。

⑨ 通过座谈会、留言簿的形式广泛征求意见与建议。

9.3 赞助活动

公关赞助是指组织通过无偿地提供资金或物质对各种社会公益事业作出贡献，以提高社会声誉，树立良好社会形象的公关专题活动。公关赞助是举办专题活动最常见、最重要的形式之一，因为它既可以为社会公益事业的顺利进行提供保障，同时又可以为各类组织的不断发展创造和谐的社会环境。因此，越来越多的盈利性组织纷纷以自己收益的一部分回馈社会公益事业，以表示它们乐于承担一定的社会责任和义务。

9.3.1 公关赞助的重要作用

企业之所以对社会公益事业慷慨相助是因为赞助对塑造组织的公关形象具有特别重要的作用。

① 通过赞助社会公益事业，能够表明组织作为社会成员愿意为社会的发展做出相应的贡献，乐于在承担企业社会责任的同时追求企业的社会效益。

② 通过赞助社会公益事业，能够证明组织的经济实力，赢得社会公众的信任。

③ 通过赞助社会公益事业，能够提高社会资源的利用效率。

④ 通过赞助社会公益事业，能够大大提高组织的社会知名度和提升组织的整体社会地位。

⑤ 通过赞助社会公益事业，能够增强企业宣传的说服力和影响力。

⑥ 赞助有助于产品的销售。

9.3.2 公关赞助的类型

公关赞助可以存在于组织活动的方方面面，是组织的重要公关活动手段，使用得当对组织和社会都有益，否则就会适得其反。因此，掌握公关赞助的分类与方法至关重要。

从赞助的对象来看，赞助的类型可分为：

① 赞助环保。

② 赞助文艺。

③ 赞助科教。

④ 赞助公益。

⑤ 赞助体育。

从赞助的形式来看，赞助的类型可分为：

① 组织参加赞助，即对其他组织或企业的赞助邀请做出响应。

② 组织发起赞助，即一个组织为实现某项公关目的而主动发起的赞助活动，是创意性的。

9.3.3 公关赞助的策划

1. 赞助的目的

公关赞助的目的总的来说就是促进理解，提高声誉，树立形象。但是每一次赞助活动往往还要选定一个具体的目标。

2．筹备与实施

（1）组织参加赞助

对于组织参加的赞助应从以下方面着手进行筹划：

① 要考虑所赞助的活动与本组织能否很和谐自然地使公众联想在一起，能否对本组织产生有利的影响。

② 要考虑所赞助的活动的社会影响，如媒介报道的可能性、报道频率和报道的广泛性，受益人是谁，受影响的公众的分布情况，影响的持久程度，活动本身能否引起人们的注意，能否产生“轰动效应”等。

③ 要考虑本组织在活动中与公众见面和直接沟通的机会有多少，以及赞助费用的多少和赞助的形式。

④ 要考虑赞助的监督情况，如通过何种方式对赞助活动予以控制？赞助活动是否合法？发起单位的社会信誉如何？赞助费用如何落实到受益人等。

⑤ 应考察赞助活动对本单位的产品销售有无赞助价值。如果发现值得赞助，便可着手落实赞助。在具体落实赞助时应有专人负责，落实过程中要主动了解活动的筹备与进展情况，争取把握有利机会。

⑥ 赞助活动结束后，还应对参加赞助的效果进行评价。一方面依据媒介报道和广告传播的情况测定，另一方面要对参加赞助的全过程进行回顾和总结。

（2）组织发起赞助

对于组织发起的赞助应该从以下方面着手去争取赞助：

① 主办单位要有良好的形象。在举办赞助时通常有发起者（或倡议者）、主办者、协办者之分，这仅仅是角色和所起作用不同而已，无论哪种角色都应有良好的组织形象，使公众感到企业确实是在参与社会公共事务。

② 赞助活动本身要有吸引力和周密的计划。赞助的目的是什么？赞助的时间是如何安排的？主协办单位名称是什么？赞助的性质和方式以及活动方案的设计等都必须有一整套的策划。一般来说可用发邀请信或公开募捐两种形式争取赞助。无论哪种形式，让对方了解活动本身是很重要的。

③ 应争取得到媒介及各种权威性公众的支持。媒介和权威性公众通常会成为很好的舆论领导者，左右着其他人的思想行为。

④ 赞助活动的具体负责人（直接与赞助人打交道）应该有良好的个人形象，以期在具体的游说、解释、沟通和宣传过程中得到公众的接受，并能在最大程度上影响公众的支持程度。

⑤ 赞助活动必须给赞助人（单位和个人）可以看得见的“实惠”。如果是无偿赞助，应发给捐助纪念证书；如果是有奖赞助，应发给对号券，使之有中奖机会等。这样，赞助就会成为互益性的活动，这是争取赞助的重要手段。

3．注意事项

赞助各种有益的社会事业，在推动社会公益活动发展的同时可使本组织同步成名，这是一种行之有效的公共关系手段。任何组织为使公关赞助取得成功都要遵循一定的规则，进行赞助活动须注意以下原则：

① 传播目标明确。即所赞助的项目须适合本组织的特点和需要，有利于提高本组织的社会影响，或有利于扩大业务领域。

② 受资助者的声誉和影响。要认真研究和确认被赞助的组织、个人或社会活动本身

是否具有良好的社会声誉，是否有积极、广泛的社会影响，保证赞助活动取得良好的社会效益。

③ 本组织的经济承受力。要考虑赞助额是否合理、适当，本组织能否承担，避免做力不从心的事情。

④ 别具一格的赞助方式。一般来说，凡是符合社会及公众利益的赞助活动，都会引起社会各界特别是新闻界的关注。但是，如果能够以新鲜、别致的方式来实现赞助，效果必定会更好。所以，赞助方式切忌雷同。

9.4 展览活动

9.4.1 展览活动的特征及类型

1. 展览活动的特征

组织主办展览活动是因为展览活动具有其他传播活动所不具备的特征：

① 展览活动是一种复合型的传播方式。

② 展览活动是一种非常直观、形象和生动的传播方式。

③ 展览活动能给某一组织提供与公众进行直接双向沟通的机会。

④ 这是一种高度集中和高效率的沟通方式。

⑤ 展览活动是一种综合型的大型活动，往往能成为新闻媒介追踪的对象，是新闻报道的好题材。

2. 展览活动的类型

展览活动可以从不同的角度划分为不同的类型：

① 从内容上划分，可分为综合性展览和专题性展览。

综合性展览通常是由专门性的组织机构或单位负责筹办，不同组织应邀参加的一种全方位的展示活动。综合展示的规模一般很大，参展项目繁多，参展内容全面，综合概括性强。例如世界著名的“日本筑波国际博览会”、我国举办的“改革开放成果展览会”等，都是在世界范围内全面展示一个国家、地区的优秀成果的展览活动。

专题性展览通常是由组织或行业性组织围绕某一特定专题而举办的展示活动。与综合性展览相比，它内容较为单一、规模较小，但更要求主题鲜明、内容集中而有深度。例如我国举办的“中国酒文化博览会”，就是专门以酒为核心，通过酒来展示企业文化和中国传统的酒文化。

② 从展览规模上分，可分为名城街、博览会、陈列室、样品室、橱窗等。

名城街是指具有重要文物价值的历史城街。例如北京的文化街“琉璃厂”，安徽屯溪市的“宋城”老街，天津市的“食品街”，等等。它们不仅是我国历史发展的活见证，而且更是大型的城街博览。

博览会就是大型的展览会。

陈列室是小型的展览，是由某个组织为展示自己的发展历史或产品的更新换代状况而设立的。

样品室也是小型展览，主要展示企业准备销售的产品样品，以供选择。

橱窗分为宣传橱窗和商店橱窗两种。宣传橱窗是某组织为了进行某种宣传而设立的。商店橱窗是商店为配合销售而设置的展览橱窗，被称为商店的“门面”和“广告”，有引导消费的作用。

③ 从展览时间上分，可分为长期固定形式的展览、定期更换部分内容的展览、一次性展览。

④ 从展览性质上分，可分为展览会和展销会。

展览会是指展览的目的是宣传，不是销售，也就是说，参观者只能观看展品，不能购买展品。

展销会则是我国销售花色品种较多、选择性较强的工业品的一种零售方式。具体的做法是把展销的商品分类设立专柜，标明生产单位，对比陈列，边展边销，让消费者在评比中选购，在选购中评比。

9.4.2 展览活动的筹划

展览活动综合运用各种文字、图片、实物模型、讲解、幻灯片、录像、音响、环境布置、现场示范、现场咨询等传播手段，具有较高的知识性、趣味性、实用性，能广泛吸引公众的注意力和兴趣，并为公众提供一个详细了解、咨询、交流的机会。无论是推广产品或宣传形象，均是一种常用的传播形式。组织的展览活动可分为主办展览活动与参与展览活动。

这里介绍组织主办展览活动的筹划。

① 确定展览会的主题与目的，确定参展单位、参展项目与参展标准，然后采取广告和给有可能参展的单位发邀请信的方式召集参展者，并明确告知展览会的主题与目的、展览会的类型、展览会的要求与费用等。在确定展览会的时间和地点时要考虑到交通情况、服务设施和天气情况以及时间的长短等。

② 认真培训工作人员如讲解员、接待员和有关专业人员等。准备展览会的辅助设备和相关服务，并将样品、样本、货单及宣传材料准备齐全，制定展览会的经费预算。如有条件，应在参展前对目标客户发出邀请，以取得更好的展示与贸易效果。

③ 认真设计布展。要围绕展览的主体，精心选择展品和制作展览图片、文字说明、实物模型，准备影视、音响资料等。然后根据展览大纲撰写布展脚本，统筹美术、摄影、灯光、音响、装修等方面的工程人员进行展厅布置。

④ 做好宣传。展览一般是固定在某一场馆的，必须招徕观众，才能达到传播的目的。因此对展览活动本身要有足够的宣传影响，通过新闻传播、广告、海报、传单、邀请函等方式将展览会信息传递出去，吸引观众，扩大影响。为此，应设立专门机构并随时开放，充分利用一切可以扩大影响的机会，如人数达到一定的数量或是重要人物出现等进行特别报道，加大宣传力度，一些大型的展览会还可以举行记者招待会。

⑤ 搞好接待。展览活动需要面对人数众多的观众，接待任务非常重要。

⑥ 展览活动结束后，公关人员应当注意收集新闻媒介对展览活动的有关报道、对于闭幕式的报道以及各种评价，总结经验教训，存档保留，作为下次举办展览活动的参考依据。

9.4.3 组织参与展览活动

为使参展活动成功，企业应把握住以下环节：

1．了解特征

若要充分利用展览会，必须了解展览会的特征。展览会有别于其他营销方式，它是唯一充分利用人体感官的营销活动，人们通过展览会对产品的认知是最全面、最深刻的。同时，展览会又是一个中立场所，不属于买卖任何一方私有。从心理学角度看，这种环境易使人产生独立感，从而以积极、平等的态度进行谈判。这种高度竞争而充分自由的气氛，正是企业在开拓市场时最需要的。

同时，展览会又是一项极为复杂的系统工程，受制因素很多——从制订计划、市场调研、展位选择、展品征集、报关运输、客户邀请、展场布置、广告宣传、组织成交直至展品回运，形成一个互相影响互相制约的有机整体，任何一个环节的失误，都会直接影响展览活动的效果。因此，如果对展览会的这些特性了解不够，即使展出者花费了大量的人力、物力，也未必能达到预期的效果。

2. 明确目标

企业的参展目标通常有以下几种：树立、维护公司形象；开发市场和寻找新客户；介绍新产品或服务；物色代理商、批发商或合资伙伴；扩展或保持销售成效；研究当地市场、开发新产品等。德国展览协会根据市场营销理论将参展目标归纳为基本目标、产品目标、价格目标、宣传目标和销售目标五类。企业参展可能会同时有几种目的，但在参展之前务必确定主要目标，以便有针对性地制订具体方案，区分工作重点。

3. 谨慎选择

一般来说，企业在选择展览会时，应结合参展目的重点考虑以下几个因素：

① 展会性质。每个展览会都有不同的性质，按展览目的可分为形象展和商业展；按行业设置可分为行业展和综合展；按观众构成可分为公众展与专业展；按贸易方式可分为零售展与订货展；按展出者划分，又有综合展、贸易展、消费展等，凡此种种，不一而足。

② 知名度。现代展览业发展到今天，每个行业的展览都形成了自己的“龙头老大”，成为买家不可不去的地方，如芝加哥工具展、米兰时装展、汉诺威工业博览会、广州全国出口商品交易会等。通常来讲，展览会的知名度越高，吸引的参展商和买家就越多，成交的可能性也越大。如果参加的是一个新的展览会，则要看主办者是谁，在行业中的号召力如何。名气大的展览会往往收费较高，为节省费用，可与人合租展位，即使如此，效果也会好于参加那些不知名的小展览会。

③ 展会内容。现代展览业的一大特点是日趋专业化，同一主题的展览会可细分为许多小的专业展。例如，同样是有关啤酒的展览会，其具体的展出内容可能是麦芽和啤酒花，可能是酿造工艺，可能是生产设备，可能是包装材料与技术，也可能是一场品牌大战。参展商事先一定要了解清楚，以免“误入歧途”。

④ 展会时间。任何产品都具有自己的生命周期，即新生、成长、成熟、饱和、衰退五个阶段。展出效率与产品周期之间有一定的规律，对于普通产品而言，在新生和成长阶段，展会有事半功倍的效果；在成熟和饱和阶段，展出的效果可能事倍功半；到了衰退阶段，展出往往会劳而无功。

⑤ 展会地点。参加展览会的最终目的是为了向该地区推销产品，所以一定要研究展览会的主办地及周边辐射地区是否是自己的目标市场，是否有潜在买力，必要时可先进行一番市场调查。

4. 精心准备

一旦决定了参加某一个展览会，则要即刻开始积极筹备。展览会是一项系统工程，需要考虑的问题很多。如何才能合理使用现有的人力、财力和精力？有人对展览会上的参观者做了调查，发现影响他们记忆的因素主要有五条，建议参展者掌握：

① 展品选择。展品是展出者能给参观者留下印象的最重要因素。在参观者的记忆因素中，"展品有吸引力"占记忆的 39%，所以应予重点考虑。选择展品有三条原则，即针对性、代表性和独特性。针对性是指展品要符合展出的目的、方针、性质和内容；代表性是指展品要能体现展出者的技术水平、生产能力及行业特点：独特性则是指展品要有自身的独特之处，以便和其他同类产品区分开来。

② 展示方式。展品本身大部分情况下并不能说明全部情况，显示全部特征，需要配以图表、资料、照片、模型、道具、模特或讲解员等真人实物，借助装饰、布景、照明、视听设备等手段，加以说明强调和渲染。展品如果是机械或仪器要考虑安排现场示范，甚至让参观者亲自动手；如果是食品饮料，要考虑让参观者现场品尝，并准备小包装免费派发；如果是服装或背包，则要使用模特展示，或安排专场表演。这些都是为了引起参观者的兴趣，增加他们的购买欲望。

③ 展台设计。展台设计的表面任务是要好看，根本任务则要帮助展出者达到展览目的。展台要能反映展出者的形象，能吸引参观者的注意力，能提供工作的功能环境。因此，展台设计在注重视觉冲击力的同时，还要注意以下几点：展览会不是设计大赛，展台设计要与整体的贸易气氛相协调；展台设计是为了衬托展品，不可喧宾夺主；展台设计要考虑参展者的公众形象，不可过于标新立异；展台设计时不要忽略展示、会谈、咨询、休息等展台的基本功能。

④ 人员配备。人是展览工作的第一要素，也是展览成功与否的关键所在。展台的人员配备可以从四个方面加以考虑：第一，根据展览性质选派合适或相关部门的人员；第二，根据工作量的大小决定人员数量；第三，注重人员的基本素质，如相貌、声音、性格、自觉性、能动性等。第四，加强现场培训，如专业知识、产品性能、演示方法等。展台人员要结合参展商品的特点，灵活应付。如果是大众消费品应着力树立品牌形象，在消费者中形成亲和力；如果是新产品，须大力宣传其与众不同之处；如果产品独具创造性，则应强调其技术上的突破。

⑤ 客户邀请。展览会上若能顾客盈门当然求之不得，但有时难免会出现门庭冷落的情况。这就要求参展者不应被动地等客户到来，要有意识地邀请客户来。可采取直接发函、登门拜访、通过媒体做广告、现场宣传、派发资料等手段，邀请和吸引客户。总之，要未雨绸缪，把工作做在前面。

9.5 新闻发布会

9.5.1 举办新闻发布会

新闻发布会又称记者招待会，是一个组织集中发布新闻，扩大社会影响，搞好媒介关系的一种重要方法。

1. 举办新闻发布会的因由和时机

除了高级的政府机关，一般社会组织都不举办定期的新闻发布会，在举办新闻发布会前，一定要慎重地选择发布会的因由和时机。为此要注意两点：

① 是否具有召开新闻发布会的新闻价值，也就是确定主题。有许多的事件对于一个企业是大事，但新闻单位的人却不一定那么看。如果他们认为企业举行发布会的内容新闻价值不大，可能就不出席。即使出席了新闻发布会，也不在新闻媒介上发消息。一般而言，企业的新产品

开发、经营方针的改变、组织领导人的更换、企业的合并、组织的周年庆典、发生了重大事故等，都是举行新闻发布会的主题。

② 选择发布会的最佳时机。最佳时机的选择，一方面是要考虑企业自身的需要。另一方面，要考虑社会上的形势，使自己的新闻发布会尽可能与社会大环境合拍，利用社会的声势扩大影响。

2. 新闻发布会的准备工作

① 邀请记者。
② 统一宣传口径。
③ 选择主要发言人。
④ 准备报道提纲和答案要点。
⑤ 准备好会场。
⑥ 会议主持人的准备工作。
⑦ 准备辅助工具。
⑧ 安排好记者活动。

9.5.2 策划媒介事件

策划媒介事件不是指无根据地编造新闻，而是指有意识、有目的、有计划地根据新闻事件的特点，有效展开的一些宣传组织形象的活动，以便引起新闻媒介的广泛报道，产生重大的社会影响。策划媒介事件与自然发生的新闻事件对应，它不是自然地等待新闻记者来采访，而是主动演出新闻给记者看，引起他们的好奇心，调动他们报道的积极性。策划媒介事件在公关活动中具有特殊的重要意义，往往比投新闻稿、举行新闻发布会更能产生轰动效应，引起公众的注意。公关萌芽时期的“巴纳姆事件”就是一次典型的制造新闻活动，不过他违背了新闻和公关实事求是的基本准则，所以后人不把它视为一次正式的公关行为。

策划媒介事件要注意以下问题：

① 要选择公众的兴趣点。
② 事先进行充分的舆论准备。
③ 充分利用名人效应。
④ 选择恰当时机。
⑤ 制造新闻要自然得体。
⑥ 充分调动新闻记者参与的积极性。

本章小结

本章是关于公共关系专题活动，旨在让学生在学习公关专题活动概要后，通过策划庆典活动、赞助活动、展览活动或新闻发布会等，独立策划公共关系专题活动方案。

习　题

案例策划题

在我国香港，乐高国际大展已经成为每年举办的大型玩具展览活动。这一展览活动在每年的复活节与儿童节举行，每次都能吸引成千上万的小朋友和他们的父母前来参观。然而，在 1982 年，乐高玩具积木的总代理在香港举办第一次展览活动时，还有些信心不足呢。

当时，乐高玩具虽然已是家喻户晓，但举办展览活动的场地——香港展览中心，位于湾仔海旁的新填地，不但地理位置偏僻，交通不便，而且很少有人知道它的正确位置，尤其是居住在九龙和新界的人。还有一个更大的难题是，香港展览中心位于交通繁忙的海旁大道，过路天桥少，小朋友们过马路非常不方便，如果是由老人领着小朋友前来，更是困难，这一点令主办者大伤脑筋。主办者认为，要吸引人前来参观，首先要解决好这样两个难题：一是使不便陪同孩子前来的父母，能放心地让他们前来；带着孩子前来的父母，则不用为寻找场地或交通上的烦恼而操心。主办者深信，乐高是一种很受欢迎的益智玩具，只要能够解决好上述两个问题，一定会吸引很多的小朋友和他们的父母前来参观。乐高玩具积木的总代理将此事全权委托给了公关顾问公司。公关顾问公司把这次公关活动的目标对象除了定位于父母及子女外，更重要的是照顾到了各种机构的参与者，尤其是学校、慈善团体、儿童活动中心及青少年活动中心等。因为这些机构要经常为服务对象策划活动，特别是在儿童节前，让他们参观玩具展览无疑是最佳的活动之一。为了帮助想参观的人找到展览中心的正确位置及了解相关交通情况，公关顾问公司特别设计印制了一张简单的地图，以供参观者备查，所有请柬都附有这张地图，无论是驾车还是乘坐公交车前来，都有明确指示。一切方便参观者的措施落实之后，展览现场的宣传活动就变得极为关键。为了搞活展览现场的气氛，提高参观者的兴趣，根据公关顾问公司的建议，展览现场主要搞了四项公关活动：一是除了以乐高玩具为主题的展览外，增设与乐高玩具有关的有奖竞赛活动。如用乐高积木制成了一个天星小轮，举办了一个积木数量竞猜大赛，头奖是全家（按一家 4 口人计）往返丹麦的机票及礼物。二是设每日抽奖，在当日的入场券存根中抽出 10 名幸运奖，各奖乐高积木玩具一份。现场特设“幼儿天地”，提供乐高积木给他们玩耍；设搭模型比赛，为参加比赛的儿童提供样本及积木组合元件，要他们在规定的时间内照图样拼积，最快完成者便可得奖。三是为了增加本次活动的新闻价值，公关顾问公司建议乐高总代理免费接待社会福利机构的儿童，除了不收入场券以外，还送给每位儿童一份礼物，包括福利院和孤儿院的儿童，并提议把开幕式当天上午定为“儿童嘉宾时间”，特别开放给上述儿童参观。四是为便于记者在现场采访，公关顾问公司提供在开幕典礼前两个小时特设“新闻界预展”，招待新闻界的代表参观，给他们最大的摄影方便，安排他们访问主办者等。以上所有这些措施都实行得非常顺利，加上天公作美，展览期间风和日丽，使这次展览获得了空前的成功。开幕式的当天下午，参观者就超过了 1 万人，使原来担心门可罗雀者，转而担心参观的人太多，不知如何维持现场的秩序。

在 5 天的展期内，参观者超过 12 万人次，平均每天有 2.4 万多人次，这对于当时的香港展览中心是一个空前的纪录。参与现场活动的人数也很多，组织者收到的参加竞猜的表格有数万份，可参加抽奖的有效表格 2 万多份。各大报刊或展前或展后都有报道，事后汇集的剪报计 60 多份，有两家电视台先后派出摄影队采访，安排在他们的儿童节目中播出，大大提高了乐高的知名度，增加了大众对乐高新产品优良品质与安全性的认识。

（张岩松. 公共关系案例精选[M]. 北京：经济管理出版社，2000.）

问题：请参照乐高案例，完成一个独立的公共关系专题活动策划。

第 10 章 公共关系危机管理

【学习目标】

理解公共关系危机的含义和特征；认识公共关系危机的类型和产生的原因；了解公共关系危机的预防和处理。

【引例】

两会期间遭危机，马云亲自为淘宝正言

2017 年两会期间，全国人大代表、广东唯美陶瓷有限公司（马可波罗瓷砖）董事长黄建平公开表示，他此次打算提交的议案资料总结下来就一句话："互联网虚拟经济破坏实体经济，网店假冒伪劣产品居多"。

不仅如此，黄建平还点名淘宝，称"目前淘宝网上搜索关键词'马可波罗瓷砖''马可波罗卫浴'，搜索结果居然足足有五百多家，但是其中经过集团授权的经销商才两家。"

面对这样的"危机"，阿里的公关反应神速，在双微上同步发布了《对人大代表马可·波罗瓷砖董事长黄建平三点议题的商榷》的回应。更厉害的是，马云亲自在微博上进行了第二波回应。要知道，马云发微博的频率那可是相当低，2016 年共发了 14 条微博，这次的回应，是他 2017 年以来第二次发布微博。

10.1 公共关系危机的含义与特征

10.1.1 公共关系危机的含义

公共关系危机是指经营过程中一段不稳定的时间和不稳定的状态，由于组织自身或者组织外部社会环境中某些事情的突然发生，执行操作不当而引起的对企业有负面影响甚至带来灾难的事件和因素，对组织声誉及其相关产品、服务声誉产生不良影响、导致组织在公众心目中的形象受到严重破坏的现象。

突发事件只是起到危机的导火线的作用，它本身不是危机产生的原因。它包括组织问题潜伏尚未爆发时的情形和发生一些突发事件使危机明显化的情形。美国危机处理专家菲克（Steven Fink）认为危机有五大征兆：

① 组织或企业遇到的问题日益严重。

② 危害企业及企业主管的良好印象。

③ 影响组织或企业的正常运营。

④ 受到新闻界和政府的密切监督。

⑤ 影响到组织或企业的生存。

如果组织或企业出现了以上征兆，必须立即采取措施，控制局势，避免进一步恶化，同时努力化解危机。

10.1.2 公共关系危机的特征

① 突发性。一方面，公共危机往往是在意想不到、没有准备的情况下突然爆发的。另一方面，往往由于危机来得突然，又有很强的冲击力和破坏力，同时，又要求决策者、管理者在有限的时间里做出决策。如果处理不当，会给公共生活和公共秩序带来巨大的破坏。

② 不确定性。危机并不是一种静态的存在，而是动态发展的，其潜伏、爆发、发展、结束的规律与趋势不易为人所准确把握。一方面，事件的开端无法用常规性规则进行判断。

③ 影响性。对一个社会系统的基本价值和行为准则架构产生严重威胁，其影响所涉及的主体具有社会性。

④ 严重性。危机的严重性是指出现危机对组织的形象、信誉和公共关系的影响是很大的，有时甚至是灾难性的。

10.2 公共关系危机的类型与产生的原因

10.2.1 公共关系危机的类型

① 从存在的状态看，公共关系危机可划分为一般性危机和重大危机。

a. 一般性危机。一般性危机主要是指常见的公共关系纠纷。从某种意义上说，公共关系纠纷还算不上真正的危机，它只是公共关系危机的一种信号、暗示和征兆。只要及时处理，做好工作，公共关系纠纷就不会转向公共关系危机。

b. 重大危机。所谓重大危机，主要是指企业的重大工伤事故、重大生产失误、火灾造成的严重损失、突发性的商业危机、大的劳资纠纷等。它是公共关系从业人员面临的必须及时处理的真正危机。公关人员必须马上应付处理，最好在平时就有所准备。

② 从危机同企业的关系程度以及归咎的对象看，公共关系危机可分为内部公关危机和外部公关危机。

a. 内部公关危机。发生在企业内部的公共关系危机称为内部公关危机。内部公关危机发生在企业之内。或者，这种危机的发生主要是由该企业的成员直接造成的，危机的责任主要由该企业内部的成员承担。

b. 外部公关危机。外部公关危机是与内部公关危机相对而言的。它是指发生在企业外部，影响多数公众利益的一种公关危机。本企业只是受害者之一。从这一角度具体划分公关危机的类型时，内部和外部是相对的。因为有些公关危机的发生，都存在内部和外部原因，所承担的责任大小也相差不多，故对具体公关危机的划分与处理必须具体分析，恰当处理。

③ 根据危机给企业带来损失的表现形态看，公共关系危机有两种，即有形公关危机和无形公关危机。

a. 有形公关危机。这种危机给企业带来直接而明显的损失，凭借肉眼即可观测到这些损失。

b. 无形公关危机。给企业带来的损失表现得不明显的危机，称为无形公关危机。给任何一个企业的形象带来损害的危机，皆属于无形公关危机。如果不采取紧急有效的措施阻止，将使企业蒙受更大的损失。

10.2.2 公共关系危机产生的原因

美国危机管理专家诺曼·奥古斯丁形容说："危机就像普通的感冒病毒一样，种类繁多，难以一一列举。"的确，经营管理不善、市场信息不足、同行竞争，甚至遭到恶意破坏等，都可能使现代组织处于危机之中。分析危机产生的原因，对于制定正确的预防和处理对策有着十分重要的意义。公共关系危机产生的原因很多，一般来说，大致可分为组织内部环境原因和组织外部环境原因。

1. 企业内部环境原因

（1）公关行为失策

公关行为失策主要是指企业在与客户沟通与接洽时采取不当的处理关系的行为，导致客户产生不满。

雪印公司是亚洲最大的牛奶公司之一，有八九十年的历史。2000年，这家公司的一批产品在制作过程中不够卫生，很多人喝了拉肚子。事故出现几天以后，这家公司仍没有一个人出来说话。相关媒体也找不到该公司的相关负责人进行采访。这家公司一开始就犯了危机公关的大忌：在危机发生的时候采取了回避态度，不见媒体。后来，在媒体的强大压力下，雪印公司迫不得已召开了新闻发布会。这个新闻发布会事先根本没有准备，连最基本的问题及回答都没有准备好，所以开得一片混乱，发言人的回答漏洞百出，最后甚至发生了内讧。

由于事先没有协商好，公司几位负责人竟然当着媒体的面争吵起来，董事会责怪工厂，工厂又责怪董事会。会议一开完，公司总裁转身就走，记者在电梯口截住他，结果这位总裁扭脸儿说了一句话："我三天都没睡觉了！"没曾想，这一句没有经过思考的话大大伤害了媒体和消费者，当时就有记者说："我们为了找您也三天没睡觉了！"并且记者质问他，"发生了这么严重的事故，你想到的还是自己的休息吗？"雪印公司的声誉在一夜之间被毁，没有一家销售商进他们的货，很快地，这家公司就申请破产了。公关行为失策导致一个企业的破产。

（2）经营决策失误

经营决策失误也是造成组织公关危机的重要原因之一，在现代社会中，经营决策都应自觉考虑到社会公众、社会环境的利益和要求，不能有损于公众、有损于环境；反之，即属于经营决策失误。经营决策失误情况繁多，主要体现为方向的失误、时机的失误、策略的失误等，各种失误的出现都可能导致危机的出现。特别是方向的失误、策略的失误是导致危机的关键原因。

诺基亚成立于1865年，诞生之初主要从事造纸生意，伴随企业不断扩大，业务类型不断增多，最终才定位在移动服务。从1996年开始，在长达14年的时间里始终占据着世界手机份额第一的位置，在其辉煌巅峰的2000年，市值达2 500亿美元。遗憾的是，从2011年起诺基亚手机销量全球第一的地位被苹果和三星超越，自此诺基亚的手机销售额开始滑坡，短短两年后，2013年9月诺基亚被微软收购，当年占据全球市场近一半份额的手机巨头，退出了历史的舞台。

诺基亚公司主要有以下决策失误：

① 对新技术丧失敏感，缺乏创新。它错过了利用安卓操作系统崛起的机会。智能手机改变移动互联网生态系统的速度远远超过这位"智能手机"先河开拓者的想象，智能手机的争夺不在手机质量比拼，而在操作平台和应用上。

② 对用户需求变化缺少反应。诺基亚一直固守从通信功能出发的思路，丧失了当今客户对娱乐需求要求高的把握。

③ 对新的市场业态投入精力不足。产品的品牌有一大部分是靠产品质量与外观决定的。事实上，诺基亚在手机外观设计上连续十几年都采用其固化的经典直板机，不得不承认，诺基亚是靠着强大的品牌美誉度延长着用户审美疲劳来临的时间。

④ 战略上选错操作系统。

（3）组织缺乏危机意识

企业必须要有危机公共关系的意识，目前很多企业缺乏“忧患意识”，缺乏应对危机的一整套管理体系和方法。他们重业务轻公关、重治理轻预防、重近期轻长远、重邪道轻正道，公关危机管理意识淡薄使企业在公关危机管理活动中缺乏思想保证，思想是一个企业的灵魂，没有思想保证，企业就如断了线的风筝没有了目标没有了方向，当危机发生时就会手忙脚乱、手足无措，从而不能有效地解决危机，陷企业于危机之中。导致企业缺乏公关危机管理意识的原因有很多，如企业领导、员工缺乏公关危机管理的知识；对公关危机管理的意义、认识不深刻等。

（4）企业自身素质低

企业的素质是指一个组织内部所有普通工作人员的素质和领导者素质，这类素质低下有可能引发公共关系危机。如果领导者自身素质低下，导致企业危机的可能性就更大。而且在企业公关危机出现之后也难于自觉有效地处理危机。有些企业家知识结构不够完善，素质低，水平差，对员工缺乏威信和感召力，同时，对外部公众缺乏平等意识和必要的尊重，员工素质不高也会引发危机。在组织的经营中，员工素质必须与其所从事的事业相匹配。如若不然，也会引发企业危机。

（5）策划不当，损害公众利益

比如现在流行的暑假游学，有些学校利用暑假时间与社会的专业旅游公司合作，开辟学生到国外知名大学参观交流，家长陪游。此活动从策划的目的看，为学生拓宽了视野，了解到国外先进的学习经验和方式，对孩子的创新能力有所提高，但从执行的效果来衡量，并非活动策划的初衷，而是变成了纯粹的旅游，无法达到学生和家长的期望值，损害了公众的利益。

（6）忽视公关调研，损害企业声誉

调研是公共关系运作最重要的一步。它犹如中医看病中的“望闻问切”一样，没有调研必然贻误治病良机，使症状更为严重。企业通过调研可以明确自己所处的环境，验证对公共关系状况和公共关系状态的假设，它能有效地减少公共关系策划和计划中的不确定因素。同时，调研也为企业的长远发展提供了有价值的分析资料。但事实上，我国许多企业却以“没有必要”“缺乏资金”“没有时间”作为借口，从而给组织带来不必要的麻烦。

2. 企业外部环境原因

企业所处的外部环境是异常复杂的，某一方面发生变化，尤其是突如其来的变化，都会给企业以重击，使企业陡然陷入困境，企业形象面临前所未有的挑战。

（1）不可抗力事件引发的危机

不可抗力事件是指人为因素无法阻拦的事件，它可能表现为天灾，也可能表现为人祸。如2007—2008 年南方冬季的大雪，导致云南的鲜花和海南的水果因难以运输而遭受巨大的损失；印度尼西亚海啸的发生，使旅游业遭到了巨大的破坏。

（2）社会公众误解

公众对组织的了解并不是全面的，有的公众会因获得信息的缺乏或专听一面之词对组织形成误解。尤其是当组织在产品质量、原料配方、生产工艺、营销方式、竞争策略等方面有了新的进步、新的发展、新的探索，但公众一时还不能适应，或一时认识跟不上，用老观念老眼光，主观判断，草率下结论，更易弄出一些危机事件来。这包括几个方面：一是服务对象公众对组织的误解；二是内部员工对组织的误解；三是传播媒介对公众的误解；四是权威性结构对组织的误解等。无论哪一类公众对组织的误解，都有可能引发组织的危机。特别是传播媒介和权威性机构的误解，更可能使误解范围扩大，程度加深，形成极为不利的舆论环境。

（3）企业恶性竞争

恶性竞争即不正当竞争，是指在市场经济活动中，违反国家政策法令、采取弄虚作假，投机倒把，坑蒙诈骗手段牟取利益，损害国家、生产经营者和消费者的利益，扰乱社会经济秩序的不良竞争行为。

恶性竞争作为企业公共关系危机的一个外部因素，是指本企业受到外部其他企业的不正当竞争，使本企业面临严重的经营危机和信用危机，从而发展为企业公关危机。在现实生活中，一些不正当竞争者或者采取散步谣言，恣意损害竞争对手的形象，或盗用竞争对手的名义生产假冒伪劣的产品，或进行比较性广告宣传有意贬低竞争对手的能力，或采取恶劣行径严重扰乱竞争对手的经营秩序等，这些恶性竞争行为，都可能导致企业严重的公共关系危机。

（4）公众自我保护

随着现代科技的发展和保护消费者的法律的不断完善，消费者正在觉醒，并且学会用法律的手段保护自己，组织原来认为合理的、正常的东西，但在消费者的思想中已经变成不合理的，他们对组织的所作所为提出抗议，如反暴力行动、反污染行动，这使得企业面临新的危机。

（5）科技负影响

人类社会的科技进步，既能给组织带来创新发展的机遇，也会导致组织原有技术落后与贬值而出现危机。因此，科技进步的规律对组织公关危机的发生往往具有突发性的作用特点。因科技进步导致的组织公共关系危机的原因，一是因技术本身的危险性所致；二是因技术进步带来技术标准变化所致。还有一种情况，是技术标准体系中的矛盾导致的组织公关危机。对第一种情况，高技术本身所包含的风险性和危险性，如举世闻名的前苏联切尔诺贝利核电站爆炸事故，使 6 000 多人丧生即属此类。对于第二种，技术进步所带来的技术标准的变化，对组织的影响是广泛的。由于组织的技术手段（设备）不可能总处于先进的发达状态，所以，组织总是受到高新技术及其标准规范的冲击。每一项新质量标准的实施就意味着在原标准下的产品由合格变为不合格。

（6）全新传媒出现

互联网是人类社会从未有过的全新的传播媒体，它是 21 世纪信息高速公路的雏形。它主要通过计算机、光缆和现成的电话通信线路，将全世界许多国家和地区的用户联系起来，形成一个全球范围的网络，它可以进行文字数据图像的多媒体的沟通，具有许多诱人的诸如范围广泛、超越时空、双向互动、个性化、低成本等不同于其他媒体的传播特征。它的出现使人类进入网络时代。而进入了网络时代，不重视公众，尤其是为顾客服务的企业更要注意，因为，任何一个不满意的顾客都可能成为高破坏力的危险分子。

除了上述列举的危机发生的原因之外，还有下列原因：劳资争议以及罢工、股东丧失信心、具有敌意的兼并、股票市场上大股东的购买、谣言、大众传媒泄露组织秘密、恐怖破坏活动、组织内部的人员的贪污腐化等。组织只有在广泛收集有关信息的基础上，对造成企业危机的公共关系危机的原因进行深入分析，才能为公共关系危机的管理奠定坚实的基础，“把握症结，对症下药”应成为企业牢记的信条。

10.3 公共关系危机管理的方法

公共关系危机管理是指公共关系从业人员在危机意识或危机观念的指导下，依据管理计划，对可能发生或已经发生的公共关系危机事件进行预测、监督、控制、协调处理的全过程。

10.3.1 公共关系危机的预防

公共关系危机预防是指对公共关系危机的隐患进行监测、预控危机的管理活动。虽然说任何企业都可能遇到危机，但是这并非说危机不可预防。而事实上，几乎所有的危机都是可以通过预防来化解的。一般说来，危机事件的发生多半与企业自身的行为错失有关，或是因为违反法令；或是因为不解民情；或是因为管理失当；或是因为产品、服务缺陷所致。当然，其中偶然也有因政府行政过失，媒介妄言轻信，或消费者贪婪鲁莽而起，但多数还是根在企业，责在自身。正因为如此，企业才能通过预防措施，减少甚至杜绝危机事件的发生。预防是组织危机管理的重要组成部分，任何组织都应该重视公关危机的预防工作。这是危机公关中最艰难、也最有价值的部分。

1．建立健全危机预警机制

首先要建立危机事件预警系统，所谓危机事件预警系统，是指运用电子系统或是指标性系统，将有关公共突发事件过去和现在的数据、情报、资料进行登记、汇总、整理、分析，运用一定的技术手段和方法，对有关突发事件可能滋生的相关环境条件、事件发展趋势和演变规律等做出评估和判断，并发出准确的警示信号，使政府、公共组织、企业、民众提前了解，以便及时采取相应的对策。

2．培养全体员工的忧患意识、危机意识

俗话说：人无远虑，必有近忧。企业要想更好地生存发展，就必须进行危机预防管理，强化全员的危机意识。首先要从观念上树立危机意识。

在全球化的竞争面前，我们的企业乃至我们的民族时时刻刻都处在危机之中。我们更要时时刻刻居安思危。

3．设置符合危机管理要求的组织保障

要求企业在进行组织设计时，必须考虑以下几个问题：一是确保组织内信息通道畅通无阻，即企业内任何信息均可通过组织内适当的程序和渠道传递到合适的管理层级和人员；二是确保组织内信息得到及时的反馈，即传递到组织各部门和人员处的信息必须得到及时的反应和回应；三是确保组织内各个部门和人员责任清晰、权利明确，即不至于发生互相推诿或争相处理；四是确保组织内有危机反应机构和专门的授权，即组织内须设危机处理机构并授予其在危机处理时的特殊权利。如此一来，组织内信息通畅，责权清晰，一旦发生任何危机先兆均能得到及时的关注和妥善的处理，而不至于引发真正的危机。

4．成立危机管理委员会

组织应设立危机管理委员会，这是顺利处理危机的组织保证。以企业为例，危机管理委

员会的人员应该包括高层管理者、人事经理、工程管理人员、保安人员公关经理、后勤部门领导等。

危机管理委员会可全面、清晰地对危机发展趋势做出准确预测；确定有关处理策略和步骤；安排调配组织现有的人力、财力、物力，明确责任，落实任务；启动信息沟通网络，与传媒及目标公众保持顺畅联络；对危机处理过程中的各项工作做指导和咨询。

5．要有充分资源准备

企业的资源准备分为人力资源和财力资源两个部分，但其中最为关键的是人力资源准备。人力资源的准备既要有企业内部的人力资源，也要充分利用社会上的人力资源（即外部人力资源）。企业内部的人力资源准备主要集中在建立企业自身的精英队伍，其中包括产品技术精英、生产行家、售后服务专家、法律顾问、人力资源专家和谈判能手；而外部人力资源的准备则在于行业专家、学者、媒介精英、政府官员和专业人士等。由于危机处理对于参与人员的素质要求很高，这些人员如果不能进行提前准备，就很难在危机发生时找到合适的人员，从而延误战机并导致处理失败。

10.3.2　公共关系危机的处理对策

公共关系危机处理是指公共关系从业人员在公共关系理论和原则的指导下，运用公共关系的策略、措施与技巧，来改变因突发事件而造成的公共关系主体所面临的危机局面的过程。

公共关系危机的处理对策包括总对策和具体对策。其中总对策要求是重视事实，迅速调查，妥善处理，做好善后工作，再造组织形象；而具体对策则要根据不同的公众对象分别采取不同的对策。

1．企业内部对策

迅速成立处理事件的专门机构；判明情况、制定对策；安抚受损人员及相关人员；奖励有功人员。

2．针对受害者的对策

认真了解受损情况，实事求是地承担责任，并诚恳道歉；冷静听取受害人的意见，做出赔偿损失的决定；避免发生不必要的争执；给受害人以同情和安慰；派专人负责受害者要求，并给予重视。

3．针对新闻界的对策

实事求是，不回避，不隐瞒；设置临时记者接待场；主动向新闻界提供事实真相和相关的信息，并表明自己的态度；在事实结果没有明朗之前，不信口开河，不盲目加以评论，与新闻界密切合作，表现出主动和信任；以客观公正的态度表明自己的看法，不带有主观情绪；借助新闻媒介表达自己的歉意，并向公众做出相应的解释。无论哪种情况，公关人员都不能用“无可奉告”来抵挡公众及新闻媒介。气急败坏的否认不但于事无补，反而“越描越黑”。

4．对上级主管部门的对策

事故发生后，及时、主动地向组织的主管部门汇报。汇报应实事求是，不能文过饰非，更不能歪曲真相，混淆视听；事故处理中，定期汇报事态的发展情况，求得上级主管部门的指导和支持；事故处理后，对事件的处理经过、解决方法和今后的预防措施要及时总结并向上级详细报告。

5. 对消费者及其团体的对策

事故发生后，组织要及时通过各种可以利用的渠道，如零售网络、广告媒介等，向消费者说明事件的经过、处理办法及今后的预防措施；热情接待消费者团体及其代表，因为他们代表消费者的利益，在新闻界很有发言权，应热情并慎重接触。

总之，企业在生产经营活动过程中，由于各种矛盾的作用及影响，公共关系危机是客观存在的，完全杜绝是不可能的，但我们必须看到，危机是可控的。发生危机并不可怕，可怕的是没有一套科学的危机管理办法，我们要根据不同的危机类型，科学地制定和执行危机管理办法，能使企业转危为安，减少危机给企业带来的损失，维护企业形象，增强企业内部的凝聚力，并在危机中发掘商机，创造良好的经营时机，促进企业的发展。

本章小结

本章旨在学习公共关系危机管理，通过了解公共关系危机的含义与特征，分析公共关系危机的类型与产生的原因后，能预控公共关系危机，并学会如何正确处理公共关系的危机。

习　题

一、名词解释

危机公关　公关危机

二、简答题

1. 简述公关危机的处理原则和方法。
2. 结合实例论述公关危机的处理程序。
3. 如何进行公关危机的预防管理？

二、案例分析题

2011 年 3•15 特别行动中，央视曝光了河南知名企业双汇“瘦肉精”养猪一事。瘦肉精可以增加动物的瘦肉量使肉品提早上市、降低成本。但瘦肉精有着较强的毒性，长期使用有可能导致染色体畸变，诱发恶性肿瘤。

双汇公关危机的处理：

（1）三次万人职工大会。处在“瘦肉精”危机中的双汇集团在河南漯河召开“万人职工大会”，集团董事长万隆再次向消费者致歉，并称双汇因“瘦肉精”事件受损超过 121 亿元。半个月影响销售额 15 亿元。

（2）双汇领导大嚼火腿。双汇产品因“瘦肉精”事件下架 2 多天后，区域经理为证明自己的东西没问题而现场大吃火腿肠，算是典型的危机公关。

（3）大规模销毁生猪肉。

（4）发表道歉信。

问题：结合公共关系危机事后管理对上述案例进行分析。

第11章 公共关系礼仪

【学习目标】

理解公共关系礼仪的含义和发展；认识商务礼仪的内涵；了解个人礼仪的注意事项。

【引例】

小张接到东海公司的面试通知，要求他在当天下午3点整到东海公司人力资源部面试。小张接到通知后兴奋不已，特地穿上了新买的西装、换上黑皮鞋。当他准备妥当兴冲冲地赶到东海公司时发现才 2 点半。他犹豫了一下，还是找到了人力资源部的林经理，说："您好，我是来面试的，我叫张×"。林经理一愣，停下手中的工作，请小张坐下，给他倒了一杯水，然后翻看小张带来的自荐材料。小张坐下后，觉得有点紧张，双腿不自觉地抖动起来，为了缓解紧张情绪他开始左右环顾，观察办公室的布置。林经理看完材料，向小张提了几个问题，小张觉得自己回答得还不错，顿时放松了下来。他换了个姿势，跷起了二郎腿，露出了白色的袜子。当林经理问到一个知识性问题时，小张有点犯难，习惯性地搔了搔头。最后林经理问他对这份工作有什么要求，小张才说了几句话，手机就响了起来，他赶紧关掉关机。小张说完后，林经理说道："这样吧，我们综合考虑你的情况后，有消息会再通知你的。"小张连声道谢，并主动和林经理握手道别。

请指出小张的失礼之处。

11.1 公共关系礼仪概述

"礼仪"一词最早源于法语"etiquette"，意即"法庭上的通行证"，表示持证者入法庭必须遵从相应的规矩或准则。后被英语吸收后，其含义有所变化，有了"礼仪"之意，即指"人际交往的通行证"。随着社会生活的发展，该词逐渐专指礼仪、礼节规范。

中国是礼仪之邦，人类文明古国，中国人讲求礼貌风度，注重礼俗禁忌，是中华民族的优良文化传统，也是素养的表现。

任何社会的交际活动都离不开礼仪。礼仪作为人类历史发展中逐步形成并积淀下来的一种文化，始终以某种精神的约束力支配着每个人的行为。中国自古尚礼，以"文明古国、礼仪之邦"著称于世。在中国历史上，礼仪既是"立图经常之大法"，又是"揖让周旋之节文"。古代学者颜元说过："国尚礼则国昌，家尚礼则家大，身有礼则身修，心有礼则心泰。"到了今天，礼仪成为现代人的处事根基，是人际交往的前提条件，是社会生活中不可缺少的内容。在公共关系活动中，礼仪是实现人际沟通和公共交往的桥梁和纽带，也是公共关系人员最基本的公共关系手段。公关人员学习礼仪、提高礼仪文化修养，遵循礼仪、树立良好社会形象，是公共关系活动成功的一个重要条件。

中国古代的礼仪包括“五常”，仁、义、礼、智、信。而中国古代礼制的著名典籍：《周礼》《仪礼》《礼记》，统称“三礼”。礼仪是指人们在公众场合应遵循的行为规范和个人的文化教养，是人们在交际中约定俗成的礼节和形式。

对社会而言，礼仪是精神文明建设的重要组成部分，是社会的文明程度、道德风尚和生活习俗的反映。对个人而言，礼仪是一个人思想水平、文化修养、交际能力的外在表现。

一般定义而言，礼仪是包含了三个层次的含义：

① 在时间上是经过千百年长期形成的。

② 内容上是指美好的行为举止。

③ 礼仪是一种文化。

公共关系礼仪是公共关系的重要组成部分。首先，公共关系礼仪通过直接塑造公共关系人员的良好个人形象，间接地塑造了组织形象，展现组织的文化和精神风范，是塑造组织形象不可或缺的手段。其次，公共关系礼仪具有沟通和协调的功能，在公关活动中可使双方感情融洽，形成有利的交流氛围，易于为对方所接受，赢得理解和支持，从而促进公关活动顺利开展。当组织与公众之间发生矛盾与误解时，公共关系礼仪的润滑剂功能可以帮助公共关系人员调解冲突、化解矛盾，增加理解，使情况朝着有利于自己组织的方向发展。

11.1.1 公共关系礼仪的特征

1. 民族性

礼仪的产生往往与民族的生活环境、文化背景和历史传统有密切关系。不同国家的民族，因其历史、文化传统、语言、活动区域不同，以及历史发展过程中形成的心理素质特征不同，礼仪都带有本民族的特点。在公关活动中，要充分了解并尊重对方的民族习俗，并以相应的礼仪进行交往，促进双方的理解与沟通。

2. 共同性

世界上不同民族的礼仪有所不同，但礼貌待客、礼尚往来、尊老爱幼、遵时守约等符合大多数人价值取向的基本礼仪是全人类、各民族所共同遵循的准则；在相互尊重原则基础上形成并完善规范化的国际礼仪，也为世界多数国家人民所接受。现代礼仪将国际化、趋同化。

3. 发展性

公关礼仪规范不是一成不变的，它随着社会的发展不断丰富和发展。一方面，随着人们生活方式、思想观念的不断变化，过去存在的公共关系交往中的某些烦琐、拖沓的礼仪得以简化和修改。另一方面，随着对外交流范围的扩大，各国政治、经济、思想、文化等因素的渗透，公关礼仪不断增加新的内容，体现时代的要求与精神。

11.1.2 公共关系礼仪的原则

1. 尊重原则

尊重是礼仪的情感基础。在公共关系活动中，不论交往对象的国别、性别、年龄、种族、文化、职业、身份、地位等，都应当尊重对方的人格，一视同仁给予同等程度的礼遇。厚此薄彼、亲疏有别、曲意逢迎、高傲怠慢都是极不礼貌的有损个人及组织形象的行为。只有尊重对方，才能营造和谐愉快的氛围，有利于公关活动的开展。

2. 遵守原则

公共关系礼仪是进行社会交往、发展公共关系的通行证。每个组织和个人都应当自觉遵守，用礼仪规范自己的言行举止，争取在公共关系活动中受到欢迎和尊重，获得更多的理解与支持。反之，则会给本组织带来麻烦并招致社会舆论的谴责。

3. 适度原则

在人际交往中，沟通和理解是建立良好人际关系的重要条件，但是要注意各种情况下的社交准则，也就是要把握与特定环境相适应的人们彼此的感情尺度，在交往中注意保持一定的社交距离。与人交往时，既彬彬有礼，又不低三下四，既热情大方，又不阿谀奉承，亲切友好，自重自爱。

11.2 商务礼仪

11.2.1 商务礼仪的概念

商务礼仪是人们在商务活动中要遵循的礼节，它是一种约定俗成的行为规范，是商务活动中对人的仪容仪表和言谈举止的普遍要求。

良好的商务礼仪能够：

① 展现个人良好的品格修养，展现公司良好的商业形象，赢得对方的尊重。

② 有利于创造良好的商务沟通氛围，建立融洽的合作基础。

③ 提高工作效率，避免失误。

④ 避免因产生不快或争议而失去生意。

⑤ 保证商务活动的有效、高效。

1. 礼由心生

任何礼仪都不是简单教条的规矩，而是一种建立良好人际关系的自然举动和表达。

良好的个人修养是影响商务礼仪的根本因素，加强个人修养是学习、掌握商务礼仪的首要和最快捷的方式。

2. 礼仪的核心是尊重

尊重二字，是礼仪之本，也是待人接物的根基。尊重分自尊与尊他。

自尊：

① 自尊为本，自尊自爱，爱护自己的形象。

② 尊重自己的职业。“闻道有先后，术业有专攻”。

③ 尊重自己的公司。

尊重他人的 3A 原则：

① 接受对方（Accept）：不要难为对方，不要让对方难堪，谈话中不要打断别人，不要轻易补充对方，不要随意更正对方。

② 重视对方（Appreciate）：欣赏对方，多看对方的优点，不当众指正缺点。

③ 赞美对方（Admire）：懂得欣赏别人的人实际是在欣赏自己，是自信的表现。

11.2.2 形象塑造

1．仪容

1）面部修饰

原则：洁净、卫生、自然。

（1）眉部的修饰

① 眉形美观：忌残眉、断眉、竖眉、八字眉、过淡过稀之眉。

② 眉毛的梳理、清洁：防止出现灰尘、死皮、掉下的眉毛。

（2）眼部的修饰

清洁、防病、无分泌物，避免眼睛布满血丝。

（3）鼻部的修饰

无鼻涕、无鼻毛、无“黑头”。

（4）口部的修饰

牙齿清洁、口气清新、没有烟酒等刺激性气味。

2）发部修饰

确保发部的整洁、无头屑。

慎选发部的造型：长短适当，风格庄重。

注意发部的美化：护发、帽子、发饰（发卡式样庄重大方，以少为宜）。

3）化妆修饰

女士化妆是自尊自爱的表现，也是对别人的一种尊重。

守则：淡雅、简洁、适度、庄重、避短。

禁忌：离奇出众、技法出错、惨状示人、岗上化妆、指教他人，香水气味过分浓郁。

2．表情神态

微笑的基本特征：齿不露、声不出、不故意掩饰笑意，也不哈哈大笑。

不宜笑的场合：严肃场合；别人出错的时候；他人悲痛或痛苦的时候。

微笑训练：

① 把手举到脸前，双手向两边做“拉”的动作，一边想象笑的形象，一边使嘴笑起来。

② 把手指放在嘴角并向脸的上方轻轻上提，一边上提，一边使嘴充满笑意。

③ 手张开举在眼前，手掌向上提，并且两手展开，随着手掌上提、打开，眼睛一下子睁大。

3．站姿

好的站姿：挺胸、抬头、收腹、目平视、嘴微闭、表情自然，注意视线、脚位。

不良站姿：双腿交叉站立、双臂交叉抱于胸前、双手插在衣袋里面、身体抖动摇晃、单手双手叉腰。

4．走姿

好的走姿：从容，轻盈，稳重。

男士：昂首、闭口、平视、挺胸、收腹、直腰。

女士：头部端正、目光平和、上身挺直收腹、幅度小。

不当走姿：横冲直撞、悍然抢行、阻挡道路、不守秩序、蹦蹦跳跳、奔来跑去、制造噪声。

5．坐姿

① 入座在他人之后；在适当之处；从座位左侧；向周围人致意；毫无声息；以背部接近座椅。

② 离座先有表示；注意先后；起身缓慢；站好再走；从左离开。

③ 女士坐姿：

标准式：缓步置座前转身成小丁字步左前右后并膝上身前倾坐下。如裙装双手后拢再坐。坐下后上身挺直、肩平、双手交迭置腿中且靠近小腹，两膝并拢小腿垂直地面呈丁字步。

前伸式：在标准式姿势下两小腿前伸一脚距离，脚尖着地。

前交叉式：在前伸式姿势下右脚后缩与左脚交叉，两踝重叠，脚尖着地。

屈直式：右脚前伸左小腿屈回，大腿靠拢，两脚前脚掌着地且在一条直线上。

后点式：两小腿后屈，脚尖着地，双膝并拢。

侧点式：两小腿向左斜出，两膝并拢，右脚跟靠左脚内侧，右脚掌着地，左脚尖着地，大腿小腿成 90°，小腿充分伸直，头和上身向左。

侧挂式：在侧点式姿势下左小腿后屈脚绷直，上身右转。

重叠式：又称二郎腿。在标准式姿势下两腿向前架起，上腿内收贴住另一腿且脚尖向下。

④ 男士坐姿：

标准式：挺胸、肩平双手置双腿上或扶手上，小腿垂直地面，两脚开度 45° 。

前伸式：在标准式基础上，两脚前伸一脚长度，左脚向前半步脚尖着地。

前交叉式：小腿前伸，两脚踝交叉。

屈直式：左小脚回屈，前脚掌着地，右脚前伸。

11.2.3 衣的礼仪

1．服饰礼仪的总体原则

“TPO 原则”要求穿戴必须与时间、地点、目的相适应。其中 T 代表时间，P 代表地点，O 代表目的。

2．男士

（1）男士着装原则

庄重、正统、成熟。

着装颜色原则：皮包、皮带、皮鞋宜：深色配套。

忌讳颜色：咖啡色、橄榄绿（鸭绿色）。

（2）男式西装的选择

面料：纯毛/纯羊绒，轻薄软挺。力求高档，毛料首选。

色彩：首推藏青、深蓝和深灰，其次灰色、棕色。黑色适合庄严肃穆的场合或正式晚宴。

衬衫：注意领要较西装高 1.5 cm、袖较西装长 1.5 cm。

肩宽：较身宽 1.5 cm。

胸围：以能穿一件单衣和薄羊毛衫还稍宽为准。

衣长：能盖住 4/5 的臀部。

裤长：能盖住 2/3 的鞋面。

（3）男式西装做工选择

衬里是否外露；衣袋是否对称；纽扣是否钉牢；表面是否起泡；针脚是否均匀；外观是否平整。

（4）西装的搭配——衬衣

面料：高支精纺纯棉、纯毛、混纺。

颜色：纯白色为首选。蓝色、灰色、棕黑。

图案：无图案。较细的隐形竖条纹。

衣领：兼顾脸形、脖长和领带结。

衣袖：长袖。

穿着：注意衣扣、袖长、衣摆、大小。

注意：衬衣穿之前必须熨过；最好不要连续两天穿同样的衬衣去见客户（尤其是夏天）。

（5）西装的搭配——领带

面料：真丝、羊毛、涤丝。

色彩：首选单色。蓝色、灰色、棕色、黑色、紫红等为佳。不多于三种。

佩戴：场合、搭配服装、位置、长度、结法、领带夹。

斜纹款式：果断权威、稳重理性，适合在谈判、主持会议、演讲的场合。

圆点、方格款式：中规中矩、按部就班、适合初次见面和见长辈上司时用。

不规则图案：活泼、有个性、创意和朝气，较随意，适合酒会、宴会和约会。

西装与领带的搭配如表 11-1 所示。

表 11-1　西装与领带的搭配

西　服	领　带	效　果
黑色	银灰色、蓝色调或红白相间的斜条纹	庄重大方，成熟稳健
深蓝色	蓝色、深玫瑰色、橙黄色、褐色	纯朴大方，素静高雅
墨绿色	浅灰色、灰黄色	华贵典雅，熠熠生辉
乳白色	红色或褐色	十分文雅，光彩夺目
米色	海蓝色、褐色	风采动人，风度翩翩

（6）西装的搭配——鞋袜

鞋：牛皮。深色为主，黑色首选。皮鞋要随时保持洁净光亮。

袜：质地要好。深色为主，黑色首选。不要穿质薄透明的袜子，尤其不能穿白袜子。

（7）穿西装的七原则

① 要拆除衣袖上的商标。

② 要熨烫平整。

③ 要扣好纽扣。

④ 要不卷不挽。

⑤ 要慎穿毛衫。

⑥ 要巧配内衣。

⑦ 要少装东西。

（8）男士佩饰

① 领夹。

② 袖口：首饰扣。

③ 眼镜：镜框颜色与肤色高度协调；一般而言，眼镜形状与脸形相反。

④ 手表。

⑤ 皮夹。

⑥ 手帕。

⑦ 古龙香水。

⑧ 皮带。

⑨ 公文包：牛皮、黑色或棕色。

着西装整体要求：皮鞋、腰带、皮包三件物品的颜色应是一致的。

3．女士

（1）女士着装原则

整洁、精明、干练、成熟，不凸现性魅力，但可体现女性的柔美。

女士正装选择的要求：

面料：不起皱/不起球/不起毛，薄花呢、人字呢、华达呢、凡立丁、法兰绒等毛料，高档的府绸、毛涤及化纤等。

色彩：冷色为主。藏青、炭黑、烟灰、雪青、紫红等。

图案：格子、圆点、条纹。

点缀：宜少不宜多、宜简不宜繁。

女士正装：鞋袜搭配。

鞋：牛皮、黑色、高跟或半高根、船式或盖式。

袜：肉色、黑色、浅灰、浅棕、高筒袜。

（2）女士正装穿着注意

① 忌穿黑色皮裙。

② 正式场合忌光腿光脚。

③ 短裙穿长袜，长裤着短袜，避免出现三节腿。

④ 套装不允许过大或过小。

⑤ 不允许衣扣不到位。

⑥ 不允许不穿衬裙。

⑦ 不允许内衣外穿。

⑧ 不穿无领、无袖、领口较低或太紧身的衣服。

⑨ 不允许随意搭配。

⑩ 不允许乱配鞋袜。

⑪ 穿贴近肉色的袜子，不穿镂花的丝袜。

⑫ 袜子不可以有破损，应带备用袜子。

⑬ 不穿过高、过细的鞋跟。

⑭ 不穿着凉鞋、运动鞋或露趾的拖鞋。

⑮ 佩饰少而精。

⑯ 不戴展示财力的珠宝首饰。

⑰ 不戴展示性魅力的饰品。

⑱ 注意戒指的戴法。

11.2.4 食的礼仪

1. 中餐

（1）座位排列原则（见图 11-1）

① 右方为上。

② 前座为上。

③ 居中为上。

④ 离门以远为上。

⑤ 景观好的位子为上。

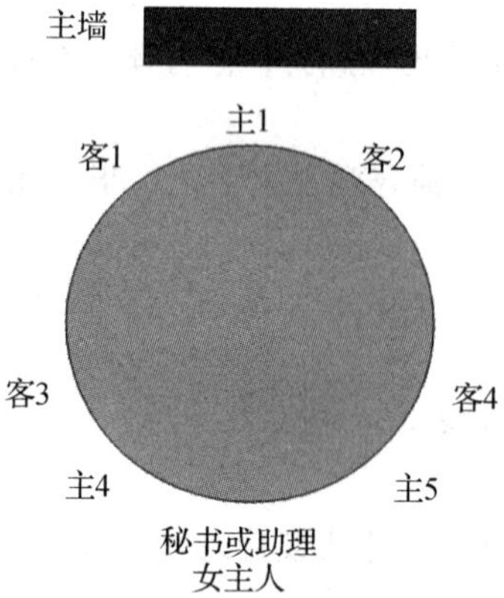

图 11-1 中餐的座位安排

（2）筷子的使用

① 不品尝。

② 不跨放。

③ 不插放。

④ 不舞动。

⑤ 不滥用。

（3）匙的使用

① 不乱放。

② 食物不倒回原处。

③ 不用嘴吹。

④ 不放在嘴里反复吸吮。

（4）餐巾的使用

① 当主人示意用餐开始，方可将餐巾打开或打开到对折，平摊在膝盖上，中途离座，应该将餐巾放在座位上，用餐结束放在桌子上。

② 主人先拿。不能用于擦餐具。

（5）饮酒

① 慢喝。喝酒的速度不要超过宴请的主人。

② 适度。不要太放松、太亲密、太随便。

③ 陪饮。不要让客人自斟自饮。

④ 不过分劝酒。

2．西餐

（1）座位安排

① 女士优先。

② 以右为尊。

③ 面门为上。

④ 交叉排列。

西餐的座位安排如图 11-2 所示。

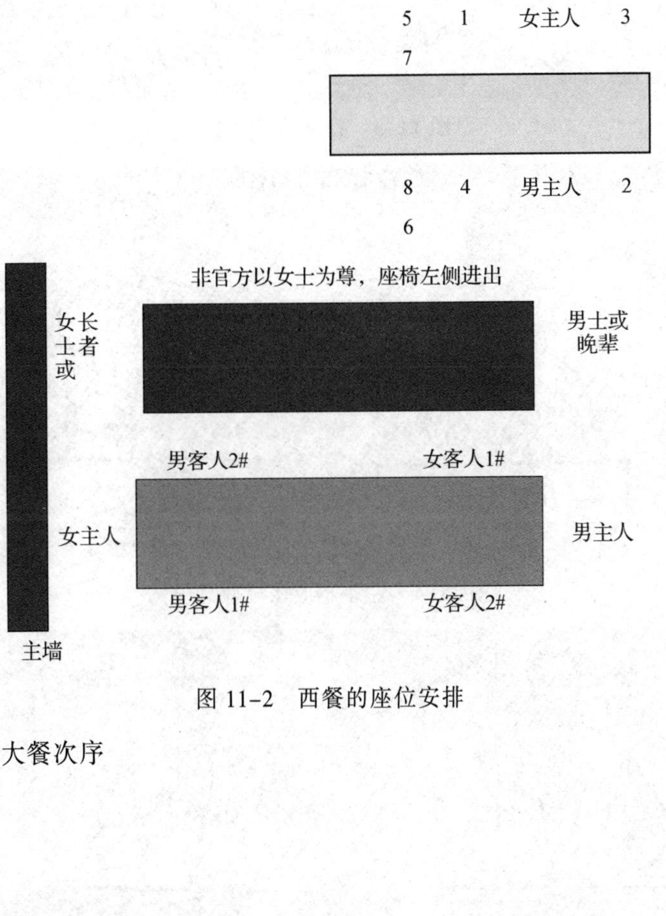

图 11-2　西餐的座位安排

（2）西餐全席大餐次序

① 开胃盘。

② 汤。

③ 海鲜。

④ 肉类。

⑤ 冷饮。

⑥ 烘烤食物（面包等）。

⑦ 沙拉。

⑧ 餐后甜食。

（3）餐具的摆放和使用

如图 11-3 ~ 图 11-5 所示。

图 11-3　餐具品种过多

图 11-4　左手不应该全握叉子

图 11-5　地区不同行为也不同

（4）咖啡礼仪

先加糖，方糖，先放在汤匙，再将汤匙轻放杯中，以免咖啡溅出杯外；如果是砂糖可以直接添加。

需要注意：

① 喝咖啡的汤匙是搅咖啡的，不能舀咖啡喝。

② 搅拌咖啡后，将汤匙放在托盘上。

③ 喝咖啡的时候，不能端起托盘。要啜饮。

（5）用餐注意

① 不宜吃饭时发出声音（如喝汤咕噜噜）。

② 不宜口含食物喋喋不休。

③ 不打饱嗝。

④ 不要轻易给人夹菜。

⑤ 尊重当地饮食文化（得体就可以，不必勉强与客人吃同样的食物）。

⑥ 点菜必须尊重客人意见。

⑦ 自助餐量力而行，避免浪费。

⑧ 不宜在饭桌上抽烟。

⑨ 不宜在吃饭时长时间离席。

⑩ 尽量不要令刀叉碰撞餐盘发出声音。

⑪ 不要在餐具上留下口红印。

⑫ 盘底铺垫的菜不要吃。

⑬ 餐桌上尽量不递名片。

⑭ 意粉或面条应用叉子卷着吃。

⑮ 不知道如何使用的餐品可以效仿他人。

⑯ 食物残渣、果核或者骨头之类的勿直接吐向桌面、餐碟、垃圾筒、地面；应吐于手掌或纸巾。

11.2.5　住的礼仪

客户休息时间尽量不要打扰；

① 一人一间。

② 条件允许时职位不同的客人有区别地安排住处。

③ 房内额外收费的项目提前撤去。

④ 到访别人住处前应该预约。

⑤ 尽量不约在客房内商谈公事。

⑥ 不要过于热情地帮别人拿东西。

⑦ 善于了解和运用酒店客房服务。

⑧ 准备小费（自备零钱）。

⑨ 不要让自己客房内的音响声音影响到他人。

11.2.6 行的礼仪

1．乘车

有司机时司机后右侧为上位，左侧为次位、中间第三位、前坐副驾驶位最小。

主人开车时，前坐副驾驶位为上位，后面依次是右、左、中。

九人座车以司机右后侧为第一位，再左再右，以前后为序。

陪同引导时应注意：

① 为客户及女士开车门。

② 开车的是夫妻，驾驶座旁的位子应由女主人坐。

2．行走

（1）常规行走

并排时，中央高于两侧，内侧高于外侧；单行时，前方高于后方。

陪同引导时注意：

① 本人所处方位。

② 行进速度。

③ 及时的关照提醒。

④ 采用正确的体位。

（2）上下楼梯

宜单行行进，前方为上，无特殊原因，靠右侧行进。注意：

① 接待着短裙女士宜让其居后。

② 走指定楼梯，减少在楼梯上的停留。

（3）出入房门

① 要先通报。

② 要面向他人。

③ 要为客人拉门：拉开的门，拉开后扶住门让客人先进；推开的门，推开后自己先进入，进入后扶住门让客人进。

3．电梯

（1）进出电梯

① 电梯无人值守时，宜请客人后入先出（便于叫梯与控制开关）。

② 在客人之前进入电梯，按住“开”的按钮，请客人进入电梯。

③ 到达目标楼层时，按住“开”的按钮，请客人先下。

④ 电梯中也有上位，愈靠内侧是愈尊贵的位置。

（2）电梯内

① 先入电梯者应主动按住按钮防止电梯夹人，帮助不便按键的人按键，或者轻声请别人帮助按键，忌通过拍他人肩膀或其他肢体接触请别人按键，也不可伸手越过数人去按按钮。

② 电梯内绝不能抽烟，也不可大声喧哗或嬉笑吵闹。

③ 电梯内已有很多人时，后进的人应面向电梯门站立，停靠楼层时主动挪出位置便于别人出电梯。

11.2.7 电话礼仪

1. 电话

（1）接听电话礼仪

接电话、问候：

① 接听要及时，铃响三声要接听，先问好。

② 接外线电话要报公司名称，从他人处转来的电话应报部门名称和自己的姓名。

③ 如接电话稍迟了一些，应该致歉，说声“让您久等了”。

转接：若需要转接应解释转接原因，询问对方是否愿意等待转接。

留言：

① 若对方要找的人不在，应主动询问对方是否希望留言或转告。

② 电话机旁应备有纸、笔可供随时记录。

③ 按 who（谁）、when（什么时间）、where（在哪儿）、why（为什么）、how（怎么样）询问与记录。

④ 记录后复述内容，切记准确、全面；尤其记下人名、地名、日期与数字等。

通话后：

① 应轻放话筒，并应在对方挂断后再放话筒。

② 留言或转告要立即执行。将来电所托事项填写在“电话留言便条”上。或以口头形式传达，或以便条形式传递。

（2）拨打电话礼仪

拨打前：

① 时间与时机的选择得当。

② 谈话对象的选择准确，重要的内容应在打电话之前用笔写出。

接通后：

① 对相识的人，简单问候即谈主题。

② 对不相识的人，先讲明自己的身份、目的再谈问题。

③ 用“您好”“请”“谢谢”“对不起”等礼貌用语。

拨打中：

① 表达全面、简要扼要（有的公司规定交谈时间一般不超过 3～5 min）。

② 需谈论机密或敏感话题时，电话接通后要先问对方谈话是否方便。

③ 交谈中如有事情需要处理，要礼貌告知对方，以免误解；未讲清的事情，要再约时间并履行诺言。

情况处理：

① 如所找对象不在，应委托他人简要说明原由，主动留言，留下联系方式和自己的姓名。

② 记住委托人姓名，致谢。

（3）讲究通话内容

通话初始：

① 双方相互问好。

② 双方自我介绍：单位名称（部门）、电话号码、通话人全名（用于专人）。

③ 双方进行确认。

通话中途：

① 内容紧凑。

② 主次分明：给人整体印象：如“有一件事情想和您商量一下”“有两件事情需要通知你”。

③ 重复重点。

④ 积极回应。

通话告终：

① 再次重复重点。

② 暗示通话结束：“那么就这样吧”“我要讲的就是这些”“还有没有别的事情”“好吧，我不再占用您宝贵的时间了”“真不希望就此道别，不过以后希望有机会与您联络。”

③ 感谢对方帮助。

④ 代向他人问候。

⑤ 中止电话时应恭候对方先放下电话，不宜“越位”抢先。一般下级要等上级先挂电话，晚辈要等长辈先挂电话，被叫等主叫先挂电话，不可只管自己讲完就挂断电话。

2．手机使用礼仪

（1）手机携带的常规位置

公文包内，上衣口袋内，不用时置手中或挂于上衣口袋外，参加会议时交会务人员秘书代管，与人交谈时将手机放身旁、背后等不起眼的地方。

（2）使用手机时注意

① 除非必要，绝对不要打电话给行车中的人，如果打了，说话要简短。

② 会客时或会议中，手机应设置振动，如果实在需要接听，应走出室外。

③ 不要将手机挂在脖子上、腰上、手脖上。

④ 使用手机时不要扰乱公共秩序，尤其在楼梯、电梯、路口、人行道等人往来的地方，以及在要求保持安静的公共场所如音乐厅、艺术馆、影剧院（关机或静音）。

⑤ 使用手机要注意安全：在驾车时，在加油站、面粉厂、油库等处，在病房（干扰医疗仪器运行影响病人休息），在飞机飞行期间都不要使用手机。

11.2.8 交往礼仪

1．名片礼仪

（1）名片的准备

① 名片不要和钱包、笔记本等放在一起，原则上应该使用名片夹。

② 名片可放在上衣口袋（但不可放在裤兜里）。

③ 要保持名片或名片夹的清洁、平整。

名片使用要求：

a. 不准随便更改。

b. 不提供私宅电话。

c. 不提供两个以上的头衔，头衔不会引起歧义。

（2）递名片

次序：下级或访问方先，被介绍方先。

双手递名片：名片正面向对方。

递名片时，应说些“请多关照”“请多指教”之类的寒暄语。

互换名片时，应用右手拿着自己的名片，用左手接对方名片后，用双手托住。

（3）接受名片

① 必须起身接收名片。

② 应用双手接收。

③ 接收的名片不要在上面作标记或写字。

④ 接收的名片不可来回摆弄。

⑤ 接收名片时，要认真地看一遍。

⑥ 不要将对方的名片遗忘在座位上，或存放时落在地上。

⑦ 要看一遍对方职务、姓名等。

⑧ 遇到难认字，应事先询问，或直接向对方请教，以免闹笑话。

⑨ 在会议室如遇到多数人相互交换名片时，可按对方座次排列名片。

会谈中，应称呼对方的职务、职称，如“X 经理”“X 教授”等。无职务、职称时，称“先生”“X 小姐”等，而尽量不使用“你”字，或直呼其名。

（4）名片交换的时间、方式、途径

① 勿把自己的名片强递给每一个见面的高级主管，除非他主动向你索取。

② 勿太早递出你的名片，尤其是面对完全陌生的人和偶然认识的人。

③ 勿在一大堆陌生人中散发你的名片。

④ 勿把有缺点、过时或肮脏的名片递给别人。

⑤ 用餐期间一般不要交换名片。

⑥ 在参加社交性晚宴时，不论女士或男士都应该带着名片。

⑦ 要知道何时和如何使你的名片个性化。

2．馈赠礼仪

（1）礼品的挑选

① 突出礼品的纪念性。

② 体现礼品的民族性。

③ 明确礼品的针对性。

④ 重视礼品的差异性。

（2）不宜礼品

① 一定数额的现金、有价证券。

② 天然珠宝和贵金属首饰。

③ 药品和营养品。

④ 广告性、宣传性物品。

⑤ 易于引起异性误会的物品。

⑥ 为受礼人所忌讳的物品。

（3）赠送方法（5W 原则）

① 重视包装。

② 何时送礼——把握场合与时机（when & where）。家庭场合、私人场合、公司场合、酬谢场合、节日场合。

③ 谁给谁送——彼此间的关系（who）：老板对职员（包括家属）、职员对老板、同事对同事、公司对买方（客户、顾客）、买方（客户、顾客）对公司代表。

④ 经济要求——价格与情义兼顾（what price）：公司政策、你的薪水、几个人送礼、送几份礼。

⑤ 恰如其分的礼品（what present）：

a. 在本地不易获得的东西。

b. 有名牌或名店的商标。

c. 可以显示你善于观察受礼者的兴趣爱好。

d. 区分送礼途径。

e. 事先计划。

（4）礼品的接收

接收赠品时应落落大方，当面拆启包装（条件允许时）。注意：接受外国客人赠送必须当面打开。打开后要加以欣赏和致谢（接收贵重礼品后，还要通过电话、信件、邮件再次致谢）。

拒绝有方：

① 收到有弦外之音的礼物，应立即退回。

② 收到不该保留的东西，立即退回，并附上便笺，上面必须写上退回的日期和方式，并且影印下来。

③“我觉得不便收下这份礼物，所以我立即退回给你”。

④ 事后再谢和回赠。

⑤ 办公室内不适宜交换礼物。

3. 介绍

（1）介绍自己

① 介绍自己前问候对方。

② 明朗、爽快、速度稍慢、流畅而不可炫耀。

（2）介绍他人

原则：先提到名字者为尊重。

仪态：标准站姿，手掌五指并拢，掌心朝上，指向被介绍人。

（3）介绍他人的顺序

首先把：

① 年轻的介绍给年长的。

② 男子介绍给女子。

③ 低职位的介绍给高职位的。

④ 未婚的介绍给已婚的。

⑤ 与自己熟悉、关系密切的介绍给与自己不熟、关系不密切的。

4．握手

（1）总体要求

女士握位：食指位。

男士握位：整个手掌。

伸手的次序：位尊者先伸手。

屈前相握。

关系决定一切：时间、握位。

（2）握手的伸手顺序

男女之间，女士先。

长幼之间，长者先。

上下级之间，上级先，下级屈前相握。

迎接客人，主人先。

送走客人，客人先。

（3）握手的原则

① 同时要看着对方的眼睛。

② 有力但不能握痛。

③ 大约持续三秒钟。

④ 只晃两三下。

⑤ 开始和结束要干净利落。

⑥ 不要在介绍过程中一直握着对方的手。

⑦ 不能用左手。

⑧ 与异性握手不可用双手。

⑨ 不能戴墨镜、不能戴帽子、不能戴手套。

⑩ 不在握手时长篇大论，或点头哈腰过分热情。

5．商务活动位次排列（见图 11-16）

（1）谈判

双边（长桌或椭圆，宾主分坐两侧）横式：面门为上（客方）。

双边竖式：以进门方向为准，右侧为上（客方）。

主席式：对房正门设主位（空位），谁发言就到主位发言，其他人背门而坐。

多边（三方及以上谈判方）时，各方自由择座。

谈判时，各方主谈人在己方居中位，其他人员按右高原则，依职位高低由近至远排列，有翻译时坐主谈判人右侧。

（2）签字仪式

双边：签字桌横放、双方代表面门而坐（宾右）、参加者列队呈直线站在签字者后面中高两侧右高排列，如多排按前高后排列。

多边（三放及以上）：签字桌横放（面门且一张），按照约定顺序依次签字。

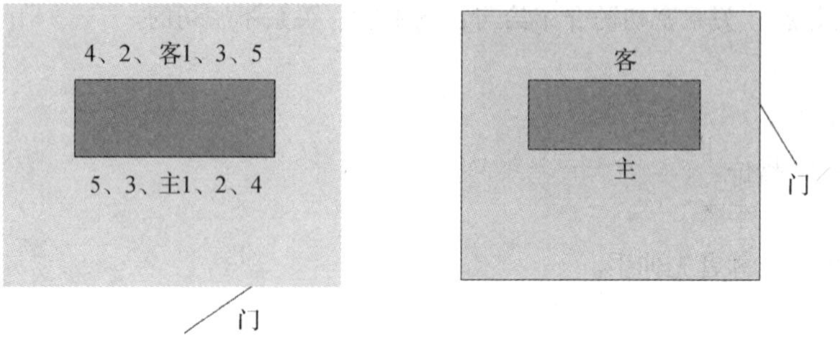

图 11-6　商务谈判位次排列

（3）会议

小型：面门为上；以右为上（我国政务按传统以左为尊）；前排中央为上。

大型：主席台，前为上、中为上、右为上。

主持人：前中或前排最右。

发言人：主席台前方或其右前方。

（4）宴会：

桌次，居中为上、以右为上、离门远为上。

座次，面门居中为主人位、主人右侧为主宾位（交叉式）、主方居左客方居右（不交叉）。

11.3　个 人 礼 仪

个人是公共关系活动的主体，其仪容仪表、服饰仪态不仅反映了本人的精神面貌、内在修养，也反映了其所代表的组织形象。个人的仪容整洁大方、仪表端庄得体、仪态稳重优雅，不仅能够树立良好的个人形象和组织形象，对建立成功的公共关系也将产生积极的影响。

11.3.1　仪容

仪容泛指人的外观、外貌，仪容修饰的重点在于人的面部与头部。个人的仪容主要受到两个因素的影响：一是本人的先天条件，个人的相貌很大程度上受到遗传因素的影响。二是后天的修饰打扮，先天因素不可改变，但通过个人的修饰、装扮，可以弥补自身的缺陷不足，使容貌美化增色。在社会活动中，讲究仪容既是个人自重自爱的表现，也是对他人和社会的尊重。

1. 头发

头发处于仪容中最显著的部位，头发整洁、发型得体会给人留下神清气爽的良好印象。头发要按时清洗，定期修剪，保持头发清洁整齐。发型的选择也十分重要，适合的发型能够弥补头部和脸部的某些缺陷，扬长避短。对于公关人员来说，男士的鬓发不宜超过耳部，不留披肩长发，不将头发染成彩色。女士发型的选择可根据脸型而定，同时与服装的搭配协调一致。最后，应当及时梳理头发，保持发型整齐不走样。在梳理头发时应当注意不能在公共场合当众梳头，不能随手乱扔断发。

2. 面容

男士应注意面部的整洁，养成每天剃须修面的习惯。在社交场合，胡须拉碴不仅给人不洁之感，而且对交往对象不尊重。另外，男性毛孔较粗，油脂分泌较多，应经常勤于洗脸洁面，以保持面部的洁净。对于女士而言，面容的美化主要是化妆。恰到好处的妆容不仅可以弥补五官搭配的缺陷与不足，使人具有良好的精神风貌，也是对他人尊重的表现。

修饰面容，具体到各个不同的部位还有不同的要求：

① 眼睛。要及时清除眼部分泌物。可以修眉，但是不要纹眉，更不要剃去所有眉毛，刻意标新立异。

② 鼻子。保持鼻腔清洁，注意去除鼻孔分泌物，及时修剪鼻毛，不要随处吸鼻子、擤鼻涕，不能在公共场合挖鼻孔。

③ 口腔。保持口腔清洁，早晚刷牙、饭后漱口，消除口腔异味，还要注意消除口腔中的食物残渣、牙缝间的牙垢等异物。在重要应酬之前忌食蒜、葱、韭菜、腐乳等带刺激性气味的食物。

3．化妆

适当的化妆不仅是职业工作的需要，也是对他人尊重的表现。在公共关系活动中，要掌握化妆的原则：一是美化原则。要使化妆达到美化的效果，应当了解自身特点，修饰缺陷，扬长避短。二是自然原则。化妆应当真实、自然、具有生命力，而不能像是戴了一张生硬的面具。化妆的最高境界，是没有人工修饰的痕迹，显得天然美丽。三是协调原则。化妆应当使妆面与发型、服饰、饰物相协调，与公共关系人员的身份相协调，与公关活动的场合相协调、身份相协调。

化妆时，应注意以下几点礼仪规范：

（1）正式场合要化妆

出席正式的活动时，女士应适当化妆，表示尊重，不化妆则被视为失礼。男士也应进行面容的适当修饰，如剃须修面等。化妆的浓淡要视时间、场合的不同而变化。白天在工作场合适合化淡妆，以雅致、清新、自然为主。浓妆艳抹会显得轻浮招摇。夜间则浓淡妆皆宜，视场合不同而定。

（2）不要在公共场所当众化妆

有些人对自己的容貌特别在意。不论工作、学习、上街、赴宴，不时拿出化妆工具对镜修饰，旁若无人。然而，在公共场合众目睽睽之下化妆是非常失礼的，既是对他人的不尊重，也是没有教养的行为。如果确实有必要补妆，应当到化妆间或无人的地方进行。另外，不要在男士面前化妆，容易造成误解。

（3）不要评论别人的化妆

由于民族文化、审美情趣、个人容貌肤色的不同，每个人的化妆各有重点和特色，评论和非议他人的化妆是不礼貌的。

（4）不要借用他人的化妆品

除非主人心甘情愿为你提供方便，否则不要借用别人的化妆品，因为这样既不卫生，也很不礼貌。

11.3.2　仪表

仪表指人的外表，包括人的容貌、服饰、姿态等。在人际交往中，仪表所传递的信息是形成最初印象的主要依据，对一个人的“第一印象”往往源自其仪表。仪表端庄、衣着得体会使人产生好感、增加信赖，反之，衣冠不整、不修边幅则难以得到人们的信任。这种“第一印象”的定势一旦产生，在短期内很难改变。

服饰是人们改变仪表或者烘托仪表最有效的工具。服饰是一种文化，它反映一个民族物质文明、精神面貌、文化素养的发展程度。服饰又是一种无声的语言，它反映出一个人的社会地位、文化修养、审美情趣以及对生活的态度。在社会交往中，得体和谐的服饰具有无形的魅力。

1. 服饰得体的基本要求

和谐即是美。服饰穿着不在于是否名贵，而是是否得体。懂得穿着艺术的人，会根据时间、场合、目的的不同，选择与自己的体型、肤色、年龄、身份、职业等相协调的服饰，充分展现其风度、气质、个性特征以及高雅的审美情趣。

（1）穿着要与环境相协调

俗话说：“入乡随俗”，又说“到什么山上唱什么歌”，穿着打扮也是如此。工作着装应当庄重正式，休闲娱乐则自在随意，出席活动不妨时尚高雅。总之，穿着要与时间、地点、目的相协调，即遵循着装的 TPO 原则。TPO 的含义是人们在选择服装时，应当以时间、地点、目的为前提，使自己的穿着打扮与着装的时间、地点、目的协调一致。

从时间上讲，夏穿纱，冬穿棉，一年四季服装的类别、款式应不同。白天和夜晚也有区别，比如在西方，男子夜晚不能穿晨礼服。

从地点上看，在公务场合着装要求端庄、稳重、传统，以制服、西装、套裙、工作服等为主，不应穿着牛仔装、运动休闲服饰、家居服饰等；在社交场合，如宴会、聚会、舞会、音乐会等，穿着可以时尚、典雅，也可表现个性，工作装、运动休闲装等则不适合。在休闲场合，如居家、娱乐、逛街、独处时，可穿着家居服、牛仔装、运动休闲服等舒适、方便、自然的服装款式。

从目的上说，参加生日宴会、结婚典礼时服饰可以多样化、色彩不妨艳丽、款式也可新颖丰富，而不宜浑身缟素。而参加葬礼、吊唁活动，则应当穿着深色或素色服装，以凝重为宜，切忌大红大绿。

（2）穿着与形体条件相协调

穿着打扮要根据自身的形体特点，得体的修饰可以利用服饰的款式、色彩、图案等展现形体的长处，掩饰缺点，扬长避短，达到美化的目的。如不了解自身身材体型特点，盲目装扮，则可能弄巧成拙。

身材矮小的人适宜穿着造型简洁、色彩明快、小花图案的服饰，不宜穿大花或宽格条纹图案的服装，服装款式以简单直线为主，不宜穿长裙，鞋跟可以略高。

体型较胖的人可以选择小花纹、直条纹服装，颜色以深色为主，款式以 V 字领或纵向开领为佳。

瘦削的人可选择色彩鲜明、大花图案的服装，颜色不适宜太深，款式可采用宽松型，衣领袖子部分可使用花边或褶纹，使之具有丰满感。

上半身较长的人可以高腰裤、短上衣搭配弥补不足，下半身宜穿鱼尾裙或直筒裤，穿中跟无带鞋。

腰粗臀大的人可选择肩部较宽下摆紧缩的服装，穿直筒型的衬衫或运动式外衣、宽松长裤，以产生肩宽腰细的效果。不宜穿有大格子或大花的百褶裙，不宜把衬衫扎进裙子或裤腰里。

腿粗的人适宜穿圆裙、宽松的裤子等掩饰缺点，不宜穿紧瘦的针织裙子或过紧的裤子。

（3）穿着与职业相协调

不同的职业对服装有不同的规范要求，服装要与职业相协调。作为教师，服饰以庄重、雅致为主，不宜穿着怪异或妖冶。对还处于求学阶段的学生来说，穿着应注意活泼、整洁，不宜过分成人化。公关人员的着装应考究、大方，给公众留下良好印象，不宜过分新潮怪异。文艺工作者的着装则可前卫、时尚一些。

（4）穿着与年龄相协调

爱美之心，人皆有之。不论是年轻人还是老年人，都有打扮自己的权利，但不可否认的是不同年龄的人有不同的穿着要求。年轻人穿着活泼、随意，色彩鲜艳可以体现青年人朝气蓬勃的青春之美。中老年人的穿着也日益鲜亮，但总以庄重、雅致为主，体现成熟稳重之美。

（5）穿着的色彩要协调

着装色彩搭配的和谐往往能产生强烈的美感，色彩对人的刺激也是最快速、最强烈、最深刻的，因此色彩被称为“服装之第一可视物”。

① 服装色彩的搭配。没有不美的色彩，只有不美的搭配。一般来说色彩搭配可以采用以下几种方法：

a. 统一法。使用同一色系中各种明度不同的色彩，根据其明暗、深浅不同来搭配，造成一种和谐的美感。如深灰色西服搭配浅灰底花纹领带和白色衬衫，这样的搭配可以给人端庄、稳重、高雅的感觉。一般而言，同色搭配时，宜掌握一个原则就是，上浅下深，上明下暗。

b. 调和法。用相近的颜色搭配，色彩学把色环上大约 90° 以内的邻近色称之为相似色。比如奶黄与橙、绿与蓝、绿与青紫、红与橙黄等。在搭配上明度、纯度应当有所差别，可以一种色彩深一些、一种色彩浅一些。比如鲜绿色裙子配鲜黄色上衣，就显刺眼；深绿色裙子配淡黄色上衣就好看多了。

c. 对比法。用两种特性相反的对比色进行组合的方法，如红与绿、白与黑。它可以使着装在色彩上反差强烈，突出个性。

② 服装色彩与肤色。从肤色上说，白皙的人的选择度大，不论明暗、深浅都适宜。肤色黑的人要避免穿过于深暗的服装，太浅的颜色比差就更大，中和色较佳。肤色发黄的人，应该避免黄色、土黄色、紫色、青黑色等，这些颜色会使皮肤看上去更黄。颜色苍白的人不宜穿冷色调服装，宜穿黄色、浅橙色、浅玫瑰色、浅红色等暖色调服装。

③ 正装的色彩。正装一般遵循“三色原则”，要求色彩在总体上应当以少为宜，最好控制在三种色彩之内。最标准的正装色彩是蓝色、灰色、棕色、黑色。衬衫的色彩最佳为白色、灰色。皮鞋、袜子、公文包的色彩宜为深色，并以黑色为主流。男士穿西服还讲究“三一律”，即公文包、腰带、皮鞋的色彩相同。三色原则保持了正装庄重、简洁、和谐的总体风格。

2. 几种不同场合的服装要求

不同场合有不同的服饰要求，只有穿着与环境气氛相融洽的服饰，才能产生和谐的审美效果。

（1）喜庆欢乐场合的服饰要求

喜庆欢乐场合包括结婚典礼、生日纪念、联欢晚会、假日游园等，具有气氛热烈、情绪昂扬的特点，因此服饰的色彩可以鲜艳丰富、款式也可以新颖一些，以烘托欢乐的气氛。

（2）庄重场合的服饰要求

所谓庄重场合，是指庆典仪式、正式宴会、高层会议、会见外宾等。这种场合一般有比较严格的礼仪要求，在服饰方面也不能随意。

凡在请柬上规定要穿礼服的，一定要按规定穿着。男士可以穿上下同色、同质的中山装、西装或民族服装；女士可以穿各式套装、旗袍、晚礼服等。

要严格遵循穿着规范，比如穿西装一定要配套，穿中山装要扣好领口、领钩，长筒袜的袜子口不要露在衣裙外面，女士不宜赤脚穿凉鞋。女士的纱手套、面罩、披肩、外套等，在室内也允许穿戴，而男士在室内任何时候都不能戴帽子、手套和墨镜。

（3）悲伤场合的服饰要求

葬礼、吊唁等活动的气氛肃穆，因此在着装上要注意以下几点：

① 最好穿黑色或其他深色、素色服装，男士可以穿黑色或深色西装配白衬衣、黑领带。

② 不宜穿有花边、刺绣或飘带等饰物的服装，以免冲淡现场的庄严气氛。

③ 女士不抹口红、不戴装饰品、不用花手帕。

3．男士着装礼仪

男士着装不求华丽鲜艳，应当整洁、和谐、恰如其分，色彩以不超过三色为原则。

（1）西服着装要求

西装作为一种国际性服装，穿着时应注意以下问题：

① 配好衬衫。衬衫应当熨烫平整，衣领硬而挺括。衬衫的下摆应塞进裤腰里，衬衫衣袖应长于西装的衣袖。

② 内衣要单薄。衬衫里面不宜穿厚的衣物，更不能将领子和袖口露在衬衫外。如果天气寒冷，衬衫外面可以穿羊毛衫，但以一件为宜，不能过于臃肿，破坏了西装的线条美。

③ 正式场合穿西装都应系领带或打领结。领带、领结的颜色和图案可根据西装的色彩配置，一般应选用衬衣和西装的中间过渡色。系领带时，衬衫的第一个纽扣一定要扣好。穿羊毛衫时，领带应放入羊毛衫内。领带的长度以到皮带扣处为宜。领带夹应夹在衬衣第三、四个纽扣之间。

④ 西装必须要和皮鞋配套穿。不宜穿布鞋、球鞋、旅游鞋等，皮鞋要上油擦亮，不能蒙满灰尘。

⑤ 西装扣法有讲究。西装有单排扣和双排扣之分。穿双排扣西装时，应该系好所有扣子。穿单排扣西装时，特别要注意扣子系法。单排一粒扣西装，扣与不扣均可；单排两粒扣西装，只扣上面一颗，下面的不扣；单排三粒扣西装只扣中间的一颗，上下两颗不扣。单排扣西装可以敞开，不扣扣子。在正式场合，坐下时应当将西装的扣子解开。

⑥ 西装的衣袋与裤袋不宜放太多东西，将手随意插在衣袋和裤袋中也有失风度。西装的袖口和裤边不能卷起。

（2）帽子与手套

在室内不能戴帽子和手套。带着手套与人握手极其失礼，向人致意时要将帽子取下。

（3）鞋袜

在正式场合应着黑色或棕色等深色皮鞋。袜子颜色以深色为主、单一色调为佳。穿深色皮鞋忌穿白色袜子。

（4）公文包

男士公文包的款式、颜色应和整体着装相协调。按照“三一律”原则，公文包的颜色与腰带、皮鞋的色彩相同。公文包最好选择品质较高的，以彰显个人品位。

4．女士着装礼仪

与男士相比，女性着装较为随意，有更多的变化，款式和色彩也更加的丰富。但还须得体、协调、端庄、雅致，适合时间、场合与目的。

（1）西装套裙着装要求

职业女性常着西装套裙。套裙的色彩、款式、质地的选择范围较广，也没有太多的限制。穿着套裙要注意以下几点：

① 成套着装，搭配与外套相协调的衬衣。鞋子、袜子、饰品、皮包的选择都要与套裙搭配协调。

② 裙子多以一步裙为宜，不宜穿大摆裙，不宜穿黑色皮裙。

③ 不宜光腿，一定要配以连裤袜或长筒丝袜。不宜三截腿，即裙子与袜子中间露出半截腿。

④ 与有跟皮鞋搭配，不宜穿旅游鞋、球鞋、布鞋等。

（2）女士着装应注意的问题

不宜过分暴露。公关人员工作时着装不宜过分性感暴露，不得露出肚脐、胸部、脊背等，否则将被视为轻浮。穿衣不能“透”，内衣裤隐隐若现极为不雅，因此穿着透光性较强的衣物时应有内衬，否则有碍观瞻。衣物不宜过紧，在工作场合衣物过于紧身显得不庄重。不宜过分时髦，追求奇装异服。

11.3.3 仪态

仪态是指一个人举止的姿态与风度。姿态是指身体表现出来的样子，风度则是一个人内在气质的外在表现。凭借个人仪态所传递的信息我们可以判断他的学识、修养、品格、能力。正如贝多芬所说：“从仪态了解人的内心世界、把握人的本来面目，往往具有相当的准确性和可靠性。”在人际交往过程中，一个人的举手投足、一颦一笑都能传情达意，它是一种无声的体态语言。仪态的美丑，既依赖于个人的内在气质，又取决于个人是否接受过严格规范的体态训练。

1．站姿

（1）不良站姿

站立时，弓腰驼背，两肩一高一低；或无精打采、东倒西歪，将身体倚靠在墙上或其他物体上；站立时，将双手交叉在腰间或抱在胸前，或双臂随意摆动，或抖动双腿；站立时，将双手插在裤袋里，或手下意识地做小动作，如玩发辫、摸下巴、咬指甲等。

（2）规范的站姿

头部保持正直，下颌微收，两眼平视前方，表情自然放松；双肩齐平，挺胸收腹，立腰夹臀，两臂自然下垂。双手侧放，也可以右手搭在左手上交叉于腹前，或右手放到左手掌心交叉于背后。两脚跟并拢，脚尖张开 $45° \sim 60°$，身体重心位于两脚之间。男士站立时可将两脚分开，但不超过自己的肩宽。女士可双脚并拢，呈丁字步站立，上体微前倾，腰背挺直，姿态更加优美。

2．坐姿

（1）不良坐姿

入座后，前俯后仰、东倒西歪，或过于放松，瘫坐椅内。将两脚分得过开成八字形，或把脚伸得过远；跷二郎腿或抖动双腿，将脚跷在茶几上；把双手放在两腿之间或压在臀下等。

（2）规范坐姿

入座时动作应和缓，走到座位前再转身轻稳入座，只坐满椅子的 2/3，不要靠背。穿裙装的女士入座时，应将裙子向前拢一下。起立时声音轻柔，右脚先向后收半步，然后站起。

坐定后，上体自然挺直，身体重心垂直向上，两腿自然弯曲，双膝并拢，双脚并拢或交叠，可将右手搭在左手上平放于腿面。

男士可将双手掌心向下，自然地放在膝上，也可将双手搭在扶手上，双膝可略分开，距离不大于肩宽。

女士落座双膝必须并拢，可将两脚并拢放在左侧或者右侧，也可将两脚脚踝交叠收于椅子下方。如坐在有扶手的椅子上，女士最好只搭一边扶手，以示高雅。

3. 走姿

（1）不良走姿

行走时，摇头晃脑或左顾右盼；弯腰驼背、扭腰摆臀；身体重心前倾，走态不稳；双手摆动僵硬，或摆幅过大；双手插在口袋里；背着手走路；走路 “内八字”或“外八字”；松松垮垮，无精打采。多人行走时排成横队，勾肩搭背。

（2）规范走姿

抬头挺胸收腹，双目平视前方，双肩保持水平，以肩关节为轴两臂自然摆动。起步时上身稍往前倾，重心始终在脚掌前部。膝盖伸直，脚尖向正前方迈出，行走时双脚踩在一条直线上。

男士走路时步伐应当稳健有力，显示阳刚气概。女士走路时头部端正，不宜抬得过高；双手摆动幅度不宜过大，切忌扭腰摆臀；步频步幅适中，走在一条直线上；步态轻盈、自如，显示优雅、端庄的女性之美。

本章小结

商务礼仪在公共关系的过程中至关重要，本章先阐述了公共关系礼仪的重要性及基本原则。并从商务礼仪和个人礼仪两个方面分别分析了商务人员在工作中的着装、语言、接待方面应该注意的问题。

习　　题

简答题

1. 什么是公共关系礼仪？公共关系礼仪具有哪些特征？
2. 公共关系礼仪具有哪些原则？
3. 化妆礼仪应当注意哪些问题？
4. 服饰得体有哪些基本要求？
5. 握手有什么次序要求？
6. 使用手机应注意哪些礼仪？
7. 宴请的形式有哪些？

第 12 章 公共关系文书写作

【学习目标】

了解公共关系文书的类型，熟悉公共关系文书的特点，掌握公共关系文书的写作要求。

公共关系文书是公共关系实务的重要组成部分，其写作是公关活动中的重要内容和形式之一，它与一般的秘书工作所涉及的文书有所区别，主要局限于礼仪应酬和宣传鼓动方面，相对而言，面比较窄，专业要求更高。本章主要讲述公共关系文书的特点和几种常用的公关文书的写作要求。

【引案】

尊敬的________先生（女士）:

您好!

****新春伊始，****研究中心的全体工作人员向您及您的家人送上诚挚的祝福!

为了感谢您对亲子教育事业的关注和支持，特诚挚地邀请您和您的伴侣参加我中心举办的第**期“******”，具体如下:

课程内容：学习用正确的方法建立亲子关系；学习与孩子及他人的沟通八大技巧；学习情绪管理技巧……

课程收获：支持家长迅速、有效地拥有作为家长的能力；支持家长懂得真正有效培育、教育孩子的方法，不仅有爱心，更要有爱的能力；为家庭里的每一个人共同创造一个充满爱和信任的世界；课程结束后获赠本中心半年的亲子沙龙活动，在沙龙中继续得到亲子导师的指导和帮助。

注：课程具体时间安排另行通知。

****研究中心

****年**月**日

12.1 公共关系文书概述

12.1.1 公共关系文书的概念及其分类

文书是一个外延很宽泛的概念，包括公务文书和私人文书两大类。

公务文书的简称是公文，它是社会组织企事业单位在管理过程中所形成的具有法定效力和规范体式的文书。

私人文书又称个人文书，是个人活动及其与他人往来中所产生的文书，如日记、书信、回忆录等。

公共关系文书是社会组织为了实现自己的公关目标和开展公关活动而制作的各种书面文字材料，它是文书在公共关系中的运用。一般来说，公共关系文书写作内容较多，但概括起来，主要分为三个方面，即事务性公关文书、传播性公关文书和礼仪应酬性公关文书。

事务性公关文书就是为了正常开展公关工作而编制的文书，如简报、公关计划、公关调查报告等。

传播性公关文书就是为了宣传组织良好形象，为组织的正常运作和发展创造有利的内外部环境而制作的文书，如广告、新闻、演讲等。

礼仪应酬性公关文书就是在日常工作中组织与组织、组织与个人之间为达到一定的公关目的而编制的文书，如请柬、祝词、答谢词等。

12.1.2 公共关系文书的写作特点

1．明确的实用性

公关文书与一般文书相同，其写作具有明确的实用性。它是为了达到一定的公关目的，在公众中树立良好的组织形象而写作的，实用性很强。如写公关广告，就是为了宣传组织形象，让公众了解、认知组织，提高组织的知名度，为组织的发展提供良好的舆论环境。因此在书写公关文书时，一定要从实际出发，本着一定的目标而写作。

2．内容的真实性

由于公关文书服务于一定的公关目的，所以其中涉及的事情、人物、情节、数字一定要真实、准确，不能有假设虚构，否则就会影响组织声誉，给组织的发展带来不良的后果。

3．较强的时效性

公关文书一般讲究时效，要求文书的写作在一定时间内完成，不允许拖拖拉拉，否则就会耽误工作的正常开展。如简报、新闻在这方面就有很高的时间要求，超过时间就毫无意义可谈。

4．格式的规范性

公关文书与一般文书一样，在写作上有固定的格式，即比较固定的结构层次、习惯用语、称谓、签署等，这样便于书写、阅读，如请柬、信函、广告等。

5．作者与读者的特定性

公关文书的作者一般为集体或集体代表，在写作时一定要遵循组织的意图、目标，初稿写成后，还要经过集体讨论，大家提意见，然后修改，最后由负责人审阅通过。写作要求表现出一定的程序化，公关调查报告和公关计划就是这方面突出的代表。其次，公关文书的阅读对象也是特定的，如广告的阅读对象为社会公众，简报的阅读对象是组织领导和内部员工。

12.1.3 公共关系文书的语言要求

1．用词准确

公关文书的真实性要求文书写作要力求用词准确，以达到预期的效果。如在介绍产品的广告中，其性能、规格、特点、专家评价、检测等一定要用准确而严密的语言表述出来，否则就有虚假不实之嫌。

2. 文字简洁

公关文书要求文字简短，简洁明了，如简报的自述要求千字以内，最多不超过 2 000 字；广告、新闻更明确要求文字精练，篇幅简短有力。此外，为了使语言简洁，在信函中还经常使用“此复”“函告”等习惯用语。

3. 语言质朴

公关文书是应用文书，因此要求写作内容实事求是，语言平实质朴，做到易看、易读、易懂，但是语言平实质朴也不等于枯燥无味，有些文体，如请柬的语言就要求富有感情色彩，情真意切，大方有礼；公关广告则要求运用适当的修辞手法使语言具有感染力，以达到引人注目的效果。所以在运用语言时一定要灵活多变，不拘一格。

4. 表现得体

公关文书有一定的阅读对象，因此语言要注意得体。如请柬对语言的要求方面要做到文雅、庄重、有礼，还要表现出邀请者的诚意；演讲稿要根据听众和场合的不同，在称谓上有所变化。

12.2　几种常见的公关文书

12.2.1　请柬

请柬又称柬帖或请帖，是人们在社会活动和相互交往中，如开业、奠基、庆祝等礼仪性活动前，以书面形式通知、邀请参加者的文体。

公关请柬就是社会组织与公众交往中，为了达到某种公关目的，用来告知特定公众的书面语体。其主要作用是密切和协调主客体之间的友谊关系，促进双方的理解与合作，帮助本组织扩大声誉和进一步发展。

1. 请柬的写作方法和格式

请柬的最大特点就是言简意赅却要表达出较浓的感情色彩和诚意，它的书写格式由以下几部分组成：

（1）标题

用较大的字体书写“请柬”二字，可写在第一行正中，也可放在首页的正中当作封面。

（2）正文

顶格写明邀请的机构全称或个人的姓名，如果邀请的是个人的话，那么除了要写上他的姓名外，还要写上其头衔或职务；第二行空两格写正文，写明事由、时间和地点；并换行顶格写上“敬请参加”“恭请届时光临”等词。

（3）落款

正文下面靠右写明发帖的单位全称或个人的姓名、头衔，换行写发帖的年、月、日。一般为表示诚意和恭敬，落款的个人姓名由本人书写。

2. 请柬的语言要求

（1）简洁明了

请柬的文字要简洁明了，三言两语说明问题，切忌重复啰嗦，如果需要被邀请人在活动中讲话，也可在请柬中写清讲话的内容、时间要求。

（2）礼貌典雅

从某种意义上讲，请柬和信函具有同样的作用，只是请柬的形式要求语言更凝练，更具感情色彩。因此请柬的语言要热情，真诚有礼，尤其需要写得庄重典雅，给人一种神圣感。

例文：

请　　柬

王××经理：

为庆祝我公司成立30周年，特定于2002年6月13日在本公司大礼堂举办庆祝活动。

敬请光临

××房地产公司公关部
20××年9月8日

12.2.2 信函

信函是社会组织之间联系工作的公用信件，它是企事业单位公关事务活动中不可缺少的重要传播工具。因为它是对外联系中的一种正式形式，所以其语言、意图均要慎重斟酌，才能发往对方，以免造成不良后果。

公关信函的主要作用是沟通组织与公众之间的感情，交换某些与双方有关问题的意见和建议，建立和发展组织与公众之间的关系，树立本组织良好的形象，争取公众的理解、信赖、支持与合作。

公关信函有别于一般书信，它是代表本组织谈话，带有一定的公关目的，不代表个人办私事。

平常的公关活动中遇到较多的是公函与便函。公函是公文的一种，按公文体式制作，便函不按公文体式制作，而按一般信件写作，不拘格式。

公函就其内容与作用来看又可分为商洽函、询问函、答复函、委托函、告知函五类。

1．商洽函

这是最为常用的一种公函，用于社会组织之间商量和接洽工作。这类公函多半是主动发出的，即要求对方给予协助。有的则是向对方提出共同办理某事的要求，也有的是向对方提出处理某一问题的意见。商洽函正文一般包括两个部分：一是商洽原由，即写明发函的原因；二是商洽事项，这部分是主体，应写清所商洽的具体事项，写清对对方的要求。

2．询问函

询问函主要用于向对方询问问题，也可以简述某一事项并提出处理方法，然后征求对方意见，要求答复。询问函正文一般也由两部分组成：一是说明询问的目的或原由；二是询问事项的主要内容，这是询问函的主要部分。因此要写得既明确而又具体、简洁，让人一目了然，以便答复。

3．答复函

答复函是用来答复对方询问函的问题。答复函正文一般由三部分构成：一是说明对方信函已收到，并写清收文的日期；二是简要复述对方函件所询问的主要问题或所提要求；三是答复内容。答复内容是答复函的主体，因此要写得明确具体，所答问题的内容要有条理性、针对性和顺序性。

4. 委托函

委托函用于委托有关组织代为办理某一事项。这类公函过去使用的不多，但随着公共关系活动的不断扩大，这类公函的使用也随之增加。委托函正文一般由两部分组成：一是原因，这部分既要写清委托的目的，又要写清所委托代办或代办事项的基本情况；二是委托事项，这部分是主体，因此要写得清楚明了，尤其要写清托办或托查的要求。此外还可以加上“以上事项希大力协助办理（查清），并请尽快答复”做结束语。

5. 告知函

告知函一般是用在办理受托代办事项之后告知代办情况，或主动告知对方某种情况或某一事项，以引起对方注意。其正文包括两部分：一是告知发函原由；二是告知事项。

公关信函是社会组织于内外公众交流思想、互通信息、商洽联络的一种信件，因此要注意语言的文明、礼貌、庄重典雅，要充满真挚的感情，并遵循信函的格式，这样才能为树立良好的组织形象起到积极的作用。

例文：

关于委托广东科技学院举办成人高等教育专业证书班的函

省教委成人教育办公室：

为提高我公司财务人员的管理水平和专业知识水平，我公司拟委托广东科技学院举办财经专业成人高等教育专业证书班，学制为半脱产一年半。从今年7月到明年6月招收学员40名。我们将配合学院严格按照国家教委和省教委的规定举行入学考试，安排教学工作，保证教学质量。

望予审批。

××公司

20××年3月5日

12.2.3 简报

1. 简报的概念和分类

简报即简明情况报告，它是政府机关、企事业单位、人民团体等组织用来汇报、反映、沟通情况和交流经验的一种文体。由于它不属于正式公文，因此不能公开出版，只在内部发行。日常工作中所见的通信、动态、情况反映、信息通报、内部参考都属于简报的范围。由于其具有简短灵活的特点，因此它的使用范围很广，在公关文书中应用较多。

简报的形式多样，内容繁多，按内容分，有动态简报、情况简报、会议简报、典型经验简报；按编写方法分，有综合性简报、专题性简报；按刊出期限分，有定期简报与不定期简报。常用的简报有以下三种：

（1）情况简报

情况简报也称工作简报，一般有两种常见的形式，一是综合性情况简报，二是专题性简报。

综合性情况简报是在明确的主题贯穿下，综合反映工作情况和问题，这类简报既有广度，又有深度，不是有闻必录，而是抓住主要问题，反映最有价值的情况。

专题性简报主要是将某一项专门工作的动态、进展、问题向主管部门反映或向有关部门、下属单位作通报，借以传播信息，推动工作。

（2）动态简报

动态简报就是迅速及时、简明扼要地反映新近发生的事情、情况的文体形式。这种简报内容新、反应快、动态性和时效性强。动态简报一般也有两种：工作动态简报和思想动态简报。

工作动态简报主要反映本系统、本部门内部工作正反两方面的新情况和新动向。

思想动态简报主要反映公众对政府重大方针、政策的反应和认识，社会上的某种思潮或思想倾向，各行各业各阶层的思想状况等。这类简报多见于单位编发的“内部参考“，这种动态简报一般都具有内部参考和保密性质。其流通、阅读范围有较严格的限定。

（3）会议简报

会议简报主要是及时报道某种会议的概况，以及会上交流的情况、经验、探讨、研究等问题，反映会议形成的决议和基本精神。一般会议简报以报道会议内容为主，既可以综合报道会议各阶段的情况，也可以摘登大会发言或小组讨论发言。在编发发言摘要时，要力求准确、全面、如实地反映出发言者的基本观点和思想倾向，并且尽可能送交发言人或大会秘书处有关负责人审阅后再编发。

2. 简报的特点

简报有五个特点：一是真实性。简报中所反映的材料必须真实、可靠，对事物的分析解释，必须坚持实事求是的科学态度，符合实际，事件、材料，数据要仔细核实。二是准确性。简报的准确性体现在内容、材料和语言等几个方面。内容要选择具有价值，值得重视的情况和问题、所运用的材料要经过调查研究，仔细核实，确保其真实性，语言的使用要准确、规范，避免用词不当、语义混淆。三是及时性。简报要写得快、印得快、发得快，以便使有关人员根据情况及时地处理问题，制定政策。重要的情况要一日一报，甚至可以一日数报，以便更好地发挥简报的作用。四是新鲜性。简报是报道新情况、新经验，并且内容要有较大的参考价格。五是简明性。简报的篇幅通常比较短小，因此，内容力求简明，行文平实，不需作艺术描述和理论阐述，只将“是什么，怎么样”写明即可。

3. 简报的格式与结构

简报由报头、按语、标题、正文、报尾五个部分构成。

（1）报头

报头设在始页上方，约占 1/3 的篇幅，下边用横线与正文部分隔开，通常报头有四方面的内容：一是简报名称，用大号字写在报头正中部位：如“财经快讯”。二是期号，在简报名称下居中写明期号，用括号括起来。三是主编单位，写在期号之下、间隔横线之上的左侧。四是印发日期，写在期号之下、间隔横线之上的右侧。五是密线程度，写在简报名称的左上方标明。

（2）按语

按语是简报的编者针对简报的内容所写的说明性文字或评论性文字。一般写在标题之前。并在某些段文字的开头处写上“编者按”“按语”“按”等字样。转发式简报一般要加编者按语，其他重要简报也要加编者按语。简报的按语分两类：一是说明性按语，二是批示性按语。

（3）标题

简报的标题十分重要，好的标题能简要、准确、生动地概括全文内容。一般来说，简报的标题可以采用正副标题的写法，正标题提示全文的思想、意义，副标题写出事件与范围，起到补充说明作用。

（4）正文

正文是简报的中心部分，通常由开头、主体、结尾三部分构成。

简报的开头有三种方式：一是叙述法，直接把要反映事件的时间、地点、人物、原因、结果写出来，使读者一目了然；二是结论式，先写出事情的结果或因此而得出的结论，然后再作具体说明，或得出结论的理由；三是疑问式，即提出几个重要问题，引起读者的注意，然后再在主体部分作出具体回答。

主体是正文的中心部分，是简报最主要的部分。因此应写得详实、充分、有力。主体部分通常采用以下几种写法：一是按时间顺序写，即按照事情发生、发展、结束的顺序来写，这种写法比较适合报道一个完整的事件，称为新闻式写法；二是按空间变换的顺序写，这种写法适合报道一个事情几个方面的情况；三是按逻辑方法分类、归纳，即把所有材料归纳为几个部分，按序号或小标题归纳为几个部分、几个方面，按序号或小标题分别叙述；四是夹叙夹议法，即边叙述、边评述，这种方法适合反映某种带有倾向性问题的简报；五是对比法，即在对比中展开论述。

简报的结尾有两种：一种是把主体叙述的情况，用一句话或一段话总结一下，结束全文；另一种是叙述完事实后，干净利落地结束全文。

（5）报尾

报尾在简报末页的下方，也用横线与正文隔开，在报尾左方写清发送范围，右方写清印发的份数。

12.2.4　新闻

1. 新闻的概念

新闻有广狭二义。广义的新闻指消息、通信、特写等；狭义的新闻特指消息，所以新闻也称消息。新闻是社会新闻机构（电视、广播、报纸、刊物）对社会中所发生的重要事实的报道。公共关系新闻特指社会组织为了开展公关活动向公众传递的有关组织的公开的信息。

2. 新闻的种类

新闻的种类很多，从不同的角度可分出不同的类别，按写作特点分，大致可分为以下几种：

（1）动态新闻

动态新闻是对已经发生、正在发生或将要发生的事件迅速、简明的报道。这种新闻要善于抓住事件的新动态，发现事物的新闻价值。这种新闻大致可分为三种：一是对已经发生的独立的事件的报道；二是对连续性事件中一个阶段的报道，即许多这样的动态新闻连起来，就是一个事件发展的完整过程；三是对将要发生的事件的报道。动态新闻是新闻报道中最常见的，占新闻篇幅最多的形式。

（2）简明新闻

简明新闻又称简讯、短讯，也属于动态新闻，只是文字更加简短。它以最快的速度将事件的简要情况或事件的结果报道出来，这种报道形式一般没有导语、结尾等成分。

（3）综合消息

这种新闻围绕一个主题，集中地报道一个企业、一个单位的有关信息，覆盖面大，观点集中，材料充分，点面结合。

（4）典型报道

典型报道又称经验报道，主要报道某个组织、某个地区在工作中取得成功的典型方法，这种新闻往往具有指导意义，因此写作时应有针对性、说服力。

此外，新闻种类还包括评述性新闻、特写性新闻、公报式新闻、答记者问。

3. 新闻的特点

新闻报道的是社会中新近发生的事实，所以它有以下几个特点：

（1）真实性

新闻源于事实，它的基础是事实而不是理论，因此在写作时，必须以事实为基础，不可有任何虚构或模棱两可、含糊其词的地方。当然新闻报道的事实还要有价值，选择的事实越典型，新闻报道价值就越高。

（2）时效性

新闻讲究时效性，写作要及时迅速，这样才能有吸引力，起到有效传播信息的作用。新闻的时效是新闻报道价值的体现。

（3）简洁性

新闻区别于其他文章体裁的最明显的特点就是语言的简洁，即用最简洁的文字，写出充实而精彩的内容。

（4）思想性

思想性即新闻所报道的事实要有较深刻的思想意义。

4. 新闻的结构和写作

一般来讲，新闻有五大部分组成：标题、导语、主体、背景、结尾。

（1）标题

标题是新闻的题目。它是新闻内容的概括、内容的精华，标题拟得好，可以使新闻大为增色，也可以吸引读者。有些好的标题，往往起到画龙点睛的作用。新闻的标题常常由引题、正题和副题多行标题组成，正题就是新闻的主题目，也称实题。它反映的是新闻的主要事实或中心思想。引题也称眉题或肩题，标在正题上面，用以引出正题，往往起交代背景、烘托气氛的作用。副题也称子题或辅题，标在正题下面，它是正题的补充，往往是一则新闻的主要事实或结果的提要。例如：

引题：数学奥林匹克中国队成绩卓著

正题：六选手得五枚金牌一枚银牌

副题：是 1986 年参赛以来的最好成绩

不是所有的新闻都必须由三行标题组成，为了表达新闻主题的需要，有的只有正题，有的只有两行标题，或由引题和正题组成，或由正题和副题组成。

（2）导语

导语是新闻的头一句话或头一段话。主要用简洁的语言概括新闻的主要内容，并指示新闻主题。导语的写法很多，常见的主要为叙述式导语、疑问式导语、评述式导语、摘要式导语、描写式导语。尽管导语有许多类型，但写导语时一定要灵活多变，不能死搬硬套，落入俗套。

（3）主体

主体是新闻的主要部分，进一步报道新闻的具体事实。揭示事实的主体思想，或回答导语提出的问题。由于主体是新闻的中心部分，因此在写作时一定要围绕中心编排材料，做到层次分明。材料的安排一般要按照逻辑顺序，有时按时间顺序。无论哪种安排，都要写得结构合理、条理清晰、简洁明了，以达到充分揭示主题的目的。

（4）背景

背景材料是新闻所报道的事实发生的环境或条件，背景对于新闻的内容起到烘云托月的作用。背景不是新闻的独立部分，它可以放在导语之后，也可以暗含在主体中间，也可以放在结尾部分。

（5）结尾

结尾是新闻的结束语。它可以起到深化主题、发人深思、耐人寻味的作用。新闻的结尾写法通常有小结式、分析式、评论式、号召式等几种。

12.2.5　演讲稿

演讲稿是演讲者在特定场合通过语言表达向听众直接传达信息的一种实用文体，在公共关系实务中，领导者、知名人士或会议、活动的组织者的发言，对塑造组织或个人形象，赢得公众的支持十分重要。组织的公关部及其公关人员站在公关关系的角度开展工作，起草、发布有影响力的发言稿或演讲稿是一项重要的工作。

演讲稿，也称演讲词，指在重要集会或会议上富有说服力和感染力的讲话稿，它往往是在听众面前就某一问题表达自己的意见或阐述某一事理而事先准备的讲话稿。

演讲稿的分类有以下几种：

按照演讲的方式分，可分为宣读准备好的演讲稿和即兴式演讲稿；按照演讲的风格或情调分，可分为激昂慷慨性演讲稿、深沉性演讲稿、严谨性演讲稿和活泼性演讲稿；按照演讲的内容分，可分为政治演讲稿、学术演讲稿、法庭演讲稿和社会生活演讲稿；按照演讲用途和涉及范围分，可分为政治经济方面的演讲稿、工商活动方面的演讲稿和社会交际方面的演讲稿等。

演讲稿作为一种实用文体，其突出特点是：

① 群众性。演讲的目的在于征服听众，使其接受自己的意见，并采取统一的行动。这就要求演讲稿的表达方式尽可能地针对听众来确定，要根据他们的政治态度、文化程度、理解能力和普遍关心的问题来撰写演讲稿，以便引起听众共鸣，实现讲话的目的。

② 有声性。演讲稿一经和群众见面，就把书面语言转变成了有声语言。好的演讲如同动听的音乐，能打动听众的心弦，给人以美的享受。好的演讲稿要做到文字适合口头表达，富有感染力和表现力，符合口语化要求，并且语言规范，深入浅出，讲起来十分顺口，生动感人。

③ 真实性。艺术的生命在于真实。演讲稿所涉及的内容、思想感情也必须真实。白居易说："感人心者，莫先乎情，非真不感人也。"

④ 鲜明性。就是要明确表明自己的态度，不要模棱两可，让听众能立即把握演讲者的立场、观点、看法和意向。

⑤ 整体性。演讲稿反映演讲者的思想水平、业务能力、对事物的认识程度、学识见解。在撰写时，既要明确演讲的主题和要达到的目的，又要分析演讲的时机、环境、听众，合理地动用语言技巧，做到层次分明、逻辑性强、语言文字流畅，这些都构成了演讲稿的整体性。

⑥ 思想性。演讲稿必须注重深度，符合公关总体的需要。所以，它必须对问题看得透，让公众了解透，对政策理解透，这样才能使演讲稿思想性强，鼓动性大，使听众振奋精神，受到鼓舞，乐于行动。

⑦ 准确性。演讲稿所传输的内容应十分准确，毫无差错，数据、例子、观点、结论都要经过推敲、斟酌和选择，并且经得起检验。

一篇好的演讲稿犹如一篇好文章，在选材、谋篇、布局等方面都要经过反复推敲，准备好演讲稿是演说成功的前提和最重要的保证。

演讲稿的结构一般分为引言、正文和结尾三部分。引言和结尾的好坏对演讲的效果起着关键的作用。

引言往往形成听众的第一印象，直接影响甚至决定着自此而后的一系列印象，直到最后的总体印象，也直接影响着听众的情绪以及对整个演讲的总体评价。写好引言首先要把听众置于受尊重的位置，使他们感到你是来和他们商量问题、探讨问题、研究某种事情，而不是来教训人、教育人的。其次要避免陈词滥调，废弃一切庸俗的谦虚、繁杂的交代、无用的解释。再次要力求新意，巧妙用语，使听众感到意外和惊奇，从而达到吸引他们继续听下去的效果。

结尾通常是演讲的总结性结论。一篇时间较长、篇幅较大的演讲，听众对前面讲过的内容往往已模糊不清或全然忘记了，在这种情况下，在结尾处重申所说过的要点，并简洁而确切地指出结论，将会是受欢迎的演讲结尾方法。在一般演讲中，用诙谐、幽默、有趣味的话结束演讲，给听众以回味和愉快之感，也会强化演讲效果；用富于情感的语言去激励群众向新的目标奋斗，言简意赅，概括全篇，不讲"套话"，也是常用的好的结尾方法之一。

演讲稿形成过程一般分三个阶段：

第一阶段是构思阶段。作者要思考清楚这次演讲的主题、提出的问题和中心思想，要根据听众的特点以及组织演讲的目标设计演讲的风格、结构及形式，收集材料，草拟演讲的提纲。

第二阶段是写作阶段。形成文字，做好文字加工，注意材料和观点的统一，理性和感性的统一，风格和目标的统一。

第三阶段是直接创作阶段。设计演讲者在演讲过程中要运用的语言技巧，以及配合语言的必要的感情色彩和表情动作，力求尽量准确地向公众传达信息，实现自己的演讲目的。

演讲稿的写作要求如下：

① 了解听众对象，出言有的放矢，做到目的明确、针对性强。

② 观点鲜明、重点突出。演讲词不能模棱两可，不能有"中庸之道"的思想和观点。

③ 事例要动人，语言要通俗生动、形象。

④ 结构要波澜跌宕，引人入胜，不落俗套。

⑤ 热情洋溢、感情充沛、富有感染力。

12.2.6 公关工作计划

计划是依据本部门的实际情况对未来一定时期内的工作活动的规划、计划和设计。公关工作计划是公关组织为了在公众中树立良好的组织形象，根据本组织公关状态和公关目标要求，对公关活动的行动方案所做的规划和书面文字形式。

公关工作计划是公共关系工作的行动指南，它以树立组织的形象为目标，通过对组织现有条件状态的分析、设计，策划出组织最佳的公关活动方案，保证整个公关活动有层次、有步骤、顺利地进行。同时为组织的公关活动提供了有力的评价依据。因此它在整个公共关系领域中处于指导地位。

公关工作计划可以按不同划分标准来划分。按活动所用时间角度可以划分为长远工作计划和短期工作计划，按公关活动的区域可划分为整体计划和个别计划，按公关活动的功能分类可分为宣传计划、交际计划、服务计划、社会公益计划、咨询计划。

1．公关工作计划的内容

公关工作计划的内容由七部分构成：

（1）计划概要

计划概要是计划的主要目标和建立事项的简短摘要，要求高度概括、用词准确，使阅读者能够迅速抓住计划的要点。同时要把计划内容的目录附在计划概要后面。

（2）当前组织的公关状态以及存在问题的分析

在调查研究的基础上，了解公众对组织的态度，找出组织在内外环境中存在的问题，为公关计划和措施方面提供主要依据。

（3）公共关系目标

公关目标是公关行为的主要依据和标准，它不仅能指导活动的方向、提供活动方法，而且是检验公关活动成败的标准。

（4）公关计划的行动方案

详细说明公关活动所涉及的内容、目标，以及为达到这一目标而采取的措施。

（5）制订活动经费预算

确定每项活动所需的经费预算，并为此建立起严格的规章制度，确保公关活动有雄厚的物质支持。

（6）效果评价手段

明确制定公关活动效果评估的方法和标准，如有能力可制定定性和定量的数量和质量指标。

（7）公关计划的实施控制

明确制定相应的控制程序，对计划本身或计划的实施进行必要的调整，确保公关目标的实现。

2．公关工作计划的结构

与一般工作计划相同，公关工作计划的结构由三部分组成。

（1）标题

标题又称计划名称，主要表明制订计划的单位、期限和种类。如《××公司 20 周年庆典活动计划》，标题中也可以不出现单位名称，只在正文结尾处注明即可。

（2）正文

正文是计划的主体，一般包括前言、内容、措施三部分。

① 前言。简要说明公关计划的原由、目的和意义，介绍组织目前的状况。

② 内容。明确写出公关活动的主要内容、项目，要做到在数量上、质量上、时间上的具体要求。

③ 措施。详细说明完成活动的具体措施、行动步骤、时间分配，以及人力、物力、财力等安排。

此外还要说明应注意的问题。

正文部分内容较多，因此要写得层次清晰，段落分明。在写作方法上可以采取叙述性，也可以采用条文式、表格式或者综合运用各种形式。

（3）结尾

结尾的内容一般包括执行计划应注意的事项或需要说明的问题、提出的要求等。

结尾之后是落款，注明制订计划的单位名称和日期，加盖公章。此外，与计划相关的材料可在正文后面附文、附表说明。

12.2.7 公关调查报告

1. 公关调查报告及其作用

公关调查报告就是运用定性、定量相结合的方法，通过社会调查，科学准确地分析研究组织的公关现状、历史，预测今后的发展方向，检验活动效果，然后形成的书面文字材料。

调查报告通过对公众意向、社会需求、传播媒介以及公关活动条件的调研，可以及时地把握公众舆论，准确地进行形象定位，为公关决策提供科学依据，提交公关活动成效，也能起到塑造组织形象的作用。

2. 公关调查报告的结构及其写法

公关调查报告由标题、前言、正文、结尾四部分组成。

（1）标题

调查报告的标题可以是单行标题，也可运用正副标题的形式。标题要与调查报告的内容相符合，力求简洁、醒目、新颖。

（2）前言

前言也称引言，是调查报告的开头部分，可以独立出来，表明前言，也可以和正文部分合为一体，作为报告的开场白。无论独立与否，都要求文字简明扼要，主要概述调查的原因、目的，调查的对象、范围、经过和方法，也可以简要概括全文的主要观点。

（3）正文

正文是全文的主体部分。首先要写明调查事实的基本情况、主要问题、问题性质，然后据此分析问题、找出原因、得出结论，最后提出意见和建议。正文在结构上可以采用纵横两种写法。横式结构是将问题概括为若干并列的几个部分，分别加以说明阐述。这种结构可以使报告显得条理清晰、说理充分。纵式结构是根据事情发展的先后顺序或材料内容的逻辑关系，前后有序地组织材料。这种结构往往使报告的内容逐渐展开、环环相扣、层层深入，给人留下深刻的印象。采取哪种写法，主要取决于写作者及其写作内容的要求。

（4）结尾

结尾是全文的结束部分。有些调查报告没有结尾，正文写完就结束全文。但多数调查报告有结尾。结尾部分主要概括、归纳或重申全文的主要观点，或提出建议，或提出需要解决的问题。

3. 公关调查报告的写作要求

（1）确保调查报告内容的客观性和真实性

调查报告的写作必须以调研所获得的信息资料为依据来确定主题、概括情况、提出观点、说明问题，决不能弄虚作假。

（2）确保调查报告的完整性和系统性

调查报告体例的内容应有系统，能全面且合乎逻辑地安排和表述；完整性主要指调查报告的形式，体例应当是完备的，应包括题目、概要、正文、结论等条件。

（3）确保调查报告表述的准确性

调查报告的语言表述与一般文体有所区别，它主要要求准确、方便阅读，行为要把握分寸，恰到好处地将事实表达出来。

本章小结

公共关系文书是组织向内外部公众传递信息的工具，它往往直接展示组织形象，是组织的“脸面”。本章首先介绍了公共关系文书的类型、特点及语言要求。其次介绍了几种常见的公关文书：请柬、信函、简报、新闻、演讲稿、公关工作计划和公关调查报告。

习　题

一、简答题

概述公共关系文书的共有特点。

二、写作题

1. 为教师节撰写一篇新闻稿。
2. 为你所在的学校撰写一份公共关系简报。

三、分析题

一个国家、一个企业或一个部门的领导应该是一个很好的演说家，而公关部门和公关人员应该是演说家的后勤保障。假如你扮演公关后勤保障的角色，你应该做哪些工作？

第13章 公共关系技术

【学习目标】

了解公共关系技术的重要性，熟悉公共关系写作的技巧，掌握公共关系语言表达艺术在公共关系应用中的高效性，掌握公共关系对人际交往的指导作用。

【引案】

在南京银桥市场创办两周年纪念日前一个月，几位老总便思考起这个问题：怎样抓住这个机会宣传企业形象？他们决定按传统办法做，组织“小老板”义卖、捐款。仅一天时间，便筹集到一万元。区区万元捐给谁呢？按现有的模式，捐给希望工程未尝不可，但一万元难免有太少的感觉，因为这毕竟还是家大型市场；资助四川一位患重病的小姑娘，人之常情，然而本系统没有类似的情况，操作难度大。再则上述两个方案，司空见惯，既无典型意义，又无新闻价值。

区区万元怎样花在刀刃上，做出大文章？公司聘请的公关专家莫惠新对银桥市场开始了考察。该市场隶属南京市棉麻总公司，营业场地是棉花厂的十几个仓库。过去棉花胎十分走俏，取消计划供应后，如今却成了问津者甚少的滞销品。为摆脱困境，使下岗职工再就业，总公司便创办了银桥市场。目前已有4 000多名昔日的下岗者在此解决了温饱问题，许多人还成了营销大户。令人兴奋的是，这些甩掉贫困帽子的下岗职工，没有丢掉工人阶级团结互助的光荣传统。他们在聘用人员时，专聘下岗职工。目前，聘用的下岗职工超过500人。

考察结果令莫惠新激动不已，因为这个结果印证了他早已形成了的策划方案的可行性。方案的核心是“昔日特困户资助今日特困户”，即把义卖所得1万元，捐给今日的下岗职工。“昔日特困户资助今日特困户”这一紧扣社会热点的重大主题，被确定为银桥市场开业两周年庆典活动的中心内容后，迅速在社会各界引起强烈反响。市总工会领导来了，代表全市工人阶级向银桥市场表示感谢；市供销总社主任来了，希望本系统各行各业要像银桥市场那样，努力搞好再就业工程。省市各新闻单位更是如获至宝，摄像、拍照、采访，个个忙得不亦乐乎。

不久，《深圳商报》《厂长经理日报》等全国数十家大报纷纷报道此事。《中华工商时报》在一版头条刊登消息后，又配发了题为《人生价值在于奉献》的评论。在舆论引导下，许多摆脱贫困的下岗者纷纷效仿银桥市场的做法，争先恐后地为特困职工排忧解难。一时间“特困帮特困”竟成了一股热流，扬起了众多下岗者战胜困难、重新就业的风帆。这类新闻屡屡见诸报端，形成一道再就业工程中的亮丽风景线。

13.1　公共关系语言表达艺术

13.1.1　公共关系语言艺术的一般原则

在公共信息传播过程中，公共语言艺术使得公关中的语言沟通超出一般语言交流的要求，体现出公关语言的特色，这就需要公关人员必须首先了解和把握公关语言艺术的原则。

公关语言艺术的一般原则如下：

1．准确

准确是语言表达中最基本的要求。在公关传播中，语言媒介的作用就是真实、准确地表达公关组织要传播给公众的信息，并力求让公众按组织要传播的意义来理解信息。具体地讲，就是语言的形式与信息内容之间要高度统一，保证有效地引导公众在理解信息时，与组织要表达的意思相一致。

在公共关系传播中要把握准确这一原则，首先应对需要传播的信息进行精心设计制作。即在语言运用的目的、意图、话语的整体风格、语体形式等方面进行选择和设计，使语言表达具有特指性、确切性和鲜明性。其次，要考虑到预定接受公众的特点，尽可能减少传播过程中信息的损耗和误差。比如 XO 白兰地，因为级别比一般白兰地高，多为高级宴会选用。为了继续提高知名度，让它的名字为更多人所熟悉，公关人员煞费苦心，为 XO 酒瓶设计一个特别长的颈子，其广告改为幽默、亲切而响亮的“长颈 XO 高人一等。”正好与它的形象彼此衬托，相得益彰，表达得十分贴切。因此，在公关语言选择上，切忌语言模糊，让人感觉不知所云。

2．真诚

真诚即真实可信。它要求公关组织如实地向公众传递真实而可靠的信息。只要是涉及公众利益，无论好坏都要如实相告。既不因好而添枝加叶，也不因坏而遮遮盖盖。许多国家的公关协会，都把信息传递的真实可信作为协会主张的一项重要内容。例如，英国公关协会要求会员做到信息传播“不得参加任何意在败坏传播媒介真实性的活动。”美国公关协会要求“各会员都应坚持社会公认准则、真实与口味高尚的标准。”由此可以看出，公关是多么看重信息传播的真实可信性。

对于公关语言来说，“真诚”具有特殊而重要的意义，“诚于中而形于外”。从社会公众心理来讲，态度上的“诚”形之于语言，就表现为一种能使人感到可以信赖的语言品质。“精诚所至，金石为开”，只有真诚的语言才能打动公众，感召公众，赢得公众的信任和支持。对于公关组织来讲，要使自己与公众之间相互沟通、适应、形成互益的关系，从而求得自身的生存和发展，离开了“真诚”，是无法在公众中确立组织的形象和信誉的。

在实际公关活动中，成功的公关活动正是在传播语言中选择了真诚。例如，某暖通设备厂，它的产品曾是省的“头名状元”，它在报刊登广告推出产品“钢制散热器”时，在介绍该产品优点之后，用同样的字体写道：“别光看优点，还要记住缺点，下面是省行业评比中的四个缺点（略）。另外，水煤气输送管道的防腐问题没解决。本产品不宜作土暖气民用，请用户不要误选。”

这则广告没有多余的修饰，没有回避自身的缺点，自动为产品定位，维护了公众的利益，因此，也赢得了公众的信任和好感。真诚给企业带来了信誉，信誉使企业赢得了市场。相反，在当今社会上，也有一些社会组织出于极端自私的考虑，在信息传递上，故意运用模糊语言，表意不清，作错误引导，诱使公众上当受骗，最终只能自食其果。正如林肯所说，你能在所有的时候欺骗某些人，也能在某些时候欺骗所有的人，但不能在所有的时候欺骗所有的人。一旦真相大白，组织在公众中的形象就会解体，它的下场如一句古老的谚语说的那样："爱说谎人，即使他的房子烧光，人家也不相信他家失了火。"

3．切境

切境即要求公关语言的运用与所处的特定的语言环境相切合、相适应。在公关活动中，组织的语言沟通对象不可能是固定的公众，固定的场合。这就是说公关人员不可能脱离特定的公众、特定的环境，按照一种固定的语言模式去沟通，而必须把社会环境、自然环境、交际场合、沟通对象、双方的各种相关因素考虑进去，认真研究语言环境，做出最佳的选择。

对于公关人员来讲，运用切境原则，即要求公关人员能主动、自觉地运用语言环境所提供的有利条件，去努力调动语言所具有的多种潜藏的表达功能，以使公关语言信息传递达到最大的传递量，使双方信息沟通最大限度地通畅。要达到这一目的，一方面，要依据特定的语言环境选用语言中相适切的语言同义形式，务必使语言表达达到最佳；另一方面，利用语言环境条件消除歧义，使表达具有明确的单义性。

例如，一支来我国旅游的外国旅游团刚到达目的地，便遇到了滂沱大雨，客人们大为扫兴。如何处理这一情况？接待人员立即满面春风地向客人问好，并说中国有句古语，"有朋自远方来不亦乐乎！你们看，连老天爷也来为各位接风洗尘！"客人们一听，都开颜而笑，游兴倍增。这里把"下雨"和"洗尘"联系起来，切情、切境都达到良好效果。

很显然，在公关语言传播中，恰当地利用环境提供条件，采用与语言环境相适应的表达方式，对取得公关活动成功至关重要。但有时也会出现有意无意忽视环境的情况。例如，在某火葬场入口处曾挂的"经济搞上去，人口降下来"宣传标语，其传播效果是可想而知的。

4．得体

得体是语言运用上的重要要求。即语言运用恰当、贴切、恰到好处，把对语言的表达手段、语言材料的选择放置在一种既保持话语内部各组成成分与风格色彩的统一，又和题旨情境相切合的双重适应关系中去考虑，衡量得失利弊，寻求最佳的表达方式。

公关语言运用得体的要求：一是在实用基础上的平实语言风格；二是用语色彩中性化倾向；三是话语表达上要恰如其分；四是在互相尊重的前提下，色彩文明、庄重。在语言表达上，一般要求叙述实事求是，既不夸大，也不过分客气谦虚，忠实于事物的本来面目。说话要留有余地，不把话说绝。在修饰成分上，首先要避免那类带有武断味的话语运用。要适当选用一些模糊词语。多用陈述句和一般疑问句，少用或不用命令的语气。

例如 1984 年，时任美国总统里根访问我国，日程之一是到复旦大学向全体师生作演说。如何使演说开始时语言运用得体？白宫的智囊班子做了精心设计，决定里根以平民总统形象出现在复旦大学师生面前。事前，由里根总统亲自与复旦大学留美学生建立联系，直接进行一次交谈。来华之后，演说一开始，里根总统即以"我带来了你们的同学 ×× 向大家的问候"为话头，一下就缩短了台上台下的距离，为演说的成功铺垫了基础。

5．有效

有效即公关语言的运用要达到预期的目的，收到预期的效果。有效原则既是公关语言的原则，也是对公关语言效果进行检测的标准。

衡量公关语言的效果可分为四个层次：

（1）信息层次

这一层次要求通过公关语言传播把组织所需要传递给公众的信息传递给公众，或者是公众所需知道的有关信息通过公共语言传播让公众及时、准确、充分地获知。

（2）感情层次

这一层次要求通过一定的活动方式、一定的行为，如亲切交谈、友善服务态度等，引起公众对组织的好感，与公众连接起感情的纽带。

（3）态度层次

这一层次要求通过公关语言传播引起公众态度朝组织期望的方向发展，不断巩固已有公众对组织的信心和支持态度，不断转变与组织有歧义的公众态度。

（4）行为层次

这是公关语言运用效果的最高层次，即最终引起公众产生期望的行为。

这四个效果层次是紧密联系、逐层递进的。总的说来，语言运用引起公众行为是最高层次。但它是以前几个层次效果为基础的。从这一意义上来讲，每一层次语言运用效果对整个公共关系目的的实现，都是有效的。

13.1.2　公共关系语言艺术的主要方法

公关语言艺术的运用，目的在于更好地实现组织与公众的沟通。高超的公关语言艺术能充分展示公关人员驾驭语言的能力和技巧，使公关语言产生一种自然的魅力和美感，从而增强语言表达效果。公关语言艺术的主要方法有：接近的语言艺术，说服的语言艺术，应急的语言艺术，拒绝的语言艺术，批评的语言艺术等。

1．接近的语言艺术

公关人员要与对象公众沟通，首先必须接近对象公众。这种“接近”并不能机械地理解为开场白，或者是一种花言巧语，而是以真诚、热心、礼貌、得体为主，通过语言表达，从一开始就与对象公众形成相互“悦纳”“融洽”的心理关系。具体地讲，接近的语言艺术有下面几种方法：

（1）介绍得体，称谓合适

公关人员与陌生人见面，第一个问题就是如何介绍自己和称谓对方。介绍得体既要求介绍的语言既要简洁明了，又能使对方从你的介绍中找出继续谈下去的话题；既要使对方通过你的介绍对你有所了解，又不使对方觉得你是在自吹自擂。

称谓合适既要求你对对方的称谓能激发起对方职业或岗位的自豪感，并且使你对对方的尊敬之情溢于言表，从而使对方在感情上更接近。如果面对青年听众，那么“青年朋友们”的一声称呼，就把自己和青年置于平等地位之中；对大学生称之为“未来的××师、××家”，确实能激起他们的自豪感；把护士称之为“白衣天使”，尊敬之情就溢于言表。

（2）善于提问，投其所好

公关人员在与不熟的人交往中，设计巧妙的提问，不仅能起到投石问路的作用，还能使交谈沿着自己希望的轨道向深层展开，达到相互沟通的目的。一般提问是采用限制性提问。这类提问有两个特点：一是在提问中便限制了对方可能作出的回答，有意识有目的地把对方的思路引向提问者所希望的答案上；二是这类提问能使对方从中感受到问者的诚意，感到盛情难却，不好意思拒绝，即使原来想拒绝，也会不由自主地改变主意，顺着问话人的意思作出答复。在设计提问时必须投其所好，从一开始就投到对方感兴趣的话题，然后根据特定的情境去发掘话题中你想要知道的，并恰到好处地应用。如美国记者访问肯尼迪总统，见面就说："我看你像个人文主义者"。这一下子就引起了肯尼迪很大的兴趣，破例与这名记者长谈了两个小时。此外，公关人员还要善于借助媒介，作为引发交谈的"因子"。如一位陌生人手里拿着一张报纸，你如果想结识他，就可以以报纸为媒介，对他说："同志，对不起，打扰一下，请问报纸上有什么新闻吗？"这样，对话就有了可能。

（3）学会转移话题和情绪

公关人员在与对象公众接触中，也许第一次提问并不顺利，没有引起对方的兴趣。这就需要另辟蹊径，寻求转机。但转移话题能否起到"山重水复疑无路，柳暗花明又一村"的效果，关键在于公关人员要从第一次接触中总结经验，作出正确的判断，弄清对方的心理、性格、文化素养等特点，寻找为对方接受、被对方理解、能打开缺口的话题。话题转移不是随心所欲，也不仅仅是为了无话找话，而是必须为原来的话题展开创造条件，铺平道路，因而话题的转移必须非常自然。转移情绪是从接触开始的，对方心理上存在紧张或者排斥的情绪，公关人员应通过巧妙的语言过渡，从平等、尊重对方的热情出发，转移对方的原有情绪。或是一句幽默语，或是一种非常平常的话，都会起到不小的作用。

2. 说服的语言艺术

公关人员与对象公众语言交流的目的在于说服对方，获得他们对组织的支持、信任和理解。成功地接近对象公众等于开了一好头，接下来就是要如何巧妙地说服对方。说服人的语言艺术要有以下几种方法：

（1）循循善诱，鼓动激励

善问等于与对象公众打开了话题，如何把话题引向深入，就需要善诱。循循善诱，即有步骤地、耐心地引导对方思考，要"诱"得得当、巧妙，使对方心悦诚服。在"善诱"的同时，还要注意以信任的态度，不断鼓动激励对方的讲话情绪，以理诱之，以情导之，最终达到双方极为融洽的境地。

（2）借此说彼，侧击暗示

公关人员在与对象公众接触中，有些问题不适于直接提问，正面交锋。在这种情况下，采用借此说彼、侧击暗示不失为有效的手段。借此说彼即利用两类事物或两种情况之间相类似的方面，借甲事物（事情）来说明乙事物（事情），不仅通俗易懂，且说服力也很强。侧击暗示即通过曲折隐晦的语言形式，把自己的思想、意见暗示给对方，引起对方心理或行为反应。借此说彼和侧击暗示既巧妙地引出了问题，把自己所要表达的意思传递给对方，又避免了由于问题的直接和敏感而引起对方的不快。

（3）心理接触，融情动心

心理接触即通过语言交流使双方心理不断相融，达到双方情感的共鸣。融情动心即在心理相融的基础上，以自己的感情来打动对方的心。要达到这一目的，必须设身处地为对方考虑，使对方感受到双方的立场是一致的，然后，再通过自己出色的"表演"，以诚挚而令人感动的语气与对方交流，方能说服对方。

（4）设置"陷阱"，请君入"彀"

公关人员经常会遇到那些固执己见、刚愎自用的对象公众。如果你直接陈述自己的意见，一般是很难达到目的的，对于这些人，既要有耐心，更要讲究策略，设置“陷阱”，请君入“彀”。即就对方的看法和观点，设置一个个陷阱，引导对方暴露其自相矛盾之处，最后用自己的话来否定他自己的看法和观点，从而达到说服的目的。这种方法的运用关键是对问题要精心设置。设计什么样的问题，在什么时候提出，都是必须非常巧妙的，必须是围绕核心目的进行的。这种方法虽然在语言技巧上有一定的难度，但用得好能收到极好的效果。

3．应急的语言艺术

在公关人际传播过程中，有时会出现一些意料之外的事情。如果公关人员缺乏应变能力，处理不当，就会使信息交流受阻，影响公关目标的实现。公关人员的应变能力集中体现在处于这种情景中的语言表达技巧和选用的语言表达形式。恰当的语言表达形式和高超的语言艺术常使紧张的气氛变得轻松，使窘迫的场面变得自如，使危急的形势得到缓和，使被动变为主动。具体地讲，应急的语言艺术主要有以下几种：

（1）因势利导，顺势牵连

因势利导即在对方思维朝某一方面进行时，公关人员把自己所要表达的意思，顺着对方的思维进行巧妙的表达。顺势牵连即在对方突然提出问题，无法正面回答时，巧妙地联系其他事物进行回答。这些都要求公关人员对“势”要“导”得好、“牵”得妙。

（2）有意岔题，巧释逆境

有意岔题，巧释逆境即是公关人员在突然出现对自己不利的情况时，把话题岔开，巧妙地进行别出心裁的解释来挽救危急的局面，岔题是应付突发事件的有效方法，但要使岔题成功必须注意两个问题：一是要自然，岔开的话题要与原来的话连得上，说得通，要有某种联系或读音相近，意义相连，话题概念相近，或两种事物处在同一语境；二是岔题要及时，要抓紧时机，找准岔口，在对方话题尚未展开之前就以新话题取而代之，使对方不知不觉中离开原来的话题，将注意力转移到新话题上来。巧释的关键在“巧”，即对问题有别出新裁的解释，使解释朝自己所要表达的意思方面引导。

（3）借题发挥，反口诘问

借题发挥即在对方企图抓住公关人员弱点进行宣传时，公关人员就对方原来的话题进一步引申，使话题朝着自己优势的一面展开。一般是在重述对方话题，甚至做进一步引申之后，突然转折，就自己优势一面做充分展开。反口诘问是对对方所提出的问题，既不能如对方所愿，又不能作出明确回答时，循着对方提出的问题，反口诘问，迫使对方自己解答。这样不仅可以达到回避难题的目的，还可以转被动为主动。

4．拒绝的语言艺术

公关人员每天都要和各类公众打交道，公众的要求，有合理的也有不合理的，有正当的也有不正当的。因此，不可能都能予以满足，拒绝就是难免的。公关人员对公众的拒绝，应是以诚恳的态度、恰当得体的语言表达，减少公众由于被拒绝而带来的失望和不快，并取得公众的谅解和认可。常见的拒绝语言艺术有以下几种：

（1）推托拖延

对于公众无法满足的要求，推托拖延也不失为有效的拒绝方法。推托即借他人之口，如组织有某项规定，超出自己的权限不能作主等理由推托。拖延即拖延时间，以时间的推移来减少公众对于被拒绝而带来的不快，也使公众有时间思考自己的要求是否合理。某单位职工找到车间主任要求调工种，车间主任明知调不了，但没有马上说“不可能”，而是说：“这个问题涉及好几个人，我也决定不了，我把你的要求带上去，让厂部讨论，过几天，我告诉你，好吗？”这样，一可借厂部研究之口拖延时间，二可让职工认真考虑自己的要求是否合理、可能。

（2）诱导对方自我否定

对于公众提问的、正面无法直接回答的问题，通过用对方的方式诱导对方作出回答，而对方的回答应是预料之中的，也正是自己要说，只是借对方的口说出来而已，从而达到拒绝回答的目的。罗斯福当美国总统之前，曾在海军担任要职。一天，一位朋友问起海军在加勒比海一个小岛建立潜艇基地的计划。罗斯福向四周看了看，压底声音问：“你能保密吗？”“当然能。”罗斯福接着说：“你能我也能。”

（3）先表示同情而后拒绝

有时公众提问的要求并非完全无理，其中存在有一定的合理性，但因条件有限而无法予以满足。在这种情况下，拒绝的言辞要尽可能委婉，予以安慰，使其精神上得到一些满足，以减少因拒绝而产生的不快和失望。在语言表达上可采用“先肯定后否定”的形式，但要委婉，留有余地。一家公司的经理对一家工厂的厂长说：“我们两家搞联营，你看怎么样？”厂长回答：“这个设想很不错，只是目前条件还没有成熟。”这样既拒绝了对方，又给自己留了后路。

（4）隐晦曲折

有时，对一些明显不合情理或不妥的做法，必须予以拒绝，但为了避免因此而引起冲突，或由于某种原因不便明确表示，可利用隐晦曲折的语言向对方暗示以达到拒绝的目的。同时也可以采用绕圈子的语言形式。其中关键是既绕过了最敏感、最刺激对方的词句，但又能达到拒绝对方的目的。

（5）避实就虚

对难以回答的问题，避开实质性的问题，故意用模棱两可的语言作出具有弹性的回答，既无懈可击，又达到在要害问题上拒绝作出答复的目的。如第二十四届汉城（今首尔）奥运会期间，记者问李梦华：“中国能拿几块金牌？”“中国能超过韩国吗？”李梦华说：“10 月 2 日以后，你们肯定能知道。”记者又问：“中国新华社曾预测能拿 8 块至 11 块金牌，你认为客观吗？”李梦华说：“中国有充分的言论自由，他们怎么想就可以怎么写。”

在某些特殊情况下，以笑代答或装聋作哑也不失巧妙有效的拒绝方法。

5. 批评的语言艺术

批评是一种有阻力的沟通，正因为它有阻力，批评更需要艺术性。公关需要的是一种积极的、建设性的批评。它的目的既要批评犯错误的人，但更要指出错误本身的危害；既要表达自己的不满，但更要帮助对方重新振奋；既要查清原因、责任，但更要着力于问题的解决。要进行这种建设性的批评，有几点值得注意：

（1）将犯错误的人和人犯的错误分开，寓教育于批评中

一位老师在一次班级考试总结会上说：“这次考试，我们班全体同学都及格，但优秀的只有两位同学，我认真分析了试卷，我发现分数不高的原因，是大家不够认真，希望大家改正马虎的习惯，提升自己的成绩。”

（2）维护对方自尊，控制谈话气氛

对当众的批评应极其慎重，有许多领导在大会上批评某某人时，他对于“那么一个人”“那么一件事”批评得非常严厉，可是他就是不点那个人的名。这样，既做了一个给人印象深刻的批评，又不至于伤害当事人的自尊心。相比之下，一名厂长当着工人们的面对一名车间主任大

声喝斥："你们这个车间在这个月的生产竟然是如此糟糕，想不到你的工作能力竟是如此低下！"这样当众斥责人，等于是当众剥去了对方的尊严，使其尤感难堪，而且还使在场的每一个人感到尴尬，感受到一种"下一次是不是轮到我"的气氛，这是极不可取的。同时，批评的效果如何，应注意谈话的气氛。例如双方各坐在会议桌的两头，或让当事人站着自己坐着，和双方坐在同一张长沙发上的气氛就不一样。再如在酒席桌上批评人与办公室里批评人，气氛也不大一样。又如批评时不看对方与握握对方的手、拍拍对方的肩，气氛也不一样。这些都会对批评的效果产生影响，作为领导应当注意。

（3）与表扬相辅，采取过渡与含蓄批评法

玛丽·凯·阿什提出一个批评公式："先表扬，后批评，再表扬"，即无论批评什么事情，也必须找点值得表扬的事情留在批评前和批评后说。美国人际关系专家戴尔·卡耐基说过这样一件事：玛桑小姐在一家食品包装公司当市场调查员，刚接下第二份差事——为一项新产品做市场调查。但当结果出来时，她吓坏了。由于计划工作的一系列错误，整个结果全错了，必须从头来做。更糟的是，报告会议即将开始，她已经没有时间同老板商量这件事。当主持会议的老板向她要报告时，她吓得发抖。她尽量使自己不致于哭出来，她简短地说明了情形，并表示要重新改正过来，以便在下次会议时提出。坐下后，她等待老板大发雷霆。可结果很出乎意料，老板先感谢玛桑小姐工作勤劳，并表示新计划难免都会出错。他相信新的调查一定正确无误，会对公司有很大收益。他在众人面前肯定了玛桑小姐，相信她尽了力，并说她缺少的是经验，而非能力。玛桑小姐挺直胸膛离开会场，并下定决心不再有第一次这种情形的发生。老板对玛桑小姐的失误当然提出了批评，但这种批评是将经验与能力分开的，而且，老板还在这种批评的前后加入了表扬，其效果当然是令人满意的。如果老板在会议上劈头盖脸地将玛桑小姐大骂一顿，虽然玛桑小姐也无话可说，但是，她不可能再"挺直胸膛"了。

总之，公关中使用批评语言要讲究艺术与策略，其要领就在于要使受批评的人认识错误，抖擞精神，重新干好工作，而不是将其骂得垂头丧气，甚至憋了一肚子怨气与怒气。

13.1.3 公共关系活动中的非自然语言

公关人员在运用公关语言艺术时，除了掌握和熟练运用有声语言外，非自然语言的把握也是公关活动中语言交流不可缺少的辅助语言手段。

1. 公关活动中非自然语言的意义

非自然语言即无声语言，主要包括表情语言、动作语言、体姿语言。在公关的许多活动中，如谈判、演讲、讲座、交谈、宴请等，有时有些无法或不适于以言辞表达的意思，往往须借助于表情、动作和体态的作用。利用这些表情、动作、体态可以加深语义和语感的效果。心理学家甚至认为无声语言所显示的意义要比有声语言多得多、深刻得多，而且在特定的语言环境中，非自然语言的作用是其他载体所无法替代的。

有时候，经过精心设计、周密考虑过的言语往往不能表露一个人的心态；有时候，也会由于语言表达能力的影响，而使口中传递出来的信息不完全等于所要传递的信息。因此，不仅信息传播者需要借助于非自然的辅助作用，而且受传者也需要借助于对方的面部表情、身体动作、仪表举止来捕捉隐藏在有声语言之内或之外的"真意"。非自然语言与有声语言并用是一种复合的过程，因此，在人际交流的过程中，将两者结合起来确能帮助受传者更清晰、更准确地获取信息，减少信息传递中的误差，增加信息传递量，达到更好地了解和沟通的目的。

公关人员认识非自然语言，不仅可以准确地洞察对象公众的深层心理，而且巧妙、准确、自如地使用非自然语言能达到完美的交流和沟通的效果。

2．非自然语言和自然语言的关系

（1）非自然语言能辅助和补偿自然语言

非自然语言能加强自然语言的表达效果，起到加深语义和语感的作用，基至传递出来的无声信息是自然语言所不能取代的，例如美国著名幽默大师卓别林的表演。再如著名作家梁实秋先生回忆著名历史人物梁启超时的一次演讲，曾这样描述："他走向讲台，打开他的讲稿，眼光向下面一扫，然后是他极简短的开场白，一共只有两句，头一句是：启超没有什么学问——，眼睛向上一翻，轻轻点一下头：可是也有一点！……"这里，梁启超的许多动作和表情，均是非自然语言，它们辅助自然语言把梁启超个人的独特魅力活脱脱地表现出来了。

（2）非自然语言能取代自然语言

在许多情况下，非自然语言可以代替自然语言独立使用。例如，不懂外语的人接待外宾，可以借助于动作或手势作简单示意；客人坐久了，主人感到厌倦，又不便直说，往往也用些动作或表情来传递信息，通常都能达到目的。再如我国著名女乒乓球国手邓亚萍，每当比赛赢球时，特别是打出好球得分时，总是举起紧握的拳头在桌旁来回奔跑，发出增添力量的呼声，以表示自己胜利的信心，给观众极大的鼓舞，轻而易举地感染着观众。

3．公关活动中的非自然语言

（1）表情语言

表情指的是人的面部表情。在形体语言中，面部表情的"词汇"是最丰富，也是最富有表现力的。它能最迅速、最灵敏、最充分地反映出人类的各种感情，人们还可以从面部表情的微妙变化中看到人类各种感情之间错综复杂的形式。面部表情语言主要是通过脸色的变化，眼睛、嘴等动作来表现的。

脸色的表现是人的心理状态的展露。满面红光、容光焕发是兴高采烈、踌躇满志的表露；脸色绯红是害羞的表示；面红耳赤是激动的反映；脸色铁青说明生气或者愤怒；脸色苍白也许是紧张；面呈猪肝色则说明内心极度恐惧。

眼睛的表现力是最为复杂的、微妙的，也更为深刻。眼睛生辉，炯炯有神，是愉快、对前途充满自信的反映；愁眉紧锁、目光无神、神情呆滞是无能力的表现；坚定自若的目光会产生一种威慑的力量；正直敏锐的目光会获得对方信赖；游移不定的目光表示心神不定或心不在焉。

嘴传递信息的能力仅次于眼睛，主要通过嘴的不同动作构成不同的"笑"来表达信息。公关活动中，公关人员常用轻笑来实现招呼新朋友或委婉拒绝的目的。用微笑来促进双方沟通，融合双方感情，使之产生"共振效应"。以适度的哈哈大笑来缓解紧张的气氛，打破双方的僵局。

在面部表情语言中，"无表情"也是一种表现形式。无表情一般在这几种情况下出现：当人处在极度失望时；当人对某人某事极度厌恶愤恨时；当人对某人某事不想立即表达己见，持观望态度时；当人对某件事的处理有充分把握，头脑非常清醒时；当人想将一切掩盖起来不愿为人所知时。

以上各种表情语言，公关人员通过对方的各种表情变化把握对方心理，同时，根据自己的需要选择恰当的表情语言形式，用以表达思想、情感，进而最大限度地感染、打动、征服对方，从而实现公关目标。

（2）动作语言

在动作语言中，手是传播情达意最有力的手段。手的"词汇"非常丰富。公关活动中，常见的动作及它所传达的信息主要有以下这些：双手紧绞在一起，它显示的意义是精神紧张；双手指尖组合形成"教堂塔尖"形，显示的意义是充满自信；用手指或笔敲打桌面，或者在纸上乱画，显示的意义是不耐烦或无兴趣；搓手，显示的意义是有所期待，跃跃欲试；摊开双手，显示的意义是真诚和率直；握拳，显示的意义是下决心、愤怒、不满、怀有敌意；用单手支着头，显示的意义是不耐烦、厌倦；将手放在脸颊边，显示的意义是怀疑或表示愿意合作；把手插入口袋，显示的意义是不信任；捏弄拇指，显示的意义是心中紧张，缺乏自信；手放在大腿上，显示的意义是冷静；手放在颈背上，显示的意义是"防卫式"的攻击；不自觉地用手摸脸、摸鼻子、摸眼睛，显示的意义是说谎；用手托摸下巴，显示的意义是老练、理智；突然用手把没抽完的烟掐灭，显示的意义是下决心；手拿烟不动且让其燃烧着，显示的意义是紧张地思考问题；脱下帽子，用手将头发往后一掠，抓抓后脑勺，显示的意义是急于事情的成功，等等。

握手是公关活动的一种礼节和手段，包含着一定的信息，如何将握手运用得恰到好处，是大有讲究的。握手时用力的大小、时间的长短、握的部分和方式不同，都有不同的意义。例如，握手用力太轻，被认为是冷淡不热情的表示；用力较重，紧紧握着，是热情、诚恳和力量的反应；力度均匀适中，说明情绪稳定；握手时拇指弯向下方，不把手全伸出来，表明不愿让对方握着自己的手，是对对方的一种藐视；用两只手握着对方的一只手，并且左右轻轻摇动，是热情、欢迎感情的表现；一接触对方的手旋即放开，是冷淡和不愿意和人合作的反映。

在动作语言中，除了手的动作之外，腿部的动作常常不自觉地表露出人的潜在意识。如小幅度地抖动腿部，频繁地变换腿姿势，用脚尖或脚腿拍打地面等动作，都是人紧张不安、焦躁不耐烦的情绪的反映。

（3）体姿语言

体姿语言包括人的各种静态姿势，如立姿、坐姿、睡姿、蹲姿、俯姿等。其中与公关活动比较密切的是立姿和坐姿。

在公关活动中，不同的立姿、坐姿有不同信息的表达。缺少自信、消极悲观的人站立时往往弯腰曲背；充满自信、乐观豁达的人，站立时总是把脊背挺得笔直，有时还要两手叉在腰间；关系友好、有共同语言的两个人面对面站立时距离会很近，相反则会自然拉开站距；挺着腰笔直的坐姿，表示对对方或对谈话有兴趣，也是一种对人尊敬的表示；弯腰曲背的坐姿是对谈话不感兴趣或感到厌烦的表示；斜着身体坐，表示心情愉快或自感优越；交谈时喜欢并排坐的两个人，一般说来关系亲密，共同点较多。

仪表也是体姿语言的重要组成部分。通过对仪表的观察可以看出对方的文化素养、知识水平、品格情操、身份地位。公关人员可以通过对自己仪表的修饰来向对方传递这些信息。

4．公关活动中运用非自然语言应注意的问题

非自然语言在公关活动中具有很重要的意义，但公关人员要如何准确、自如地运用非自然语言，还必须注意以下几个问题：

（1）全面、准确地理解对方的非自然语言

非自然语言不是对人的行为状态含义的精确描述，而是可变性强、含义广而深，所以不能机械地把上述语言的形式搬到实际中去。因为对方通过非自然语言传递的信息与真实的内心想法并不完全一致，有时甚至就是一种假象，必须谨慎机智地来对待。全面、准确地理解对方的非自然语言：一是要在综合基础上进行理解，即通过对方一系列动作的观察，综合起来进行理解。因为一种心态往往是通过非自然语言表现的。有时是对方有意识的控制，有时则是无意识的流露。二是善于观察。在一时无法判断对方非自然语言的含义时，可恰当地借助于有声语言进行试探，观察对方的反应，最后作出准确的判断。

（2）恰当地运用非自然语言

在公关活动中，非自然语言对有声语言有着辅助和完善的作用，公关人员恰当地运用非自然语言有利于交流和沟通，达到理想的效果。公关人员要恰当地运用非自然语言：一是要善于观察和联系，把握非自然语言表现的分寸；二是要掌握机会，在恰当的时机使用非自然语言；三是要把握公关对象、场合、背景，准确地表达自己的意思。

13.2 公共关系中的人际交往

人际交往是公共关系实施的重要手段。公共关系作为一种关系，一定要由主体与客体两方面构成，而联系主体与客体之间的手段离不开人际交往。尽管公共关系是一种组织间的关系，但组织间的关系要依靠人际间的活动来进行。无论是形成关系、强化关系，还是要改变关系，都离不开人际交往。因此，作为优秀的公共关系人员不仅要有强烈的人际交往意识，而且要有较高的人际交往能力，在遵循人际交往基本原则的基础之上，调节好自己的交往心理状态，灵活运用各种人际交往技巧，熟练选择适时的交往方式，从而使自己的人际交往活动直接为组织建立良好的公共关系状态服务。

13.2.1 人际交往的基本原理

人际交往是人们生活中必不可少的组成部分，也是公共关系的基础。有人说，人际交往是大脑与眼光的最佳结合，人际交往是人才与天才的优美展示。世界万象，纷繁复杂，人们每天都生活在一定的人际关系之中，因此，人际交往成为一门积淀着广泛的社会经验和生活经验的学问，其实用性作用于每个人的每个生活细节中。

1. 人际交往的含义与功能

1）人际交往的含义

人际交往也称社会交往，简称社交，是指在社会活动中人与人之间借助于语言媒介所进行的有意识的信息传递、情感交流、思想沟通与相互施加影响等心理联系过程。该定义包含三层意思：

① 人际交往是在社会活动中人与人之间的交往。即交际发生在人与人之间，人是交际的主体。这就不同于人与物打交道。人有思想、有行为，是能动的，因此，人际交往绝非人与物之间的关系那样简单。

② 人际交往是有意识、有目的的行为。人们进行交往总是有一定的目的作为驱动因素，为了达到自己的某种期望而与他人进行交流。无论是想结交朋友还是为了促成生意，无论是出于崇拜还是为了迎合，人们总是在交往之前就想好了某一目的，此目的存在于交往的全过程中，或者在交往的过程中发生变化。

③ 人际交往是一种相互联系与影响的信息的交流和思想的互动。人不同于物，因为人有思想，因此，人际交往不是机械的相互作用，而是一种思想互动，而这种互动是以信息交流为

前提的。信息交流是交际的基本手段，是进行交往的前提，没有信息的交流，就不能称之为交往。同时在现实生活中，人与人之间的交往只有实现了思想上的互动，才能继续发展乃至深入发展下去。否则，没有了思想互动的交流就会中断或停止。

2）人际交往的功能

马克思主义认为，人的本质是一切社会关系的总和。而关系是交际的结果，没有交际就无所谓关系。交际既是人类自然属性的需要，也是人类社会属性的需要。人在交往中认识世界，在交往中使自己得到发展。我国先秦思想家荀子说过：人“力不若牛，走不若马，而牛马为用，何也？”曰：“人能群，彼不能群也。”（见荀况《王制篇》）可见古人早已认识到人与其他动物的社会差异。马克思曾说：“人是名副其实的社会动物，不仅是一种合群的动物，而且是只有在社会中才能独立的动物。”“人需要和外部世界往来，需要满足这种欲望的手段、食物、异性、书籍、谈话、辩论、活动、消费品和操作对象。”交际是人类产生存在的前提，是特定的“人类机能”，同时也是社会发展和人自身不断完善的需要。因此，人际交往是一种才能，是一种创造，是一种需要，也是一种期待。

作为社会的人，生活在社会上，就离不开人际交往。特别是在全球经济一体化的今天，国与国的交往、群体与群体的交往、个人与个人的交往更显得重要。离群独居、独来独往的人只能被社会所淘汰。“一个人的成功，只有 15%是依靠专业技术，而 85%却要靠人际关系、有效说话等软本领。”具体说来，人际交往的功能一般包括以下几个方面：

（1）传递信息

这是人际交往的首要功能。在信息交流过程中，互相了解、互相认识，形成一种动态的、立体的信息网络。在人际交往中，每个人都是一个信息源，也是信息的接收者。人际交往具有交流信息的功能。表现为人际交往可以增加信息的数量，可以提高信息的质量，可以加快获取信息的速度，并且可以使信息在交流中获得增值。正如英国大文豪萧伯纳曾说过的：“你有一个苹果，我有一个苹果，交换之后，我们各有一个苹果；你有一个思想，我有一个思想，交流之后，每人各有两个思想。”信息在交流中获得了增值。

（2）交流感情

“人非草木，孰能无情？”情感是个体心理的重要组成部分，对人的社会活动有着重要的作用。情感的建立、交流、调谐、升华，均需要通过人际交往活动来进行。人们通过人际交往活动来满足自己的情感需要，以取得心理上的平衡；通过交往释放自己的焦虑和紧张，寻求友爱和同情。正所谓“一个痛苦两个人分担，这痛苦就减轻了一半；一个幸福两个人分享，这幸福就增长了一倍。”同时感情交流还会引起感情共鸣，使双方相互吸引，良好的人际关系也就自然地建立和发展起来。

（3）行为调节

人际交往是确定自我形象的主要途径。俗话说“当局者迷，旁观者清”。人们很难直接观察自己，很难准确感觉自身行为是否得体，很难客观评价自己能力的高低，所以需要把别人对自己的反应作为一种衡量参数。人总是渴望自己的价值、产品的质量、组织的声誉得到社会的承认。在人际交往过程中，人们会根据众人对自己的评价不断调节自己的行为，使之符合社会群体、交际伙伴对自己的期望，从而完美自身形象。

（4）形成互补

互补是指在群体内部，人们通过相互交往，互相学习、取长补短、获得互相满足的心理状态。它实际上是一种通过交际，在多方面的双向交流中产生能力上的跃进和增值的行为。

“金无足赤，人无完人”。在现实生活中，人的精力、能力和知识结构以及性格特征各自有别，有短有长，故必须通过人际交往，形成互补。取人之长，补己之短，使自己不断完善。刘邦在总结自己的统治经验时说：“夫运筹帷幄之中，决胜于千里之外，吾不如子房。镇国家，抚百姓，给馈馕，不绝粮道，吾不如萧何。连百万之军，战必胜，攻必取，吾不如韩信。此三者，皆人杰也，吾能用之，此吾所以取天下也。”可见刘邦深知人才之间的互补效应，深谙用人之道。

（5）相互激励

古语说：“水尝无华，相荡成涟漪；石本无火，相击发灵光。”人们在相互交往过程中，会通过与周围的人进行比较，来正确地评价自己、认识自己。当发现别人的长处、自己的不足时，会激发自己的自尊心而产生一种努力向上的驱动力。许多科学家都发现自己孤独一人时，停滞而无生气，而在群体中就会发生一种类似共生的作用，讲的就是这种互相激励的现象。他使群体中的每个成员产生一种创造的活力，以形成智力和体力上的跃进。有经验的管理者都很注意这种心理，激发成员的热情，造成一种生气勃勃、人人争先的局面，从而提高整个群体的活动水平，提高工作成效。

（6）产生合力

“众人拾柴火焰高”“人心齐，泰山移”。在一个群体中，人与人彼此之间通过交往，关系融洽、和谐，相互配合默契，则可以产生一加一大于二的整体效应，使整体功能大于各部分功能的总和。

2．人际交往的方式

人际交往的形式多样，渠道多种。按信息沟通的过程，其方式可分为直接沟通和间接沟通、正式沟通和非正式沟通、语言沟通和非语言沟通等。按公关交往方式可分为接待、宴请、公众联谊会、公众座谈会、交际舞会、文艺招待晚会、沙龙活动、参观游览活动和节假日祝贺活动等。

按信息沟通的过程，其方式可分为：

1）直接沟通和间接沟通

直接沟通是运用人类自身固有的手段（如语言手段和非语言手段）而进行的面对面的沟通；间接沟通就是借助技术手段（如文章、书信、电话等个人媒介和报纸、电视、互联网等大众传媒）而进行的不见面的沟通。随着生产力的发展和科学技术上的进步，人们之间间接沟通的比例明显上升，而直接沟通则相对减少。

2）正式沟通和非正式沟通

根据沟通双方的社会身份，可以将公共关系活动中的人际沟通划分为正式沟通和非正式沟通。正式沟通是指通过组织关系进行、经过精心安排并有一定程序、建立一定的正式社会结构基础上的信息传递和交流。非正式沟通是指未经设计和安排、没有一定程序、人们通过私人关系并以个人身份进行的信息交流。在任何一个社会组织中，既有经过正式安排、以使信息有目的交流和传递的正式沟通，又有未经设计和安排、组织成员自由进行信息交流和传递的非正式沟通。

3）语言沟通和非语言沟通

语言沟通就是以自然语言为沟通手段的信息交流。它又可分为感情型、信息型与合作型。

联谊会的基调不同，气氛不同，活动方式也就不同。最后，做好接送工作。整个联谊会都要热情、周到。此外，为了增加活动的艺术气氛，应该穿插一些文艺助兴的演出节目。

（1）公众座谈会

举办公众座谈会，邀请公众面对面地对组织有关事宜自由发表见地。首先要明确座谈会的目的，根据座谈会的性质、内容和特点确立邀请的公众，并做好书面通知工作。其次在座谈会过程中，为了引导公众有针对性地探讨问题，应安排重点发言人，启发性地引导公众畅所欲言。此外，还要做好茶点供应和接送工作。

（2）文艺招待会

为了使文艺招待会有助于公共关系交往目标的实现，通常要做到以下几点：

① 确保演出水平，保证演出质量。为吸引观众，可邀请文艺专业人员登台献艺。

② 主宾共娱，在组织内部精心准备文艺节目的同时，还要事先邀请公众准备演出的节目，并做好相应的准备，随时欢迎公众上台表演。

③ 文艺节目要严谨活泼，既丰富多彩又思想健康。

④ 如果有条件，可以适当安排些与组织自身有关的文艺节目，以体现组织的精神风貌。

（3）沙龙活动

举办沙龙活动主要是为了了解公众的态度和想法，收集有关的信息。搞好沙龙活动，应注意以下要求：

① 定期化、制度化，这是沙龙活动的特点。

② 培养一批参加沙龙活动的积极骨干分子。

③ 每次应有一个中心主题，邀请公众代表或专家做重点演讲，引导公众畅所欲言。

④ 精心准备茶点，保证出席公众的需要。

⑤ 注意资料整理，把公众的意见和建议整理成文，交有关职能部门落实解决问题。

（4）参观游览活动

组织公众参观游览，不仅有助于公众认识组织，而且有助于相互交流思想和情感。举办参观游览活动通常要做到以下几点：

① 安排组织领导人陪同，并建议他们和蔼可亲地向公众介绍情况，交流看法。

② 参观与游览近距离的风景胜地相结合。

③ 参观时间不宜过长，通常为半天为宜。如果条件许可，可安排公众用餐。

④ 做好安全工作和组织工作，避免出现人员伤亡情况。

（5）节假日祝贺活动

在节假日期间，组织可以根据条件组织活动，向公众表示祝贺问安，以强化相互间的情感交流。做好节假日活动，最主要的就是一视同仁，不能出现遗漏。其次，应以情感交流为主、赠礼为辅，做到礼轻情义重。在此，最好以组织领导人的名义向公众赠送节日礼品，寄予节日问候，祝贺节日快乐。

除了上述几种人际交往方式以外，还可以根据组织产品特点及当地习俗创新交往方式，比如产品品尝（或试用）会、有奖征集意见（建议）活动等。

3．人际交往的障碍及克服

人际交往的过程，也就是人与人之间的信息沟通、思想感情交流和行为互动的产生过程。但是在交往过程中会有很多因素成为人际交往的障碍。人际交往障碍又称交际障碍。交际障碍是指那些给人们的交际造成很大影响，致使交际活动不能顺利进行的因素。研究交际障碍的目的在于寻找形成交际障碍的原因，从而设法避免交际障碍的出现，以提高交际质量。

（1）语言障碍

在交际中，只有借助语言，才能较好地表情达意，交流思想，协调关系。但语言本身是复杂的，人们掌握语言的能力并不平衡。如果交往双方的语言、文字不统一，对同一词汇的不同理解，就极可能被歪曲或误解，从而影响交往甚至酿成事故。如 1977 年 3 月 27 日在坎瑞岛的国际机场上，荷兰皇家航空公司和美国泛美公司的两架波音 747 飞机同时向指挥塔要求起飞。指挥塔在向泛美公司的飞机发出起飞命令后，对荷兰飞机说：“好，等一下起飞。我会再给你电话的。”指挥塔在这里使用的“等一下”的英文“STAND BY”，是个多义词，它既是“等一下，别飞”的意思，同时又是“准备行动”的意思。指挥塔取的是前一种意思，而荷兰飞行员却把他理解为后一种意思。于是，两架飞机同时进入起飞跑道，一场罕见的空难悲剧发生了。

要在交际中消除语言障碍，就要求公关人员提高运用语言的能力，学会听、说本国的主要语言和一种或数种比较通用的外语，在传播信息时尽量避免使用含糊不清的词语，加强语言逻辑的修养，掌握基本的语法知识。

（2）习俗障碍

习俗就是风俗习惯，它是在一定历史背景下形成的具有固定特点的社会规范，对于调整人际关系有较强的约束力。不同场合地点下进行的交往活动，都会受到当时当地习俗的影响。如礼节习俗不同、审美习俗不同、时空观习俗不同等，同样一个动作或手势在不同国家表达的意思不同等都可能在人际交往中造成冲突、误会，导致交际的失败。如意大利人见面时喜欢搭肩拍背以表示亲密，而德国人则认为这是不礼貌的行为；意大利人做客时喜欢把菜吃得精光以表示感谢，但西班牙人则认为这是爱占便宜；摇头在中国表示“不”，点头表示“是”，而在印度恰巧相反；等等，对这些习俗了解越多，交往时越得心应手。

要在交际中消除习俗障碍，公关人员必须阅读民俗学，掌握必要的习俗知识，并且注意入乡随俗，因地制宜。

（3）角色障碍

作为社会的分子，每个人都要在社会大舞台上扮演着某种角色，都在按照社会对这些角色的期待和要求而活动。人们可能因为年龄不同、社会地位不同、社会职业不同、性别不同而给交往带来困难

年龄不同可能形成“代沟”。“代沟”在现实中是客观存在的，它实质上是对不同年龄段的人在价值观念、认识角度方面的差异的反映。在当今时代，老少之间的交际就像一个变幻多端的魔方，很少有人调整到完美状态。但是，代与代之间的差异也绝不是不可逾越的鸿沟，格莱斯合作原则给人以启示，他认为语言交际“是具有一定方向的合作性行为”，因为交际双方如能以真诚、友善为基础，老年人对青年人要“爱护、深入、了解、帮助”，青年要对老年人“谦恭、委婉、同情、耐心”，协调、努力，进行会话，两代之间的“代沟”何愁不平呢？

职业不同可能形成“行沟”。形成“行沟”的原因是对对方职业工作意义的不理解。这主要有两种因素；一种是“社会心理”因素，一种是“职业心理”因素。打破“行沟”最有效的办法就是各自换位思考，调个角度看一看，把外行人变成内行人，彼此体验了，沟通起来也就容易了。

地位不同可能造成“位沟”。人们地位的差异使人难以在同一层次上平等对话，容易造成交往障碍。这主要有两种因素造成：一是有权位的人，官僚主义、命令主义作风严重，群众则

敬而远之，形成障碍；二是普通人员，自认为地位低下，不乐于或不善于与地位高者交往而造成交际障碍。不过，地位不同的双方进行交际，常常是地位高的一方在心理上占优势，主动权总是掌握在他们手中。因此，可以说交际的成功与否，在很大程度上取决于地位高的交际者能否适应低的一方，克服双方的各种心理异态，当然也少不了双方的密切配合。

性别不同也可能形成障碍。这种障碍和社会的开放程度及男女社会地位的平等与否有着十分密切的关系。一般来说，社会越开放，男女地位越平等，性别的社会差异就越小，障碍也就越小；反之，这种障碍就越大。以通常的社会规范来说，性别障碍有比较明显的年龄界限。即年龄相差大，障碍趋小，年龄相接近，障碍趋大（老年人与儿童例外）。形成这一特点主要有两个方面的原因：一是避嫌式相持意识影响；二是挑剔式敏感的作用。

4．人际交往中的心理障碍及其排除

在人际交往中，还有一些属于心理品质的因素，如嫉妒、猜疑、羞怯、自卑等造成的心理障碍。这些心理障碍给人际交往造成了不同程度的危害。

（1）嫉妒

嫉妒是一种消极和狭隘的病态心理，它是通过自己与他人对比而产生的一种消极心态。也就是说，当看到与自己有某种联系的人取得了比自己优越的地位或成绩时，便产生一种偏狭的嫉恨心理；当对方面临灾难时，就隔岸观火，幸灾乐祸。正如斯宾诺莎所说："嫉妒是一种恨，此种恨是人对他人的才能和成就感到痛苦，对他人的不幸和灾难感到快乐。"嫉妒往往具有针对性，其对象往往是和嫉妒者的职业、层次、年龄相似而超过嫉妒者的人。此外，嫉妒有时埋藏在一个人的内心深处而没有体现出任何具体的行动，所以往往具有潜伏性和隐秘性。

要预防和控制嫉妒心理，首先要做到客观地对待别人的长处；其次要有博大的胸怀，有容人之量；第三要广交朋友，开阔视野。增加容纳他人、理解他人的能力。

（2）自卑和羞怯

自卑是指个人由于某些生理或心理缺陷及其他原因（如智力、记忆力、判断力、气质、性格、技能欠佳）而产生的轻视自己，认为自己在某个方面或几个方面不如他人的心理。从社会心理学的角度来看，个体自卑感的形成，主要是社会环境长期影响的结果。比如，有的是因为自己常常受到过多的指责和惩罚造成的；有的则是在家庭中遭到父母的长期训斥或教育不当、父母离异造成的。自卑感易使人孤独、离群，抑制自信心和荣誉感，因此很不利于人际间的正常交往。

羞怯心理是绝大多数人都会有的一种消极心理。具有这种心理的人，往往在交际场所或大庭广众之下，羞于启齿或害怕见人。由于过分的焦虑和不必要的担心，使得自己在语言上支支吾吾、行动上手足无措、瞻前顾后。长此下去，就会变得越来越自卑，从而不利于同他人正常交往。

要克服自卑与羞怯心理，首先，应该对自己有信心。一个人一旦失去了自信，他便在交往中显得茫然无措。因此，要克服自卑心理，就要找回丢掉的自信心。其次，从小事做起，注意成功的积累，只有经历了成功，哪怕是小小的成功，就能为克服自卑、树立自信奠定基础。最后，要鼓起勇气，大胆实践，不怕失败。要知道，任何成功的背后都是以失败为基础的。俗话说，失败是成功之母。害怕失败的人总是断送机遇，因此，也就永远不会获得成功。

（3）猜疑

猜疑是人际交往中的大忌，是人际关系的一大心理障碍，它往往是毫无根据的乱起疑心。

大凡猜疑心强的人，往往仅凭自己的个人主观猜测、主观想象来以己度人。持有这种消极心理的人，往往是戴着有色眼镜看人。在他们看来，人性是虚伪的、丑恶的东西，没有什么可以令人相信。在这种思想的支配下，他们总是处处防范别人，戒备心非常强，有时甚至是口是心非。由于猜疑心强的人往往心胸狭隘，疑神疑鬼，所以周围的人便与他格格不入，其结果是既不利于他人，又不利于自己。所以，猜疑是阻碍人际沟通和理解的一大障碍，是现代人际关系的暗礁，我们必须防止和克服这种消极心理的滋长和蔓延。克服猜疑心理的方法，即如果你好猜疑，就去寻找证据，争取用事实来解除这种心理。一次、两次都说明自己错了，下次再猜疑后，你就应该这么想我的猜疑是对的吗？万一错了呢？总这么想的话，猜疑之心就会慢慢淡化。

（4）自私

自私是一种以个人为中心的消极心理。它建立在“人不为己，天诛地灭”的价值观基础之上，成为影响建立和谐人际关系的一大心理障碍。在人际交往过程中，一些人总是事事从私欲出发，为满足自私心理，甚至达到不择手段的地步。比如，在现实生活中，那些假冒伪劣产品的生产者，一些短期行为的经营者，都是走后门、拉关系、损公肥私，慷国家之慨，建立各种相互利用的庸俗关系的人，都是以自私的心理为基础的。自私，不仅损害了社会和他人的利益，而且，最终也使得自私者本人遭受应有的报应和惩罚。要建立新型的人际关系，就必须克服这种消极的心理品质。

5．人际交往的原则

公共关系人员围绕特定的公共关系实务目标与公众相互交流思想、态度、情感、价值观、行为意向的过程，也是组织运用人际沟通来实现信息交流的过程。为了达到这个目的，在公共关系人际交往活动中必须注意科学性与艺术性的有机结合，遵循人际交往活动的基本原则，提高交际质量，增强交际实效。人际交往的基本原则主要有：

（1）平等原则

在人际交往中，平等待人是建立良好的人际关系的前提。平等包括政治平等、法律平等、经济平等以及人格平等。在人际交往中，最着重的是人格平等。人格平等一般指尊重他人的自尊心和感情，不干涉他人的私生活，不侵犯他人的人身权利，人与人之间没有人身依附关系，相互之间是独立的。建立平等的人际关系，对领导干部来说，意味着要“礼贤下士”、将心比心；对一般人来说，要以诚相见，宽厚待人。

（2）互利原则

交往是一种互动的关系，体现在利益上是一种互惠的关系。墨子说：“夫爱人者，人必从而爱之；利人者，人必从而利之；恶人者，人必从而恶之，害人者，人必从而害之。”正常的交往必须对双方都有利。如果彼此间的交往双方都可以获得好处，那么这种交往就会使双方都得到一种心理上的满足而得以继续。互利包括三个方面：一是物质互利。二是精神互利。比如相互尊重、相互安慰等。包括情感沟通、信息传递、文化等方面的交流。三是物质—精神互利。即在交往中，一方从物质上得利，一方从精神上得利。例如甲送给乙一本书，乙向甲表示感谢，甲得到了谢意，精神愉悦；乙得到了实物，满足消费。

因此，互惠互利，相互满足，预期中的报偿支配着人际交往的积极性。所以在公共关系交往活动中要创造出平等互利的“双赢”型利益格局，给公众带来一种成功交往的快感，从利益上保持组织与公众之间的相互关系。

（3）信用原则

信用原则是人际交往中的一个重要的原则。古语说："人而无信，不知其可也。"在社会生活中，信用有着其独特价值。信用是忠诚的外在表现，反映了一个人行为的规律性和稳定性。如同物体的运动规律一样，当物体向一个方向运动时，根据惯性可以知道他继续运动的方向；根据火车时刻表，人们可以按计划在预定的时间内到达预定的地点。在人际交往中，一个讲信用的人能做到前后一致、表里一致、言行一致，则人们就可以根据他的言论去判断他的行为预测他的行为，彼此之间可以进行正常的交往。

信用原则包括：第一，守信，言行一致，说到做到；第二，互信，信任，即用人不疑，取信于人；第三，自信。充满信心，给人以信任。

（4）相容原则

所谓相容是指心胸宽广，忍耐性强。"海纳百川，有容乃大。"一个有着宽阔胸怀的人往往能做到宽容别人。这样的人往往有着坚定的意志和强烈的自信心、有远大的目标和理想。性格开朗豁达，并有能伸能屈的韧性，所以能做到礼让、谦虚、宽容。

相容是与民主、平等、独立相关的，是现代民主社会的伴随物。随着市场经济的发展，人们之间交往的范围日益扩大，社会生活节奏的加快，价值观的变迁，科学的进步，经济的活跃，思想观点的冲突都需要人们有更大的相容度，容纳各种不同观点、不同现象及不同性格的人。

相容原则包括：第一，严于律己，做到一丝不苟，兢兢业业，诚信守约，以礼待人；第二，宽以待人，做到将心比心，换位思考，理解他人；第三，大事清楚，小事糊涂；第四，得理也让人。

以上讲的是人际交往的基本原理。但是人际交往是实实在在的，要真正提高人际交往质量，除了知晓一定的人际交往的理论外，重要的还是要掌握一定的人际交往技巧。

13.2.2 人际交往技巧

有人说，公共关系从某些方面来说是"术"大于"学"。人际交往亦是如此。人际交往或社交是一股潜在于人的基本素质中的魔力，能够把死沉呆板的事情变得充满生机，能够把曲曲折折的事情变得顺畅通达，更重要的是能把毫无生气的人推向功成名就的巅峰。假如人生是一座雪峰，那么人际交往就是助你攀登的冰镐；假如人生是一条河流，人际交往就是载你航行的船只；假如人生是一本厚书，那么，人际交往就是记录你成功的密码。要想在人际交往或社交领域游刃有余，就必须掌握一定的人际交往技能。

1. 人际交往中自身形象的塑造

在人际交往中，人格魅力十分重要。所谓人格魅力，就是一个人心理素质和修养的外在表现，它能反映一个人的道德品质、思想情感、性格气质、学识教养、处世态度等。一个人能否为别人所接纳，是否具有人格魅力，关键在于他在别人心目中的形象如何，个人形象的好坏，直接影响到与他人关系的性质和程度。为了广泛地建立良好的人际关系，展示自己的人格魅力，公共关系人员在人际交往中要塑造良好的自身形象。

"形象"一词的本意，是指任何物的外观和形体。公共关系中所讲的形象，是指社会公众对某个组织、团体、个人或某种产品的总体评价。

“形象”可分为两个方面，即内在形象和外在形象。内在形象主要是指一个人的内在气质、心理状况等，外在形象是指人的仪表、仪容、仪态、言谈举止等。

1）内在形象的塑造

（1）目标明确，信念坚定

信念是人类征服自然的有力武器，它蕴含着取之不竭的能量，推动人们向着最终目标坚定地开拓前进。所谓“掌上千秋史，胸中百万兵”是说具备了丰富的内涵，有了坚定的信念即能克服一切困难。

（2）增强自信，消除自卑

自信，是人的意志和力量的体现，是交际能力最重要的素质之一。自信犹如头上的朝阳，令你光彩照人，魅力四射。在进行人际交往时，要经常意识到，作为正常人，你拥有人所共有的一切天赋，并且具有某种特长和优势。充满自信的人，不自卑，不气馁，有“夸父追日”的勇气，有“愚公移山”般的毅力。卢梭说过：“自信对于事业简直是一种奇迹，有了它你的才干便可以取之不尽，用之不竭；一个没有自信的人，无论他有多大的才能，也不会抓住一个机会。”罗斯福也说过：“记住，只要您不承认自己有自卑感，谁都没有办法使您有自卑感。”拿破仑有句名言：“我的字典里没有不可能。”有了自信，才会襟怀坦白，笑对人生；才不会自我封闭、自寻烦恼，而是主动、积极地与人交往，在交往中发展自己，完善自己。乐观是一种愉快、清新的空气，会使你的朋友、亲人乃至初交遇见你的人，感受到美好情绪的沐浴。

同时，要热情，富于感染力，使周围的人能够从你的身上感受到青春的气息，感受到启发和鼓励。在社交场合中，要使人们因为有你的存在而兴奋、活跃。

要精力充沛，富于活力。无论何时何地，只要是出现在人们面前，就应该保持旺盛的精力、敏捷的头脑，并且始终如一。不要因疲劳、挫折而影响自己的情绪。也许某时某刻你正经历内心某种痛苦的折磨。但要切记这是你自己的事情，不能让它影响了你正在参加的社交活动，要把不愉快的情绪埋在心底，而把欢乐和微笑带给他人。因此，强化自信心，是解决我行不行的问题，充分肯定自己，对提高交往成功率至关重要。

2）外在形象的塑造

不管是在公共场所，还是在私人聚会，只要你与人进行交往，你的衣着打扮言谈举止等外在形象就会出现在他人的眼里，并留下深刻的印象。可以说，一个人外在形象的好坏直接关系到他人际交往或者说交际活动的成功与失败。因此，外在形象的塑造不容忽视。外在形象的塑造一般应做到以下几点：

（1）仪表整洁，衣着得体

服饰、仪表是外在形象的焦点。特别是与人初次相识时，由于双方不了解，服饰和仪表在人们的心目中占有很大分量。根据人际吸引原则，一个风度翩翩、俊逸潇洒的人，能产生使人乐于交往的魅力。不修边幅、肮脏邋遢的人是不会吸引他人的。公共关系人员的仪表包括身材、容貌、姿态、神情以及服饰等诸多方面。人的身材、容貌属先天条件，无法改变，但他们可以学会通过良好的神情、态度及得体的服饰来表现自身的长处，弥补先天的不足。衣着服饰还能反映一个人的审美情趣和修养。因此，穿衣要得体这是最基本的要求。不能为了赶时髦而不顾自身的体型，胡乱穿衣。

服饰要有新意和个性。应当学会运用服装来美化自己的形象。一身新颖、别致的服装，衬托出洒脱、高雅的气质，会引人注目，有利于你的社交活动。只要是适合自己体型而且又漂亮，又有新意的衣服，就应当大胆地穿。服饰的个性，也能让人判断出你的审美观和性格特征。但表现个性并不等于奇装异服。服饰样式过时，人家会认为你刻板守旧，太过超前会让人觉得轻率固执、我行我素，这两种情况都会让人得出此人不好接近的结论，自然会影响社交中的形象。

（2）谈吐幽默，言语高雅

谈吐能反映出一个人是博学多识还是孤陋寡闻，是接受过良好教育还是浅薄无知。一个不善言谈、沉默寡言的人很难引起他人的注意。在社交中侃侃而谈，用词高雅恰当，言之有物，对问题见解深刻，反应敏捷，应答自如，能够简洁、准确、鲜明、生动地表达自己的思想与情感，就表现出不同凡响的气质和风度。同时，在言谈中不妨增加些幽默感。幽默感是智慧的闪现，是社交语言中的高级艺术，也是一个人的文化教养、道德、心智、气质和语言驾驭能力等多方面素养的综合反映。有人曾说："没有幽默感的语言是一篇公文；没有幽默的人是一尊雕像；没有幽默感的家庭是一间旅店；而没有幽默感的社会是不可想象的。"幽默能使人的关系和谐亲切，能活跃情绪和气氛，使严肃紧张的气氛变得轻松活泼，能扭转局促、尴尬的场面，使交谈气氛轻松愉快，化解矛盾和误会。英国批评过尼克松的杂志主编正巧被任命为驻美大使，两人相见不免尴尬。而尼克松一句幽默诙谐的话使紧张的气氛烟消云散。他说："大家现在都可以放松了，因为你是新大使，我是新政治家。"幽默的力量有时是超乎寻常的。在 1980 年总统竞选中，里根在底特律对人们说："一天夜里，我做了一个梦，梦见卡特先生走过来问我为什么抢他的工作。我对他说，我不想抢他的工作，我只是想做总统。"这种幽默能巧妙地向对方希请谅解，缓解彼此的紧张和隔阂，并且也表现了里根的从容风度。但幽默的运用一定要适时、适地、适人，不能不看对象，不分场合，不把握时机。

（3）自然大方，挥洒自如

这是对举止行为的要求。举止稳重，文明得体，坐、立、行的姿态正确雅观，能表现出一个人良好的教养，给人留下成熟可信赖之感。举止要彬彬有礼。1972 年美国前总统尼克松访华后对周恩来总理做了一番评价："通过接触，我终于了解了他，并对他产生了极大的敬意。他待人谦虚、沉着稳定他优雅的举止，直率而从容的姿态，都显示出了巨大的魅力和泰然自若的风度。"由此可见，举止风度在社交中具有多么重要的作用。

一个人的举止风度能够做到自然大方、挥洒自如是与其充满自信的心态分不开的。一个人的潇洒举止还来自其平时的修养，该行则行，该止则止，快而不乱，忙而不慌，做事稳重而有分量，待人热情而又有分寸，礼貌而又不拘小节。

（4）充分展示性别美

男士切忌流露出狭隘和嫉妒心理，不要斤斤计较，更不要睚眦必报，应有"计利当计天下利，求名当求万世名"的雄心和抱负。男人的性别美，是一种粗犷的美，内涵的美，真正的男子汉应该有性格，有棱角，有力度，有一种阳刚之气。而那些扭扭捏捏的奶油小生则让大多数人难以接受。而女性美普遍被人认可的形象一直是娴静的、温柔的、甜美的，女性容貌清秀，线条柔和，言谈举止中所散发出来的脉脉温情强烈动人。交际时，女性如能巧妙地利用自己的生理特点，表现出谦恭仁爱、热情温柔，一般总会激起男性的爱怜感和保护欲。女性自然的柔和所产生的社交力量，有时比"刚强"的力量要大得多。聪明的女性总是自觉地突出自己的性别形象。如英国前首相撒切尔夫人素有"铁娘子"之称，政坛作为是巾帼不让须眉，但在家中仍然是个好主妇。她为家人做早餐；为女儿粉刷墙壁；对丈夫温存体贴；其温柔美得到了人们的交口称赞。又如菲律宾前总统夫人伊梅尔达 19 岁竞选“马尼拉仙女”时，由于受到政治家的家庭背景的牵连，被对立派强烈反对和嘲弄。但她坦然面对现实，5 次深入到对立派中进行选美的“温柔游说”。当时的报纸这样评述：“她的细声软语，使目不识丁的硬汉也为之动情。”“她甜甜的笑容，叫人百看不厌，效力神奇。”最后，凭着她以柔克刚的交际艺术，使反对她的人改变了态度，夺得了“仙女”的桂冠。当然，柔情决不等于卖弄风情，故作媚态。女性之温柔美，美在自然，美在坦诚，美在无暇。

（5）发挥“二号微笑”的魅力

所谓“二号微笑”，就是“笑不露齿”，不出声，让人感到脸上挂着笑意即可。保持“二号微笑”，让人感觉心情轻松，又比较愉快。在社交场合，轻轻的微笑可以吸引别人对你的注意，也可使自己及他人心情轻松些，“笑眯眯”的人总是有其魅力的。微笑能产生很多功效，可以把自我接纳和接纳他人的态度传给对方，可以激发自信并帮助别人建立信心，可以通过微笑创造愉快的气氛，而让周围的人们受到感染，从而对自己、对整体以及他们的工作都感到舒适，可以震慑和扰乱你的对手在发布坏消息时减缓它的“残酷”，缓解紧张的气氛掩饰你的秘密，隐藏你的不安、混乱、恐惧等情绪；微笑是一种即时的兴奋剂，让你显得平易近人、友好、轻松、开朗，容易相处向别人表明你脾气好、有幽默感和热爱生活，还能让你看起来较年轻，要知“笑一笑，十年少”。

2. 广结人缘的技巧

1）记住别人的名字

人们在交往中，都有这么一种共同的体验，能够在邂逅相遇的场合立刻叫出你的名字，会使你马上会觉得脸上很光彩，有被他人重视的甜蜜感，从而迅速对对方产生好感。正如一位心理学家断言，在人们心目中，唯有自己的名字是最美好最动听的。许多事实已经证实，在实际中，广记人名，有助于你获得社交乃至事业的成功。当年罗斯福竞选总统成功的秘诀就是广记人名。

2）嘴甜舌生花——赞美人的技巧

心理学家认为，每个人都有自卑的情绪。因此，人都或多或少地喜欢别人夸奖自己，如称赞其聪明、英俊、有才华、精力充沛等，总是令人受用的。当然，“过分恭维别人，便是贱卖自己的人格。”恭维过度，会让人觉得你是阿谀奉承、拍马溜须之辈而生厌。恰如其分的夸奖、称赞，则不失为博得别人好感和信任的方法。

（1）真诚是赞美的前提

赞美要给人以真诚的感觉，赞美能够被对方接受的前提是发自内心。如果是虚情假意的赞扬，就如一个人皮笑肉不笑一样，会让人感到不自在。

（2）善于赞美别人细小的变化和容易忽视的优点

你所发现的对方的特色、潜能、优势，最好是别人没有发现的内容。你的赞扬会令他恍然大悟，不禁对你产生好感，也增强了他自己的信心。

（3）赞美要实事求是

赞美还要夸到“点子”上。每个人都有自己厌恶的东西，包括缺点在内。如果他自己认为是缺点的东西，内心厌恶，但却被你夸奖，这会令人无法接受。如果一个女子的相貌确实丑陋，她自己也很清楚，但你却要说“你很漂亮”之类的话，她会认为你在嘲讽她。

因此，要善于寻找对方最希望被赞美的内容。各人有各人优越的地方，在自知优越的地方，他们固然盼望得到别人公正的评价，但有些还缺少自信的地方，尤其希望听到别人的赞扬。例如女孩子，都喜欢听到别人夸赞她们美丽；但对于姿色出众的女孩，“你真聪明”一类的夸奖会令她惊喜万分。再如，对一个刚升迁之人，夸他升迁不如说“你可以在更大的天地里施展才华了”，他会很满足。

（4）间接赞扬可能收到奇效

赞扬也可以通过间接方式，一个善于赞扬别人的人往往更加喜欢运用间接称赞别人这种稍微曲折一点的方式。例如，可赞美他的亲友。很多人喜欢别人赞扬孩子聪明、有出息，或妻子贤惠，漂亮，或丈夫能干、英俊，或父母地位显赫、富有等。赞扬他的亲友，也就等于赞扬他。还可转述别人的赞美。引用他人的评价，对某个朋友、同事过去的事迹，也就是既成的事实，加以赞美，这证明你对他的成就、声誉有所了解，对方会欣然接受你的亲切、热情，视同于你赞美他，还免去了奉承讨好之嫌。另外，还可借批评“第三者”来赞美对方。比如说：“你看某某写的东西什么样子，乱七八糟，哪像你这样整整齐齐，条理分明，又有理有据。”这是无形中来抬高对方，让他感到内心很喜悦。总之，间接赞扬往往让人相信你更加真诚，所以对你的感觉会更好，从而可能收到意想不到的效果。

3）善言暖于帛——道歉的技巧

在人际交往中，人们往往会在有意无意间得罪他人，伤害彼此间的友好情谊，造成不愉快，甚至产生感情上的疙瘩。冤家宜解不宜结，如何去解呢？——学会道歉。道歉，就是向对方表达你内心深处真诚的歉意。而且它的表达需要一定的技巧，否则，难以取得良好的效果。

（1）诚恳认错，言辞谦恭

道歉认错要发自内心的真诚。光是嘴上认错，而态度却草率轻浮，这会引起对方的反感。因为，人家在意的是你的态度。其次，言辞要谦恭。《荀子・荣辱》云：“与人善言，暖于布帛；伤人以言，深于矛戟。”道歉，更要在言词上表现诚恳。如果口出狂言，只会激起人家更加强烈的反感。

（2）勇于承担责任

道歉首先要有承担责任的诚心和勇气。道歉不是一件丢脸的事情，反而更能体现一个人良好的人品与修养。“负荆请罪”的典故中，人们不仅佩服蔺相如的“有容乃大”，更佩服廉颇“有过则改”的勇气和负荆的真诚。有人道歉时“犹抱琵琶半遮面”，左一个“因为”，右一个“假设”，强调种种客观因素，将责任推到他人身上，说“要不是他……我不会……”而很少扪心自问是否无愧。这样的道歉苍白无力，无法让人生出谅解之情。道歉要有“廉颇式”的诚意，有了诚意，才会有说“对不起，我错了，请原谅”的勇气。

（3）善于把握时机

道歉要善于把握适当的时机，应选在对方心平气和、有喜事临门等心情较好的时候。“人逢喜事精神爽”，这时他更容易接受你的道歉，与你握手言欢，重归于好。当然，时间宜早不宜迟。道歉要善于选择适当的地点，最好是亲自上门道歉，或约对方到一个环境幽雅安静的地方，双方都能平心静气自然也就容易推心置腹、开诚布公地谈谈心，化干戈为玉帛。

（4）巧于借物传情

我们也应巧遇借助外物表达心意。如果直接致歉不合适，不妨在适当时间打个电话或写封言辞诚恳的信，向对方表示歉意。只要你敞开心扉真诚地对待对方，“精诚所至，金石为开”，朋友间再不会有解不开的心结。

3. 随机应变的技巧

在人际交往的过程中，有时会出现一些意料之外的事件，如果公关人员没有应变能力，就会出现尴尬的局面。因为谈话不同于写文章，有一个构思的过程，可以不断改变主意，重拟方案。谈话是一个连续不断的语流过程，必须一边构建内容，一边说出话语，因此，公关人员必须具有随机应变的能力，在一瞬间对话语进行迅速而严密的组织与调整，以适应变化了的情景和话题，使紧张的气氛变得轻松，使窘迫的场面变得自如，使危急的形势得到缓和，使被动变为主动。“兵来将挡，水来土掩”，公关人员应视不同情况选择不同的应付办法。

1）巧妙闪躲

所谓闪避或回避，并非简单答曰“无可奉告”等，而是绕开实质性问题，转移重心，使问题难以深究。例如一次外交部例行新闻发布会，有记者提问关于工资待遇的问题，发言人巧妙地回答：“建议你向人力资源和社会保障部门咨询。”

2）回敬无礼

面对无礼的冲撞和日犯，正确的做法应该是针锋相对，以牙还牙。比如英国名戏剧家萧伯纳有一次寄给丘吉尔两张戏票，并附了一张字条：“来看我的戏吧，带上一个朋友，如果你有朋友的话。”丘吉尔回复说：“我很忙，不能去看你的首场演出请给我第二场的票，如果你的戏会演第二场的话。”还有一次在议会上，一个女议员恶狠狠地对丘吉尔说：“如果我是你的妻子，就在你的咖啡里放上毒药。”丘吉尔则说：“如果我是你的丈夫，我就马上把它喝下去。”

3）巧妙划分

划分是一种逻辑方法，所谓划分，就是根据一定的标准，把一个属概念划分为几种概念。实践表明，巧妙的划分，常常有助于应答较集中的难题。因为，划分的标准不是唯一的，人们完全可以根据交际时的需要，灵活变通，选择适合的标准对同一对象进行新的划分。

针对半杯水，按照不同标准，理解就不同。

积极角度：至少还剩半杯水可以喝。

消极角度：就剩半杯水了，不够喝。

4）巧释逆挽

对突然出现的变故和意外情况，做一番别出心裁的解释，不失为挽救危局、变逆势为顺势的一个良策。

清代名学者纪晓岚进宫当伺读大学士，要伴皇帝读书。一天，天色已亮而乾隆皇帝还没来，纪晓岚就对同僚说：“老头儿怎么还不来？”恰好乾隆皇帝跨门而入，听到他的话就愠愠地问：“老头儿三字作何解释？”周围的人都为纪晓岚捏一把汗。而纪跪下说：“万寿无疆叫做‘老’；顶天立地叫做‘头’；父天母地叫作‘儿’。”于是龙颜大悦。

4. 工作交往的技巧

除了社会上的人际交往外，每个人在工作中都有人际交往，在工作单位都有同事、上级和下级，处理好与他们的关系，对工作的成败、事业的发展、个人心情的舒畅至关重要。因此应重视工作交往的技巧。

1）与同事相处的技巧

与同事相处一般应使对方有安全感，既不探听也不泄漏别人的隐私，以诚相待，热诚助人。

交往中，要公平往来，得失互补。不论是物质需要、生活需要，还是信息需要、感情需要、心理需要、自尊需要、自我实现需要等，一方付出的代价与从另一方得到的补偿应当尽量平衡。相处时应尽量注意以下几个方面：

（1）互相尊重，真诚对待

对别人尊重就会得到别人对自己的尊重。每天见面相互问好，同事有困难，真诚帮助。有意见、有摩擦，相互沟通，取得一致，切不可自诩清高，孤芳自赏。这样会让别人觉得你高傲，对别人不尊重。

（2）己所不欲，勿施于人

大家同处一个单位，有相同的工作条件，利益也基本一致。在处事时应从对方的角度去理解，将心比心，才能处好同事之间的关系。

（3）正确对待竞争，克服嫉妒心理

同事间的竞争，不管是公开的还是潜在的，都是必然的、正常的。因此，在竞争中胜要胜得光明，输要输得坦然。胜负是暂时的。

正确认识自我，表现自我。在对待自我理想、自我使命方面，既要看到自我的能动性和潜力，更要承认如果离开了社会、离开群体，自己必将一事无成。在个人行为上应表现为自尊而不自傲，自信而不自负。

（4）正确对待共同的事业

精诚团结，对事业、对工作处处注意，而于己于人无多大益处的话题则不必在意。心胸要宽广，才难得糊涂，才能成大器。同事之间应该相互信任，相互支持，言行一致。

（5）君子之交，广泛联系

同事之间应广泛联系，切不可厚此薄彼。既要缩短距离，又要保持一定的距离，过疏、过密都不利于正常关系的维持和发展。

（6）谦虚谨慎，不卑不亢

“人贵有自知之明”。作为同事不可自以为水平高而鄙视他人，也不可自认为能力不强而表现出缺乏自信和勇气，处处谨小慎微，唯唯诺诺。应该以人之长，补己之短，谦虚谨慎，礼貌待人。

（7）正确对待工作中的冲突

同事之间对某个问题有了不同看法，应以商量的口气提出意见和建议，注意语言得体、坦率真诚地谈出自己的想法和要求。同时耐心留神地倾听对方的意见，从中发现合理的成分。当意见暂时不能统一时，不妨将事情搁一搁，冷却一段，待对方冷静后再考虑。切不可因一件小事耿耿于怀，老死不相往来。

（9）玩笑可开，不宜过分

同事之间，朝夕相处，开个玩笑活跃气氛，未尝不可。但切忌不要拿别人的短处或忌讳作为笑料，这是对别人的不尊重。同时玩笑的内容应清新健康，切不可低级趣味。

（9）经济往来，一清二楚

市场经济条件下，个人都有自己相对独立的经济利益。同事有困难，理应帮助。但经济往来应一清二楚。借钱借物，及时归还。出借的一方也不要太客气。这样才有利于长期共事。

2）与上司相处的技巧

（1）尊重上司

摸清上司的脾气与兴趣爱好、喜怒哀乐，工作中把握时机、分寸、注意方式，真心诚意地服从与支持。在他没有作出主张之前，有什么事要说明的，尽管提出，可是一旦上司拿定主意，只要无原则错误，就应予以支持。公事公办，不用私人的事情麻烦上司。上司也会做错事情，凡事使上司了如指掌，坏消息在适当的时候告诉他，不宜故意隐瞒。

（2）对工作尽职尽责，对上司不卑不亢

不能为取得上司的欢心而牺牲同事。工作有了成绩，就应越干越起劲，和上司相处得越好，越要把分担的事情做好，自己的前途也光明。在适当时机，引述若干成功的事例，或古今贤人的名言，向上司陈述自己的意见，切勿背后向人夸说或炫耀这是你的影响力。即使上司十分信任，也要安分守己，不能有任何擅自的行为，以免侵犯了上司的职权，或争夺了同事的功绩。

（3）常从上司的言行和签稿批示中，归结他处事的原则，体会他为人处世的态度和了解他的意图

上司深恶痛绝的应尽力避免，上司想办的事情、所需的资料，及时予以备好。如在事务的问题上有两位以上的上司，必须认清谁是自己的主管领导，不可在两人之间投机取巧，有关事务的问题向有关上司请示，另一上司所交办的事情，如在不冲突的情形下也应办理，如与直接上司的意见相冲突，应以委婉的态度说明原委，取得谅解。

（4）为上司搞好公共关系

在他人面前说明上司的优点及对人的善意，在上司面前也常称道他人的品德与才能，以拉进群众与领导之间的距离，促进上下级关系融洽，这无疑帮助了上司，因为一个精明强干的上司并不乐意有人在自己的面前搬弄是非。还要有察言观色的能力，不要常报告困难。如果说到困难，一定要同时提出解决困难的办法和建议，否则会被上司认为办事能力有限。

（5）防谤于先，胜过辟谣于后

对工作范围内最易为人误解的事务，应特别留心，要无懈可击，最好区分权责，拟定处理原则，先呈请上司批示，然后在职责范围内根据原则办事。要想得到上司的信任，就要注意自己言行的谦逊，有了成绩，自己不要居功自傲。不要经常打扰上司，说话简明扼要，有些问题等到圆满结束时再向上级汇报。

（6）不与上司过分亲热

亲密的关系意味着平等。上司既可对你信任，同时也可疏远你。因此，不要与上司过分亲热。工作中还应敢于支持上司的正确意见。遵守纪律，提前上班和准时下班。提前上班意味着急切盼望工作，延缓下班则意味着不能完成工作任务。

3）领导者与下属相处的技巧

（1）以身作则，礼貌待人

作为一个领导者必须对工作兢兢业业，并同时是遵纪守法的典范。对下属尤其是陌生人表示礼貌，是赢得合作与友谊的开始。下级得到尊重，有了信心，才能取得工作的高效益。工作中把自己置于普通人行列，既要态度和蔼，讲究礼貌，又要坚持原则，严格要求，与人为善，任人唯贤，在群众面前公开自己的缺点和错误，坦诚接受大家的正确批评意见。

（2）注重表扬，公正待人

领导者必须看到下级的长处，以表扬下级的优点为主，不断表扬或肯定下级的成绩，才能

充分调动其积极性。对待下级要一碗水端平，不要过分偏爱，偏袒自己的“亲信”。不徇私情，切不可因一些微不足道的小事影响众人的情绪。及时纠正工作中的不足，遇到错误及时批评，批评尽量单独进行，但如有大的违反法规或与制度公开对抗的人，应当众批评制止。

（3）信守诺言，关心下属

要在下属面前树立起声誉，就必须守信用，声誉从某种意义上讲是一个领导者的生命。一旦许下诺言就应尽力实现，如确属客观原因，不能实现，应及时解释，取得谅解。领导者应该经常关心下属，注意选拔、培养下属，激发他们做好工作。在顺利时提出更严格的要求，不顺利时也不要过多指责，多帮助他们解决一些实际生活中的困难。生活中勿求十全十美的人和事，下属和自己都不会“一贯正确”。

（4）正确对待“埋怨”

倾诉埋怨是人的一种天性，作为领导者不必记在心上，而且可随时从牢骚中了解民情。相反，遇到迎合讨好的人时，应先检查自己在言行中是否流露了喜欢奉迎之风。搞清奉迎者的目的，晓之以理。不要以严词或白眼对待之。如遇过分奉承，应指出其不合实际之处，进行婉言拒绝。如是在个别交往场合出现这种情况，可严肃拒绝。

（5）避免争论

和下属争论是不能赢得下属的钦佩和信任的。工作中不能随便评价一个人，更不能抱着高人一头的态度。如果乱训斥下属，会激起怨情，降低威信。如与下级意见有严重分歧时，要认真考虑下级的意见，正确的意见要及时接受并表示感谢，不要偏激地粗暴指责。处理工作重大事故，必须仔细寻找原因，找出解决问题的办法。在没有查清事故原因前，不要声张，否则会影响事故者的情绪及前途。

总之，人际交往“术”大于“学”，要在掌握书面理论和技巧的情况下，勤于实践，才会收到理想效果。

本章小结

公共关系工作中，最重要的传播与沟通媒介就是语言。公关人员应该掌握的公关语言艺术原则有准确、真诚、切境、得体、有效。

公关语言艺术的主要方法有接近的语言艺术、说服的语言艺术、应急的语言艺术、拒绝的语言艺术、批评的语言艺术等。

公关人员在运用公关语言艺术时，除了掌握和熟练运用有声语言外，非自然语言的把握也是公关活动中语言交流不可缺少的辅助语言手段。

除了公关语言艺术，公共关系中人际交往也非常重要。

习　题

一、简答题

1. 公关语言艺术有哪些原则？
2. 公关语言艺术有哪些主要方法？
3. 列举公关活动中非自然语言的表现。

4. 人际交往的含义及功能各是什么？

5. 人际交往的原则是什么？

6. 在人际交往中，如何塑造自身形象？

7. 人际交往有哪些技巧？应如何应用之？举例说明。

二、案例分析题

某日晚 10 时左右，南京某著名涉外星级饭店。值班经理佩挂的呼叫器急促地响着，娱乐厅服务员汇报说，三号台上一只烟灰缸不翼而飞，原先的客人还没走。在三号台就坐的是六位外宾，方才有四位去舞池跳舞，一位到酒吧台看酒。据服务员提供的情况，那只烟灰缸很可能是一直坐着未动的老夫人拿的，但这仅是可能，证据不足。

值班经理于是上前主动与客人寒暄，询问客人来本地旅游是否顺利，在饭店睡觉、吃饭是否满意，印象如何等。在融洽的气氛中逐步接近核心问题，询问客人房间里还差些什么，方便不方便，真诚地请他们提出宝贵意见。一刻钟过去了，客人们陆续起身要回房间休息。一位老夫人走到电梯口，突然停住转身招呼值班经理："你们饭店的烟灰缸是在哪儿买的？多少钱？我非常喜欢，很希望能得到一个。"说着那只不见的烟灰缸出现在她手上。值班经理顺利水推舟说："喔，您喜欢这种烟灰缸，我们客房中心能提供，您只要在房间里拨个电话，提出您的要求，他们会为您服务的。"老夫人顺手把烟灰缸摆在桌上，然后满意地进了电梯。后经了解，这位客人确实通过客房中心买了一只同样的烟灰缸。

一个烟灰缸值不了几个钱，但如果担心得罪客人而不过问，也未必能给对方留下良好印象，反倒使人认为饭店管理有漏洞，从而诱发类似的现象，并且对内部员工的责任心产生不良的影响。

本例中这位值班经理的处理方法富有艺术性，既照顾了老夫人在同伴前的面子，又满足了她的心理需求，同时还避免了饭店的损失。说明在公共关系工作中，不仅要具有高度的责任心、诚挚友好的态度，还要有高超的语言技巧。可以设想，即使这位老夫人当时不动声色地走进了电梯，值班经理也会想出办法予以妥善处理的：对方真是一个不要面子的盗窃犯，那么问题反倒简单了。生活中常会遇见到这类"两难"的情形，在训练一项技能的同时，还应注意培养自己的整体素质，其中首要的是高超的语言技巧及高度的责任心和诚挚友好的态度。

问题：

1. 值班经理运用的公关语言艺术的一般原则有哪些？

2. 值班经理的语言艺术有哪些值得借鉴的方法和技巧？

3. 请你为值班经理设计寒暄语及交谈台词。

参考文献

[1] 李道平．公共关系学[M]．北京：经济科学出版社，2003.

[2] 赵铁，韩建东．市场调查与预测[M]．北京：清华大学出版社，2007.

[3] 延静．调查技能与分析[M]．北京：清华大学出版社，2006.

[4] 陈军，李晓，陈有真．公共关系学[M]．北京：清华大学出版社，2018.

[5] 周安华．公共关系：理论、实务与技巧[M]．5 版．北京：中国人民大学出版社．2016.

[6] 胡百精．公共关系学[M]．2 版．北京：中国人民大学出版社．2018.

[7] 陈启杰．市场调研与预测[M]．上海：上海财经大学出版社，2004.

[8] 严成根，王学武．公共关系学[M]．北京：北京交通大学出版社，2006.

[9] 胡苗苗，胡柳．公共关系学[M]．武汉：武汉大学出版社，2017.

[10] 李元授．公关与交际[M]．武汉：华中科技大学出版社，2006.

[11] 肖北婴，胡春香，杨帆．现代公共关系学新编[M]．北京：北京工业大学出版社，2003.

[12] 郑逸芳．大学生综合素质教育[M]．哈尔滨：东北林业大学出版社，2001.

[13] 张岩松．公关交际艺术[M]．北京：经济管理出版社，2004.

[14] 宋常桐．公关关系与现代礼仪[M]．北京：清华大学出版社，2004.

[15] 金实青，来惠民．公共关系学[M]．北京：北京工业大学出版社，2004.

[16] 狄保荣．社交礼仪[M]．济南：黄河出版社，2004.